L'uomo è un extraterrestre

WILL HART

L'UOMO È un EXTRATERRESTRE

ARMENIA

ISBN: 88-344-1741-0

Titolo originale dell'opera:
The Genesis Race
Traduzione di Roberto Sorgo

Via Valtellina, 63 - Milano

e-mail: armenia@armenia.it
sito web: http://www.armenia.it

Stampato da Print 2000 S.r.l.
per conto del Gruppo Editoriale Armenia S.p.A.

INTRODUZIONE
La plausibilità dell'intervento extraterrestre

> Supporremo che su qualche lontano pianeta, circa quattro miliardi di anni fa, si sia evoluta una forma di creatura superiore che, come noi, abbia scoperto la scienza e la tecnica, sviluppandole molto al di là di tutto ciò che noi abbiamo realizzato.
>
> SIR FRANCIS CRICK
> *Life Itself* [L'origine della vita]

Uno sconvolgimento futuro sembra ora una caratteristica permanente della civiltà postindustriale. Il mondo quotidiano della società moderna ha già sopravanzato le storie dei più fantasiosi scrittori di fantascienza della nostra epoca: una generazione addietro abbiamo dipanato i misteri dell'atomo, e in questo momento la nostra sonda spaziale su Marte sta raccogliendo informazioni, le più recenti delle quali rivelano indizi a favore della presenza di acqua e di qualche forma di vita sul pianeta rosso nel lontano passato.

Siamo nel bel mezzo di un'esplosione di informazioni. Gli scienziati valutano che il totale delle conoscenze umane stia raddoppiando ogni cinque anni, un ritmo di espansione impossibile da sostenere per tutti noi, compresi gli specialisti di ogni disciplina che lavorano a tempo pieno solo per tenere il passo degli sviluppi del loro settore. Scienza e tecnica devono spiegarci come funziona l'universo, contribuire a renderci un po' più facile la vita e risolvere dei problemi. Ma negli ultimi 50 anni abbiamo appreso la dolorosa lezione che esse possono anche generare dei problemi.

Durante la stesura di questo libro sono finite sulle prime pagine dei giornali tre notizie strabilianti: nel dicembre del 2002 un'azienda chiamata Clonaid ha annunciato la nascita del primo essere umano clonato: una bambina di 3 chili e mezzo di nome Eve. Clonaid è una diramazione di una setta religiosa fondata in Francia 30 anni fa da un giornalista francese che adesso si fa chiamare Rael. Il movimento raeliano afferma di avere 40 mila aderenti in tutto il mondo, e uno dei suoi principali obiettivi è clonare esseri umani e mediante tale procedimento conseguire alla fine l'immortalità. Sebbene l'affermazione della Clonaid non sia stata avvalorata dalla prova del Dna, gli scienziati concordano sul fatto che una simile clonazione farà parte del nostro futuro. La tecnica e i metodi sono già stati usati per produrre cloni di un certo numero di specie animali.

Sempre nel 2002, il Public Consortium, un gruppo di ricerca senza fini di lucro, ha annunciato di avere portato a termine la decifrazione provvisoria del genoma umano: ha elaborato una mappa del codice genetico dell'uomo. Questa potrà sembrare una conquista del tutto nuova, ma in realtà è un passo avanti logico in una progressione storica. Da migliaia di anni modifichiamo il patrimonio genetico di piante e animali: la sottospecie canina che prima non esisteva fu creata con un metodo ancora non ben identificato. Analogamente abbiamo messo a rischio la sopravvivenza di alcune specie e ne abbiamo spinte altre verso l'estinzione. Insomma da lungo tempo «imitiamo Dio». Il fatto che non ce ne rendiamo conto è dovuto all'accettazione, nel corso del tempo, delle nostre pratiche di allevamento selettivo e di modifica dell'ambiente naturale. Che cosa ci potrà impedire di sperimentare la clonazione umana? Benché vi sia oggi una considerevole opposizione all'idea di clonazione umana, l'opposizione è una reazione comune nei confronti delle conquiste scientifiche. Con ogni probabilità nell'arco di una generazione questa reazione verrà meno e la clonazione diverrà una cosa banale.

Una terza notizia è venuta fuori nel 2001 ed è stata riferita dalla Reuters da Londra col titolo «Scienziati costruiscono un minuscolo computer a Dna»: «Imitando madre natura, alcuni scienziati israeliani hanno costruito un computer a Dna così piccolo che in una provetta ce ne starebbero mille miliardi, con cui si potrebbero eseguire un miliardo di operazioni al secondo con una precisione del 99,8 per cento».[1]

Che cos'è esattamente questa macchina e come funziona? Il professor Ehud Shapiro dell'Istituto Weizmann ha spiegato in pratica al giornalista, che probabilmente era sconcertato quanto il lettore medio dell'articolo: «Abbiamo costruito un computer su scala nanometrica composto da biomolecole [...]. Quando mille miliardi di computer operano assieme sono in grado di eseguire un miliardo di operazioni».

Si potrà affermare che queste tre notizie non sembrano sconvolgenti né incredibili. Forse non abbiamo più la capacità di sconvolgerci; forse nulla è incredibile in questa epoca di continue conquiste scientifiche e rivoluzioni tecnologiche. Sembriamo essere avvolti in una spirale sempre più rapida di simili annunci e progressi sbalorditivi, e sembrano essercene sempre di nuovi che scavalcano quelli presentati ieri o la scorsa settimana o lo scorso mese.

Eppure, mentre ci buttiamo a capofitto in un futuro incerto che si fa ogni giorno più complesso, sembriamo avere dimenticato il nostro passato. Ma come possiamo giungere davvero a conoscere l'universo (capire, per esempio, che un tempo vi era vita su Marte) senza prima conoscere la verità riguardo alle nostre origini e alla nostra storia? Al cuore della nostra psiche ci troviamo ad affrontare fatti significativi: non sappiamo come siamo arrivati qui; non sappiamo come sia nata la vita umana. I nostri antenati hanno vissuto la nostra storia ma noi abbiamo perduto i fili per completare l'arazzo lasciatoci da loro in eredità.

Siamo perplessi e sgomenti per le realizzazioni meravigliose e misteriose lasciate dalle primissime civiltà nelle sabbie dell'Egitto e della Mesopotamia, sulle alte montagne del Perù e nelle giungle del Messico, nella valle del fiume Indo e sulle pianure della Cina centrale. In un'epoca in cui la maggior parte della popolazione umana sulla Terra viveva ancora in maniera molto primitiva in piccoli gruppi tribali caratterizzati da una relativa uguaglianza e da una distribuzione ragionevolmente equa della ricchezza, del potere e delle risorse, civiltà avanzate con un modo di vita molto diverso emersero all'improvviso in questi sei differenti punti del globo (si veda la Figura 1).

A partire dall'8000 a.C., e con una successiva accelerazione dello sviluppo fra il 3500 e il 1500 a.C., vi fu un'improvvisa esplosione di innovazione in queste diverse zone del pianeta. Queste prime civiltà condividevano uno strabiliante numero di somiglianze, completamente diverse da tutto ciò che gli esseri umani avessero mai manifestato: tutte costruirono strutture monumentali (specialmente piramidi), edificarono centri urbani e sostituirono la caccia e la raccolta con l'agricoltura. Ciascuna di esse inventò nuovi strumenti, utilizzò la forza e l'efficienza di una manodopera organizzata e di una specializzazione al suo interno e creò le raffinate caratteristiche estetiche e intellettuali che definiscono la società civile. E quattro di esse diedero origine a coltivazioni agricole fondamentali su cui ancora oggi facciamo affidamento: mais, patate, riso e frumento.

Queste somiglianze conducono a molti interrogativi: come e perché ebbero origine queste sei civiltà umane e perché condividono tante caratteristiche? Perché, per esempio, troviamo piramidi a Sumer, in Egitto, in Messico e in Cina? Come mai tanto i sumeri quanto i maya acquisirono conoscenze astronomiche e matematiche avanzate? Perché queste società abbandonarono il modo di vita dei cacciatori-raccoglitori, che aveva avuto successo per centinaia di migliaia di anni, per affidarsi all'agricoltura?

Un'ulteriore caratteristica che definisce le nostre civiltà ancestrali, spesso osservata ma mai realmente spiegata, è un'organizzazione sociale del tutto diversa da quella dei precedenti milioni di anni di evoluzione umana: il semplice sistema egalitario esistente divenne un complesso sistema piramidale con un re divino al vertice. Perché la comparsa delle nostre più antiche civiltà fu accompagnata da questa radicale trasformazione sociale? Che cosa provocò un tale mutamento estremo?

I nostri scienziati hanno svelato il codice genetico umano, ma noi dobbiamo ancora trovare la chiave per risolvere gli enigmi delle grandi e bellissime città le cui rovine oggi ci ossessionano. Dobbiamo ancora capire le leggende che queste antiche culture condividono, o il motivo per cui esse sono condivise da popoli tanto distanti fra loro geograficamente: i racconti di un grande diluvio, delle origini dell'agricoltura, di giganti che un tempo vagavano sulla terra, e di una razza con poteri sovrumani che creò gli uomini e insegnò loro a diventare *umani*. I miti di creazione di questi sei luoghi del mondo (tutti ben distanti l'uno dall'altro) sono in effetti straordinariamente simili. In ciascuno di essi gli dèi (apparentemente umani, ma molto superiori per conoscenza e potenza) discesero dal cielo per creare gli esseri umani come noi, per conferire all'umanità i doni della civiltà e per lasciare in eredità una teocrazia basata sull'idea che il re sia disceso dagli dèi o sia stato da questi nominato.

Sembra improbabile che lo sbalorditivo numero di somiglianze fra questi miti sia il risultato di pure coincidenze, il che ci conduce a un interrogativo più ampio: potrebbe forse darsi che questi racconti da lungo tempo considerati dei miti siano in realtà resoconti fattuali? Gli indizi sembrano avvalorare questa ipotesi.

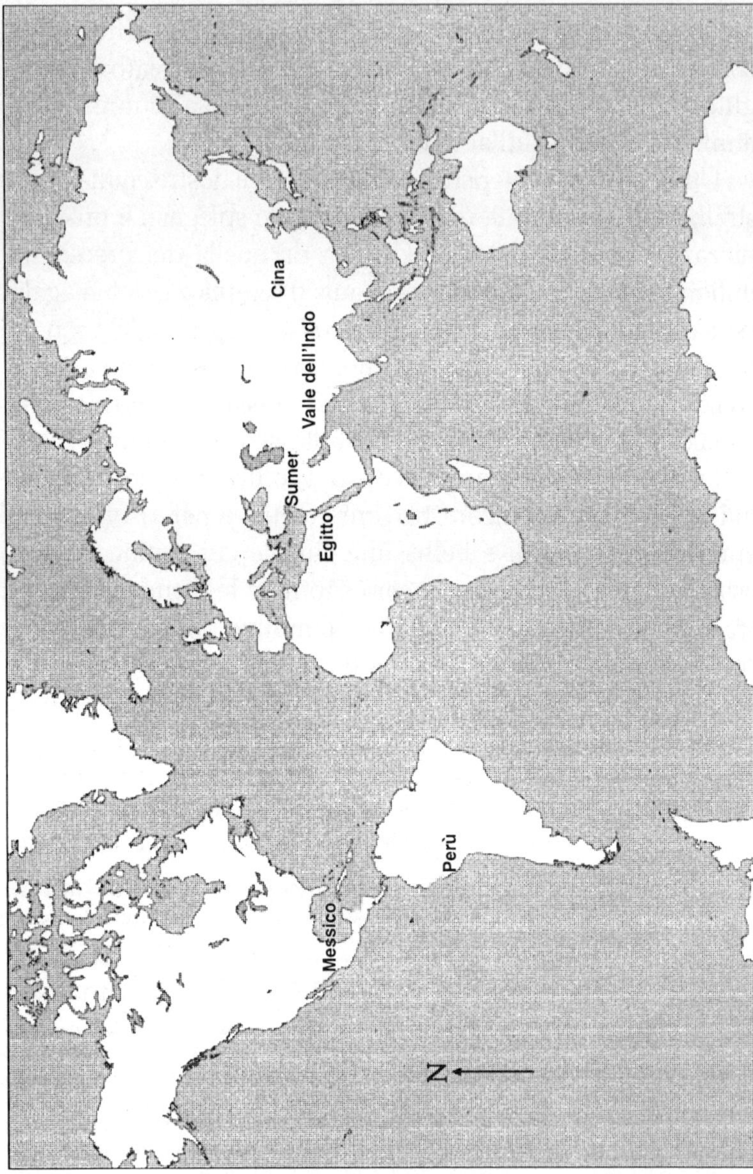

Figura 1 - *Ubicazione delle sei principali civiltà del mondo: Messico, Perù, Egitto, Sumer, valle dell'Indo e Cina.*

Questo libro riguarda la raccolta di testimonianze a dimostrazione della teoria secondo cui la Terra fu visitata da una razza extraterrestre di esseri umani che intervenne nei processi biologici, una razza che modificò a loro immagine gli esseri umani mediante bioingegneria. Io la chiamo *teoria dell'intervento extraterrestre intelligente*. Una volta realizzata questa creazione, questa razza della genesi (o questi dèi, come vengono definiti nei miti di tali antiche civiltà) insegnò agli esseri umani le arti e le tecniche dell'agricoltura e della vita civile, fra cui quelle necessarie per costruire i colossali monumenti i cui resti sono visibili ancora oggi.

Questi monumenti in pietra, che da millenni si ergono come mute sentinelle, sono in effetti testimonianze importanti che avvalorano questa teoria. Si è visto che i blocchi di pietra che costituiscono tali monoliti pesano tra le 20 e le 400 tonnellate ciascuno; sono così pesanti che potrebbero essere spostati solo con i più moderni macchinari e attrezzature. Come poterono allora venire spostati migliaia di anni fa? Come chiarirà il capitolo 7, la costruzione delle massicce piramidi in Egitto, per esempio, non si sarebbe potuta realizzare con i metodi primitivi che secondo archeologi e antropologi avrebbero utilizzato i costruttori. In effetti nessuno sa spiegare adeguatamente come venne costruita la piramide di Cheope o come furono trasportate le pietre megalitiche di Tiahuanaco. E nemmeno sappiamo a chi venne l'idea di costruire piramidi e ziggurat o come fu deciso di rendere tali strutture dei punti di riferimento geodetici allineandole col nord geografico.

Forse l'interrogativo maggiore è perché non conosciamo le risposte a tutte queste domande. Perché abbiamo dimenticato il nostro passato? Anziché averlo dimenticato, forse finora non abbiamo avuto la conoscenza e l'intelligenza che ci avrebbero consentito di vedere le risposte che sono con noi da sempre.

La teoria dell'intervento extraterrestre intelligente esaminata in queste pagine è fondata sui punti seguenti, in relazione alle sei civiltà iniziali del nostro pianeta, ciascuno dei quali è avvalorato da testimonianze esistenti.

- Queste civiltà comparvero all'improvviso, senza precedenti del genere, il che, sostiene la teoria, fu dovuto allo stimolo esterno da parte di una razza progredita.
- Queste civiltà si distaccarono completamente dal passato primitivo dell'umanità producendo, senza precedenti del genere, architettura collettiva, metallurgia, agricoltura e altre manifestazioni di uno sviluppo tecnico accelerato. Inoltre, nell'arco di un lungo periodo di tempo, alcuni di tali sviluppi si diffusero al di fuori delle sei località geografiche che furono le prime a manifestarli.
- Quattro di queste sei civiltà principali furono le prime a sviluppare e a coltivare alcuni dei prodotti agricoli che da allora sono diventati di prima necessità per la popolazione mondiale, tra cui frumento, patate, mais e riso.
- Il resto del mondo era molto in ritardo rispetto a questi sei centri culturali per tutte le caratteristiche tecniche, collettive, giuridiche, burocratiche e organizzative che costituiscono la civiltà, il che spiega perché non abbiamo trovato in altre parti del mondo resti di piramidi o ziggurat o raffinati sistemi di irrigazione risalenti alla stessa epoca di quelli riscontrati in queste prime zone. E nemmeno città, agricoltura su vasta scala, metallurgia, veicoli a ruote, sistemi avanzati di matematica e astronomia, ingegneria civile e scrittura erano presenti altrove nell'epoca in cui prosperavano in questi sei centri.
- Tra queste sei località vi è una convergenza di tradizioni letterarie e orali in relazione ai miti di creazione e al modo in cui tali popoli acquisirono le arti e le scienze.
- Vi sono numerosi enigmi e anomalie particolarmente stimolanti legati a queste antiche civiltà.
- La civiltà umana è molto più antica di quanto valutassimo, ed ebbe inizio forse tra i 10 mila e i 20 mila anni fa.

Come spiegherà questo libro, la teoria dell'intervento extraterrestre intelligente è fortemente avvalorata da testimonianze in tutti questi settori. Mentre alcuni ottimi libri innovativi hanno approfondito alcuni degli argomenti contenuti in questa opera, qui apriremo nuove strade da un punto di vista scientifico, sintetizzando in un paradigma coerente osservazioni, dati e altri risultati di vario genere. Qui formuleremo interrogativi, esamineremo ricerche concrete, raccoglieremo informazioni e testimonianze che non sono apparse in altre opere analoghe, e tracceremo dei collegamenti basati su una logica inflessibile e sul buonsenso.

Quando ho incominciato a esaminare la materia che ha condotto a questo libro, l'ho fatto senza avere in mente conclusioni preconcette. I risultati delle mie ricerche che qui comunico mi hanno sorpreso, e sono definitivi. Il nostro passato è disseminato di anomalie misteriose che non rientrano nelle nostre idee e teorie consolidate su come si sia evoluta la storia umana. Questo fatto da solo lascia intendere che forse le cose sono andate in modo diverso da come ce lo siamo immaginato.

Nondimeno gli scienziati cercano di dare una spiegazione a questi enigmi. Oppure silenziosamente ignorano il fatto che nella nostra storia debba essere intervenuto qualcosa per elevarci al livello di consapevolezza e capacità che ci ha consentito di creare le civiltà. Che questo «qualcosa» intervenuto fosse extraterrestre è, come vedremo, una conclusione logica, poiché il libro della Genesi afferma: «Facciamo l'uomo a nostra immagine». Se questa interpretazione dei nostri antichi testi poteva sembrare azzardata una generazione addietro, appare altrettanto fantastica oggi?

Gli interrogativi sulle nostre origini e sulle anomalie e somiglianze fra le antiche culture solleticano la curiosità umana da secoli, ma solo una piccola parte di questi interrogativi ha ottenuto una risposta soddisfacente. Forse alcune risposte attendevano che noi arrivassimo al livello di raffinatezza in fatto di biotecnologie, informatica e conoscenza dello spazio e dell'universo che vantiamo oggi. La conoscenza che abbiamo acquisito in questi settori può consentirci di guardare con occhio diverso le testimonianze racchiuse nei resti archeologici esistenti. Come indicano le tre recenti notizie riportate all'inizio di questa introduzione, noi effettivamente possediamo o abbiamo a portata di mano capacità informatiche estremamente avanzate, la possibilità di modificare organismi mediante l'ingegneria genetica, e una nuova conoscenza del nostro codice genetico. Forse ci troviamo finalmente a un livello tecnico che può consentirci di decifrare i miti e i manufatti del passato per apprendere la storia delle nostre origini.

Alla fine la nostra storia deve avere un senso. Dipanare i misteri delle nostre origini ci consentirà di capire il passato senza pregiudizi o paure, e questo si può ottenere partendo da ciò che esiste, dai fatti, per quanto questi possano essere spaventosi o strani o improbabili.

Prima di proseguire, è importante esaminare il termine *civiltà*, un termine controverso e soggettivo il cui significato può dipendere interamente dal contesto, da chi lo usa e da come lo usa. In tutto questo testo io utilizzo il termine per indicare un particolare modello di società che è tecnologicamente avanzato e che mostra testimonianze di un genere di progetti strutturali e ingegneristici proporzionati a tale progresso tecnico; che è socialmente stratificato e differenziato a seconda delle capacità e degli impieghi; e che ha in funzione leggi codificate e un governo gerarchico.

Abbiamo davanti a noi una ricerca formidabile che deve incominciare con una mentalità aperta. Abbiamo la volontà collettiva di trovare ciò che cerchiamo? Cominceremo con la teoria dell'evoluzione di Darwin e con il racconto biblico della Genesi, e poi riesamineremo tutto da un nuovo punto di vista rivoluzionario.

1.
La ricostruzione del nostro antico passato

Nuove scoperte

Alcuni ritengono che l'epoca delle esplorazioni sia finita. Ma la Terra è vasta e piena di misteri irrisolti. La storia umana stessa rimane un enigma, un puzzle complicato con pezzi mancanti ancora da scoprire e collocare. Alcuni di questi si trovano sul fondo del mare o sono sepolti nella giungla, altri sono celati in caverne nascoste e aspettano di essere scoperti.

Questa è un'epoca emozionante per chiunque sia curioso riguardo alle origini dell'umanità e al nostro enigmatico passato sul pianeta Terra. Il numero e l'importanza delle nuove scoperte aumentano a un ritmo che quasi toglie il respiro. Nuove tecnologie unite a nuovi metodi interdisciplinari e al punto di vista innovativo di ricercatori indipendenti stanno rapidamente modificando l'intero settore dell'antichità.

Vi è un nuovo genere di ricercatori nel settore dell'archeologia, un genere che sta rendendo questa scienza molto più interdisciplinare. Oggi gli archeologi lavorano in tandem con idrologi, agronomi, geologi e vari altri specialisti impegnati a reintegrare i molti pezzi complessi che costituiscono le rovine sconcertanti di una città o una civiltà perduta. Impiegano tecnologie avanzate, fra cui le ricostruzioni al computer, la fotografia aerea ad alta risoluzione, il telerilevamento, la fotografia a infrarossi e i rilevamenti geofisici, che consentono di realizzare carte topografiche precise. Per le indagini subacquee vengono impiegati sommergibili e robot avanzati unitamente a sonar, fotogrammetria tridimensionale e video digitali. Gli archeologi stanno usando anche con successo la tecnologia chiamata radar a penetrazione del terreno (Gpr). Inventato negli anni Settanta, fu originariamente usato per scopi militari come l'individuazione dell'ubicazione di mine antiuomo e di gallerie militari. Queste nuove tecnologie hanno messo in mano a chi indaga sul nostro passato umano una potente serie di strumenti, per cui questo ritmo rapido di nuove scoperte affascinanti non potrà che proseguire.

Durante la stesura di questo libro, una società di esplorazioni canadese dalle solide credenziali (ha scoperto e recuperato diversi galeoni spagnoli e ha individuato la *Maine*, la nave da guerra statunitense che esplose e affondò nel 1898, innescando la guerra ispano-americana) ha annunciato una scoperta sbalorditiva nei Caraibi. Ha localizzato una «città perduta» a una profondità di 630 metri al largo di Cuba e circa 80 chilometri a est della penisola dello Yucatán.

Utilizzando un'apparecchiatura sonar a scansione laterale, l'équipe ha notato una vasta platea sottomarina con «chiare immagini di strutture in pietra organizzate simmetricamente che sembravano un agglomerato urbano parzialmente ricoperto di sabbia. Dall'alto le forme assomigliavano a piramidi, strade ed edifici», ha riferito uno dei ricercatori.[1] L'équipe ha poi inviato un robot sonda sottomarino (un veicolo radiocomandato) a filmare alcune parti della platea di 20 chilometri quadrati. Le immagini risultanti hanno confermato la presenza di blocchi monolitici di pietra squadrata, lunghi da 2 a 5 metri e collocati in formazioni perpendicolari e circolari. Alcuni blocchi erano accatastati e alcuni esposti al mare.

Chi costruì questa antica città? L'équipe si è rifiutata di

avanzare congetture, ma ha detto di ritenere che debba essere stata costruita quando l'attuale fondo marino si trovava al di sopra della superficie (un'ipotesi logica), il che significa almeno 6 mila anni fa. Questo ne farebbe il sito del genere più antico del mondo, precedendo le città dell'antico Egitto di circa 2500 anni, quelle della civiltà olmeca di 3500 anni e quelle dei maya di quasi 4500 anni. In virtù della loro prossimità alla penisola dello Yucatán, le rovine si trovano nella stessa regione della civiltà maya. In effetti è evidente che, se il livello del mare fosse più basso, Cuba, lo Yucatán e l'antica città farebbero parte della stessa massa continentale.

Le leggende dei maya ci narrano che il popolo maya provenne da una terra situata a est all'epoca del Grande Diluvio. Anche Quetzalcoatl, il portatore della loro cultura, giunse da oriente. Analogamente gli aztechi individuano verso est la loro patria originaria, Aztlán. La capitale dell'impero azteco, Tenochtitlán, fu disegnata con una forma ritenuta somigliante a quella di Aztlán, che doveva essere un'isola perché la capitale azteca era un'isola al centro del lago Texcoco, relativamente poco profondo.

Ma gli esploratori canadesi non sono stati gli unici a compiere una scoperta tanto sbalorditiva. Da generazioni gli abitanti della regione attorno al lago Titicaca in Sudamerica raccontavano di una città sprofondata sotto la superficie del lago. Anche se questa leggenda veniva raccontata fin dall'arrivo dei *conquistadores*, per quasi 400 anni fu sommariamente accantonata in quanto pura invenzione.

Poi, nell'estate del 2000, un'équipe di ricerca internazionale comprendente archeologi e scienziati provenienti dal Sudamerica e dall'Europa ha scoperto un'antica struttura sommersa 20 metri sotto la superficie del lago. Dopo immersioni nell'arco di 18 giorni sono stati identificati un tempio largo 50 metri e lungo 200, un terrazzo per le coltivazioni, un muro di sostegno di 800 metri e una strada preincaica.

Lo scienziato boliviano a capo dell'équipe, Eduardo

Pareja, ha detto ai giornalisti: «Sostengo fortemente l'ipotesi che quanto è stato trovato dalla spedizione *Atahualpa 2000* siano le rovine di un tempio sommerso precolombiano».[2] Questa datazione è significativa perché gli archeologi hanno sempre attribuito una data piuttosto recente a Tiahuanaco e ad altre rovine locali situate sull'Isola del Sole. Ne parleremo più in dettaglio nel capitolo 12.

Nel giugno del 2000 l'archeologo marino francese Franck Goddio ha annunciato le sue ultime scoperte nella baia di Abukir in Egitto. Usando strumenti elettronici, Goddio ha dapprima creato una mappa sottomarina della zona della baia, che ha rivelato un grosso cumulo di rovine ubicate accanto ai resti della flotta di Napoleone affondata, circa 6 metri sotto la superficie. Poi, usando le più recenti attrezzature subacquee ad alta tecnologia, l'archeologo è stato in grado di localizzare e recuperare molti manufatti, fra cui statue, monete d'oro e gioielli preziosi. Ha anche scoperto una città sprofondata e precedentemente ignota, la quale era stata sommersa tanto rapidamente che la popolazione non aveva nemmeno avuto il tempo di prendere con sé oggetti importanti e fuggire.

Le scoperte di Goddio sono corroborate dai racconti di antichi storici greci come Erodoto, il quale nel 450 a.C. descrisse il tempio di Ercole a Herakleion, e Strabone, che nel II secolo parlò dello stile di vita lussuoso delle città di Canopo, Herakleion e Menouthis. Perfino nelle epoche passate, però, quelle città erano misteriose perché erano scivolate sotto l'acqua della baia per ragioni che ancora non sono chiare.[3]

Archeologi cinesi hanno annunciato di recente di avere trovato nel lago di Fuxian, nella provincia dello Yunnan centrale, le rovine sommerse di un antico complesso, che hanno denominato la Pompei cinese. La spedizione ha utilizzato il sommergibile *Balenottera azzurra* per esaminare e fotografare il sito composto da pareti di pietra lunghe da 15 a 22 metri e larghe circa 3 metri. Pietre da lastrico e i muri completi di otto edifici sono stati trovati sparpagliati su una superficie di 2500 per 800 metri.

Gli scienziati ritengono che la città facesse parte dell'antico regno di Yunnan che secondo le leggende locali a un certo momento scomparve. Lo Yunnan centrale è soggetto a terremoti, e Yu Xixian (eminente archeologo cinese che ha guidato la ricerca subacquea) ha indicato le fratture e le tracce di subsidenza sulle montagne circostanti a testimonianza di ciò che forse accadde alla città in rovina: o sprofondò direttamente nel lago o venne inondata quando una frana ostruì uno sbocco.

Altre scoperte del genere compiute in anni recenti in varie parti del mondo verranno raccontate in capitoli successivi, e adesso che esiste la tecnologia per l'esplorazione nel mare profondo se ne possono attendere delle altre nei decenni a venire.

Dalle città perdute sotto le acque di mari e laghi passiamo all'enigma del deserto del Taklimakan nella Cina orientale. Lì negli anni Settanta e Ottanta cominciò a essere dissotterrato uno dei grandi misteri della moderna archeologia. Furono scoperte decine di corpi vecchi di migliaia di anni, ciascuno perfettamente conservato dall'aria desertica della zona, alternativamente calda e secca in estate e gelida d'inverno. Le mummie (chiamate popolo del bacino del Tarim) sostanzialmente si erano disseccate e gelate, il che sorprendentemente aveva lasciato intatti la pelle, i capelli, i lineamenti e gli abiti.[4]

Ma gli scienziati appresero presto di trovarsi solo all'inizio della decifrazione di questo capitolo nuovo ed enigmatico della storia umana. Nel corso dei loro studi scoprirono che le mummie dell'Asia centrale erano di razza europea! Benché nessuno sappia con precisione perché si trovassero lì o perché fossero scomparse migliaia di anni fa, adesso sappiamo che la loro cultura prosperò per almeno 1500 anni. Secondo le tradizioni popolari delle tribù locali, un popolo non cinese si era insediato nella regione nell'oscura preistoria.

Come si è stabilito in base alle mummie, il popolo del bacino del Tarim aveva capelli di colore biondo scuro, rossastro o giallo-bruno, occhi incavati e arti lunghi. Molti indizi sulla cultura di questo popolo vengono rivelati dagli abiti indossati dalle mummie. A quanto pare il popolo del bacino del Tarim seppelliva i morti con abiti e calzature di colore vivace. Questi uomini pascolavano ovini e bovini, usavano cavalli, praticavano qualche forma di agricoltura e fabbricavano abiti con la lana delle pecore: dopo avere tinto la lana a colori vivaci, tessevano stoffe dai disegni intricati e applicavano motivi decorativi su questo feltro di lana fatto a mano.

Finora sono stati dissotterrati almeno mille corpi mummificati, e rimangono ancora da scavare innumerevoli siti. Da qualunque luogo provenisse in origine questo popolo, i resti trovati presso l'antica via della seta rivelano che la storia dell'umanità sulla Terra è molto più ricca e complessa di quanto ci immaginassimo.

Dolkun Kamberi, un uomo dai capelli castani e dai lineamenti europei, è un archeologo nato e cresciuto in questa regione del deserto cinese. Ritiene di essere discendente diretto del popolo del bacino del Tarim. Nel corso del suo lavoro nella zona ha scoperto un pezzo di cranio umano datato a mezzo milione di anni fa, una testimonianza definitiva della presenza umana nella regione 500 mila anni fa.

La scoperta del popolo del bacino del Tarim promette di mettere sottosopra le idee sia degli storici ortodossi sia del governo cinese, il quale non è lieto di scoprire che un popolo non asiatico si insediò sul suolo cinese in epoche antiche, predinastiche. Kamberi ritiene che l'Asia centrale sarà un sogno per gli archeologi per tutto il primo secolo del nuovo millennio. Scopriremo altri misteri e controversie in Cina nel capitolo 9.

Anche in Sudamerica una scoperta recente ci ha costretti a riesaminare l'andamento della storia, sospingendo all'indietro la data dell'insediamento urbano nelle antiche Americhe. «Le nostre scoperte indicano che una società molto vasta e complessa era nata sulla costa del Perù secoli prima di quanto si pensasse», dice Jonathan Haas, dottore di ricerca e conservatore di antropologia al Field Museum di Chicago.[5]

Sebbene la costa settentrionale del Perù non sia molto nota per i suoi scavi rispetto ai siti archeologici andini, la regione costiera è sede di decine di reperti impressionanti. Le datazioni col radiocarbonio di fibre vegetali provenienti da uno di questi siti, chiamato Caral, indicano che non soltanto questo insediamento era consolidato già nel 2627 a.C. ma presentava già a quell'epoca anche un'architettura monumentale collettiva e un'agricoltura irrigata. Caral è uno dei 18 massicci centri urbani contemporanei nella valle del Supe (approfondiremo questa regione in dettaglio nel capitolo 10).

Un'altra scoperta recente nella regione costiera, questa volta nella valle del Casma, uno dei più grandi centri monumentali del nuovo mondo, è Sechin Alto. Utilizzando il rilevamento topografico laser e la fotografia da alianti unitamente a tecniche classiche, l'archeologo peruviano Ivan Ghezzi ha compiuto negli ultimi anni una serie di scoperte in questo sito. Nel 2000 la sua équipe ha portato alla luce le tredici torri di Chankillo, che si trova in cima a una collina. Era stata a lungo considerata una fortezza, ma l'équipe ha dimostrato che le torri erano in realtà posizionate in modo da indicare le date dei solstizi, degli equinozi e dei mesi. Queste scoperte di astroarcheologia indicano che Chankillo in effetti serviva da calendario celeste e da centro per i rituali officiati in pubblico.

Il 23 marzo 2001 si è tenuta in Spagna una conferenza stampa internazionale in collaborazione con l'ambasciata peruviana per annunciare una scoperta sbalorditiva da parte del progetto Koricancha sul Tempio del Sole degli Inca, ora chiesa di Santo Domingo a Cuzco, in Perù. «Le indagini scientifiche e i dati del Gpr [radar a penetrazione del terreno] ottenuti di recente a Santo Domingo-Koricancha dalla Società di esplorazione Bohic Ruz dischiuderanno uno dei più grandi misteri della nostra epoca», è stato affermato nella conferenza stampa.[6]

Mediante l'uso del radar a penetrazione del terreno i ricercatori avevano localizzato numerose strutture e gallerie sotterranee sotto la chiesa. In effetti molti esploratori indipendenti negli ultimi 50 anni hanno affermato che fra Sacsayhuaman e il Tempio del Sole esiste un labirinto di gallerie sotterranee collegato a molti altri siti. Tuttavia questi annunci non erano mai stati corroborati da indagini scientifiche prima della conferma dovuta al lavoro a Koricancha. «Queste scoperte attrarranno la fantasia del mondo e avranno la potenzialità di rivaleggiare con la scoperta della tomba di Tutankhamon in Egitto», ha detto Anselm Pi Rambla, presidente dell'associazione di esploratori.

Sono stati condotti studi con radar a penetrazione del terreno anche in Egitto. Tuttavia i risultati lì sono stati oggetto di polemiche. Alcuni ricercatori sostengono che sia stato scoperto un sistema di gallerie sotto la Sfinge e le piramidi. Altri invece contestano ciò che hanno effettivamente rivelato i dati del Gpr, e il governo egiziano tiene la bocca chiusa riguardo alle presunte scoperte.

Forze fresche e ricercatori indipendenti ribelli

Il settore delle indagini archeologiche e antropologiche è stato anche trasformato da un certo numero di ricercatori e studiosi indipendenti. L'opera di David Rohl dimostra come piccoli errori di interpretazione uniti a sviste possano condurre a deduzioni nettamente imprecise riguardo alla storia. Studiando per diventare egittologo, Rohl ebbe un'intuizione eretica. Un crescente sospetto che vi fosse qualcosa di sbagliato nelle cronologie egizie accettate lo stimolò a lanciare un assalto totale a ciò che è probabilmente il bastione più conservatore dell'intera scienza dell'antropologia.

Poiché gli egittologi sono notoriamente di mentalità ristretta, Rohl sapeva che pubblicare le sue critiche e svelare le sue idee nuove ai colleghi era rischioso. Tuttavia si rese conto che la sua intuizione era di ampia portata e avrebbe avuto ramificazioni profonde se la sua opinione si fosse rivelata corretta. Aveva la potenzialità non solo di rivoluzionare la cronologia accettata delle dinastie regnanti e le idee prevalenti sulla storia di Egitto e Israele, ma anche di comporre un'antica e amara serie di dispute fra i credenti nella Bibbia e gli scettici.

Quando Rohl presentò la sua teoria in libri come *La Genesi aveva ragione*, questa comparve su uno sfondo complicato e con una forte carica emotiva. Archeologi e scettici avevano da tempo messo in dubbio l'autenticità della Bibbia come documento storico, malgrado la poderosa fede dei credenti. Nel XIX secolo gli scettici indicavano i riferimenti dei Vangeli alle città di Cafarnao, Corazin e Betsaida, affermando che tali luoghi non fossero mai esistiti e che i racconti fossero soltanto miti da non considerare come vera storia. Alla fine però gli archeologi scoprirono queste città dimenticate, che oggi si trovano sulle carte turistiche.

Gli scettici allora presero di mira i racconti dell'Antico Testamento su Ninive, capitale dell'Assiria, affermando che non fosse mai esistita una città o una nazione del genere. Ma nel 1840 Henry Layard, un esploratore britannico, decise di dimostrare che avevano torto. Si propose di trovare l'antica Assiria e così facendo portò alla luce la città di Ninive.

All'inizio del XX secolo gli scettici rivolsero la loro attenzione agli ittiti, sostenendo che non fossero altro che un popolo fittizio, anche se la Bibbia menziona il loro impero almeno 40 volte. Come era prevedibile, nel 1905 gli archeologi scoprirono in Turchia una città ittita.

Malgrado questa sequenza di prove (e questi esempi ne sono

soltanto un piccolo campione), l'archeologia non era riuscita a confermare le storie dei patriarchi principali dell'Antico Testamento, il che poneva una seria ipoteca sulla precisione storica della Bibbia. Non vi erano testimonianze archeologiche per corroborare i racconti su Abramo e Mosè, né prove a sostegno dei libri di Saul, David e perfino Salomone. Non era per mancanza di tentativi di trovare conferme; molti studiosi e archeologi avevano cercato di convalidare i resoconti sui patriarchi dell'Antico Testamento, ma tutti avevano fallito. Rimaneva questo grosso interrogativo: come avrebbero potuto diversi milioni di ebrei risiedere in Egitto, emigrare attraverso il Sinai fino a Canaan e poi procedere alla conquista del territorio senza lasciare tracce a testimonianza di tutto questo?

Poiché gli archeologi non riuscivano a trovare le impronte, la loro deduzione era che gli eventi narrati nell'Esodo non fossero mai avvenuti. Ciò indusse gli scienziati ad asserire che l'Antico Testamento nel suo insieme (comprendendo non soltanto l'Esodo ma anche Saul, David, Salomone e tutto il resto) non fosse una testimonianza storica precisa e che ebrei e cristiani sbagliassero a ritenere resoconti autentici quelle storie letterarie o leggende tribali.

Senza la necessaria convalida e corroborazione da parte di fonti extrabibliche, la deduzione degli scienziati era apparentemente indiscutibile. Il chiodo nella bara giunse sotto forma dei famosi scavi di Gerico nel 1952. L'archeologo capo dedusse che lì non esisteva alcuna città all'epoca in cui si diceva fossero entrati nel territorio gli ebrei, combattendo la famosa battaglia di Gerico. Secondo i risultati degli scavi, la collina di Gerico era già in rovina da centinaia di anni all'epoca in cui gli ebrei attraversarono il Giordano. Per ciò che riguardava gli archeologi tradizionali, la porta era ormai chiusa. Inutile dire che i credenti non erano d'accordo.

David Rohl non si proponeva di dimostrare che la Bibbia avesse ragione o torto; non era questa la sua priorità. Ciò che Rohl capiva e voleva dimostrare era il fatto che gli studiosi si fossero lasciati sfuggire diversi dettagli cruciali nel ricostruire la cronologia egizia. Capiva che questi errori di interpretazione avevano messo fuori strada tutti coloro che avevano usato tale cronologia come base di confronto con eventi descritti nella Bibbia.

Rohl descrive in dettaglio la sua opera di indagine approfondita e il suo solido ragionamento. Rohl dimostra che molte supposizioni avanzate dagli egittologi durante il processo di formulazione della cronologia egizia si erano basate su dati incompleti ed erano in effetti sbagliate. Un problema fondamentale riguardo alla cronologia tradizionale, per esempio, concerneva la mancata presa in considerazione del fenomeno delle dinastie parallele: nella storia egizia vi furono periodi in cui non vi era una dinastia centrale dominante; diversi faraoni governavano contemporaneamente su territori frammentati.

Dopo avere assegnato una nuova sequenza alla cronologia egizia, Rohl effettuò alcuni necessari aggiustamenti alla cronologia biblica. Abbreviò il soggiorno in Egitto da 430 a 215 anni, dichiarando che il periodo di 430 anni incominciò all'epoca in cui gli ebrei arrivarono a Canaan anziché all'epoca in cui entrarono in Egitto. Inoltre modificò la durata del periodo del vagabondaggio nel deserto, della conquista di Canaan e dei giudici, accrescendolo da 220 a 417 anni.

È facile capire come la teoria di Rohl potesse suscitare forti polemiche. Ma quando gli archeologi incominciarono ad applicare al proprio lavoro le sue cronologie modificate, presero a compiere scoperte profonde. Era come se all'improvviso una luce avesse illuminato un sentiero che c'era sempre stato ma che era stato nascosto dall'oscurità.

Le nuove cronologie abbinavano personaggi ed eventi in maniera completamente diversa da quelle precedenti. Questa nuova consapevolezza spronò il riesame scientifico di documenti antichi come le lettere di Amarna, scoperte in Egitto nel 1887 e composte da 380 tavolette cuneiformi di corrispondenza inviata al faraone da re stranieri. Gli studiosi avevano attribuito le lettere al servizio di corrispondenza del faraone Akhnaton e di conseguenza gli egittologi non si erano mai preoccupati di cercare in queste tavolette la corrispondenza con la monarchia unita di Israele: secondo la vecchia cronologia, Akhnaton era vissuto e morto prima che Israele venisse istituito. La nuova cronologia di Rohl, però, collocava Akhnaton all'inizio del regno di Saul. In questa luce gli studiosi cominciarono a trarre un senso da lettere che erano sfuggite all'analisi precedente: lettere dei governatori della Palestina che facevano abbondanti riferimenti agli ebrei; i governatori della Palestina erano scontenti perché David e il suo esercito di mercenari saccheggiavano la campagna per sopravvivere. Le testimonianze egizie e la Bibbia adesso coincidevano.

Vi sono altri esempi di questo rapporto di recente scoperta fra le due cronologie: i tempi modificati da Rohl collocavano Tutmosi alla fine della tredicesima dinastia, il che sembrava corrispondere ai riferimenti biblici alle piaghe di Mosè. Nella sua storia dell'Egitto, scritta nel III secolo a.C., il sommo sacerdote Manetone lamenta: «Nel suo regno [di Tutmosi], per quale motivo non so, ci colpì un castigo di Dio».

Questo nuovo collegamento tra il faraone Tutmosi ed eventi specifici consentì una nuova prospettiva su una scoperta che sconcertava gli archeologi. Gli scavi a Tell ed-Daba (la biblica Goshen o Gessen), situata nella regione del delta del Nilo, portarono alla luce «fosse delle piaghe» in cui erano stati gettati centinaia di corpi, avvalorando la piaga a cui si riferiscono sia manetone sia la Bibbia. Un esame delle tombe della zona portò alla scoperta che le popolazioni residenti nella zona provenivano dalla Palestina e dalla Siria: i figli di Israele.

L'affascinante teoria di Rohl, con la sua miniera di informazioni, ha rivoluzionato i settori dell'egittologia e dell'archeologia biblica.

Mentre questa opera intellettuale pionieristica si svolge nell'arena della cultura, un'analoga opera rivoluzionaria sta avvenendo sul campo. James O'Kon, archeologo autodidatta, compì il primo viaggio nel territorio misterioso degli antichi maya nel 1969, il che fece sprigionare in lui la passione di tutta la sua vita per capire questa civiltà perduta. Nel 1989, durante una spedizione alla città di Yaxchilán, che gli archeologi studiavano da cento anni, visitò un sito remoto lungo il fiume Usumacinta, il confine naturale che separa il Messico dal Guatemala.

Yaxchilán è situata nella foresta pluviale fra due dei più importanti siti dei maya: Palenque, circa 150 chilometri verso nord, e Tikal verso sud, al di là del fiume nella giungla del Petén in Guatemala. Quando la canoa in cui viaggiava si avvicinò alla riva, O'Kon notò una formazione rocciosa. Ai suoi occhi la sua antica funzione fu subito evidente.

«È il pilone di un ponte!» dichiarò, senza essere sfiorato da dubbi.

L'archeologo che guidava la spedizione non tenne conto della sua osservazione. Dopo tutto, gli scienziati che avevano studiato la zona potevano affermare solamente che quella collinetta di pietre era un fenomeno sconcertante. Ma O'Kon stava già visualizzando la costruzione del ponte e la lunghezza della campata. In quanto ben noto e rispettato ingegnere forense ed ex presidente del Consiglio forense dell'Associazione americana di ingegneria civile, aveva a propria disposizione un arsenale di tecnologie moderne per dimostrare la correttezza della sua ipotesi.

Raccolse dati a Yaxchilán, poi usò computer, aerofotografie e carte topografiche per elaborare un modello tridimensionale del sito della formazione rocciosa e per stabilire varie coordinate ingegneristiche importanti. Quando tutti i suoi calcoli furono completati, i risultati furono sbalorditivi: dimostravano che gli ingegneri maya avevano progettato e costruito il ponte con la campata più lunga del mondo antico, una struttura sospesa di 180 metri con due piloni su ciascun lato del fiume e due sostegni nel fiume stesso.

I suoi risultati furono pubblicati nel numero di gennaio 1995 delle riviste *Civil Engineering* e *National Geographic*. Yaxchilán aveva in effetti bisogno di un tale ponte perché era ubicata su terreno elevato su un gomito del fiume Usumacinta, che lambiva la città su tre lati. Questa parte della foresta pluviale riceve dai 3800 ai 5000 millimetri di pioggia fra giugno e gennaio, una quantità tale per cui durante la stagione delle piogge «Yaxchilán diventava una città-isola», afferma O'Kon.

Questa scoperta importante è solo una parte dell'opera di O'Kon, il quale è convinto che i maya non fossero un popolo da «età della pietra», e li definisce invece una razza «tecnolitica» che «utilizzava per gli utensili la giada, che è più dura dell'acciaio». Il suo ragionamento è difficile da confutare: «Il ferro più vicino era a più di duemila chilometri di distanza», mi ha detto durante un recente colloquio. «I maya erano molto raffinati dal punto di vista matematico e scientifico. Avevano il concetto di zero settecento anni prima degli europei».

O'Kon adesso ha rivolto la sua attenzione all'enigmatico sistema stradale dei maya che collegava i loro siti. O'Kon ha già scoperto che una strada lunga 90 chilometri che si estende da Coba a Yaxuna è perfettamente diritta come può esserlo una strada, più delle strade moderne, con appena una deviazione trascurabile. Questa scoperta ha sollevato di nuovo un interrogativo che da tempo ossessionava i ricercatori: perché i maya si sentirono indotti a costruire ampie strade orizzontali e lastricate se non avevano veicoli a ruote né animali da tiro? Un altro esploratore moderno nel campo dell'antichità peruviana da quattro decenni trasforma i miti in storia. Ormai ultrasettantenne, Gene Savoy è ancora un ricercatore attivo con una vasta reputazione in Sudamerica e una serie di prodezze nella vita reale che sembrano rivaleggiare con quelle di Indiana Jones.

Savoy trascorse l'infanzia nel Nordovest degli Stati Uniti e afferma di non essere in grado di ricordare un'epoca in cui non volesse diventare esploratore. Aveva una passione precoce per la storia e il folclore delle tribù indiane nordamericane (Savoy rivendica un sessantaquattresimo di antenati Cherokee). Poco più che ventenne aveva già formulato alcune teorie che voleva mettere alla prova esplorando le montagne e le giungle del Perù.

Aveva notato somiglianze tra i simboli pittografici e i motivi ornamentali di vari popoli antichi nordamericani e sudamericani, il che lasciava supporre che vi fossero stati contatti fra loro. Spinto dalla sua teoria del contatto transcontinentale, Savoy compì alcune scoperte strabilianti molto prima che Machu Picchu divenisse un sito turistico. Le sue prime spedizioni ebbero luogo negli anni Cinquanta e nei primi anni Sessanta, e le sue audaci escursioni nelle Ande orientali condussero alla scoperta della favolosa Vilcabamba, la città che fu l'ultimo rifugio degli Inca di fronte all'invasione degli spagnoli.[7]

Nel 1965 trovò un altro sito importante, che chiamò Gran Pajaten, nelle giungle nordorientali del Perù presso il bacino del Río Abiseo. La successiva scoperta di altre 40 rovine antiche in questa regione può essere attribuita a lui. Ma ciò che Savoy ricercava con maggior passione era qualche testimonianza dei «mitici» Chachapoya, gli alti guerrieri di pelle chiara che precedettero gli Inca e che questi forse usavano come guardie.

Nel 1984 Savoy ritornò a cercare indizi sulla loro leggendaria civiltà e questa volta ebbe successo. La sua spedizione portò alla luce spettacolari rovine nella foresta temperata pluviale presso il fiume Vilaya, che in seguito Savoy chiamò Gran Vilaya, e dopo avere esplorato le rovine la sua spedizione tracciò una mappa della regione. Questo enorme sito nel Dipartimento dell'Amazzonia, a ovest del fiume Utcabamba, presenta molti manufatti curiosi. Comprende ben oltre 24 mila pietre a taglio ovale che si estendono secondo le stime su 250 chilometri quadrati.

Nel 1989, mentre la spedizione Gran Vilaya stava giungendo al termine, Savoy e la sua équipe si arrampicarono in una grotta sul fianco di un dirupo, dove trovarono una serie di tavolette con iscrizioni. Su di esse Savoy notò un simbolo ben noto, usato da re Salomone per contrassegnare le navi da lui inviate nel territorio di Orphir per recuperare oro e pietre preziose per il suo tempio di Gerusalemme. Questa scoperta inviò l'instancabile esploratore in un nuovo viaggio, una spedizione via mare, con lo scopo di rintracciare le possibili rotte utilizzate dai marinai del Vecchio Mondo per raggiungere il Nuovo Mondo.

Savoy ha dischiuso molti settori storici nuovi e misteriosi. Fino a oggi la scienza sa molto poco riguardo ai Chachapoya, il cui nome significa «popolo delle nubi», tranne il fatto che costruirono numerose mura sulle cime nebbiose delle montagne per custodire le loro città segrete, che chiaramente dominavano la foresta temperata pluviale. Fu su una vetta andina nel loro territorio che nel 1995 furono scoperte le mummie di ghiaccio. Fino a oggi gli archeologi hanno inoltre scoperto tombe e altri manufatti, ma devono ancora risolvere l'enigma del popolo delle nebbie perenni.

Tuttavia, malgrado questi e altri misteri la cui spiegazione ci sfugge, le scoperte degli ultimi cento anni lasciano intendere che ci troviamo sulla soglia di un grande balzo in avanti nella nostra comprensione della storia antica. L'inizio del terzo millennio racchiude la promessa che finalmente penetreremo nel cuore di quei misteri che hanno sconcertato varie generazioni. Utilizzando nuove tecnologie, metodi innovativi, un criterio multidisciplinare e il nuovo punto di vista di ricercatori indipendenti, potremo ben dischiudere i segreti dei secoli passati.

Però, come è sempre stato, vi sono oggi forze potenti dedite al mantenimento dello status quo. Ciò che servirebbe maggiormente sarebbe una revisione totale delle interpretazioni ortodosse della storia antica, basata su un modo rivoluzionario di osservare le origini della civiltà umana. Insomma ci serve un impegno pieno a scoprire la verità, un impegno libero da preconcetti e aperto a ogni possibilità.

2.
Origini misteriose: discendiamo dalle scimmie?

Ogni nuova teoria sulla genesi della vita, dell'umanità e della civiltà deve cominciare affrontando la questione se i dogmi tradizionali o prevalenti siano adeguati. Coloro che aderiscono alla scuola di pensiero della storia alternativa non hanno ancora esaminato pienamente il modo in cui il darwinismo è stato applicato allo sviluppo della storia e della cultura. Ma prima di poterlo fare qui dobbiamo partire dall'esame di ciò che costituisce il darwinismo.

La teoria dell'evoluzione di Darwin si basa sul meccanismo di mutazione (alterazione accidentale del codice genetico) e sul meccanismo di reazione della selezione naturale, che segue il principio secondo cui i più adatti sopravvivono mentre i più deboli si estinguono.

È interessante notare che, sebbene il concetto di evoluzione sia stato attribuito a Charles Darwin, egli non diede effettivamente origine alla teoria. Questa era in circolazione da due secoli quando Darwin incominciò a esaminarla. Darwin non inventò nemmeno l'idea della selezione naturale, la quale era stata osservata molto in dettaglio da altri scienziati che studiavano l'ereditarietà. Fu Darwin però a mettere assieme queste ipotesi in modo scientificamente plausibile, facendone un tutt'uno coerente nella sua voluminosa opera *L'origine delle specie.*

Ma la teoria dell'evoluzione di Darwin va ancora considerata la spiegazione definitiva dell'evoluzione di tutte le forme viventi sulla Terra? Nel suo libro del 1986 *Evolution: A Theory in Crisis* [Evoluzione: una teoria in crisi], l'autore Michael Denton esamina la teoria di Darwin e opera una distinzione fra due tipi di evoluzione: microevoluzione e macroevoluzione. La prima riguarda la selezione naturale all'interno dei genotipi, un processo orizzontale facilmente osservabile nell'allevamento selettivo artificiale di piante e animali domesticati, nella variazione all'interno dei genotipi spiegata da Darwin con la sua teoria e nella distribuzione geografica di molte specie viventi. Il processo di microevoluzione rispecchia sotto certi aspetti la selezione naturale, ma in forma accelerata. Vedremo nel capitolo 16, però, che la selezione artificiale è in realtà molto diversa dal processo naturale e che i risultati prodotti in breve tempo sono il contrario di quelli prodotti dalla selezione naturale.

Nel suo libro Denton afferma che quanto il darwinismo non sa spiegare è il processo di macroevoluzione.[1] Questa comporta la creazione della prima cellula di un nuovo organismo con un nuovo genotipo o il balzo da un genotipo a un altro. Questo mutamento da un tipo a un altro (un processo verticale anziché orizzontale) è oggetto di accesi dibattiti. I principi fondamentali dell'evoluzione indicano che le specie si evolvono grazie a mutazioni casuali, con il risultato della loro graduale ascesa lungo la scala evolutiva da forme di vita semplici ad altre più complesse, non del loro sviluppo orizzontale verso nuovi genotipi.

Scoperte recenti effettuate da un consorzio pubblico che lavora al progetto genoma umano hanno inoltre sollevato interrogativi importanti riguardo alle teorie darwiniane dell'evoluzione. Anche se alcune di tali questioni sono oggetto di animata discussione da parte della comunità scientifica, i mezzi di informazione non hanno dedicato grande attenzione alle implicazioni di tali scoperte. Di conseguenza il pubblico non ha realmente assimilato o analizzato ciò che esse significano nei termini delle idee prevalenti e generalmente accettate (per lo meno nella scienza) riguardo all'origine della vita sulla Terra, specialmente in relazione al modo in cui si è evoluta l'umanità.

La decifrazione del codice del genoma umano ha prodotto almeno due risultati sorprendenti. Gli scienziati in precedenza ritenevano che le forme di vita semplici potessero avere appena da 500 a un massimo di 2000 geni, mentre gli esseri umani, essendo la specie più complessa, avrebbero avuto il numero massimo di geni, forse da 60 mila a 80 mila, ma le stime consuete andavano da 100 mila a 140 mila, molto più di ogni altra specie. Questa previsione, basata sulla teoria darwiniana, non è stata però corroborata dai risultati. Una volta decifrato il codice del nostro genoma, il conteggio dei geni umani si è rivelato essere un deludente 30 mila, poco più del doppio dei 13.601 geni di un moscerino della frutta.

La seconda notizia fastidiosa era la rivelazione da parte del consorzio che il genoma umano contiene 223 geni che non hanno predecessori nell'albero evolutivo genomico. Poiché 223 rappresenta una piccola percentuale dei nostri 30 mila geni, la loro esistenza può sembrare di scarsa rilevanza: niente per cui valga la pena agitarsi! Parlando di geni, però, perfino i piccoli numeri possono fare una differenza enorme. Per esempio, anche se può essere difficile accettarlo, gli esseri umani sono separati dagli scimpanzé da appena 300 geni, una differenza dell'1 per cento! A livello genetico gli scimpanzé e gli esseri umani sono simili al 99 per cento. Per alcuni, che esseri umani e scimpanzé differiscano geneticamente solo per l'1 per cento dimostra chiaramente la teoria dell'evoluzione. Invece rende più difficile e più cruciale spiegare l'unicità umana. Che cosa è contenuto in quell'1 per cento da renderci tanto diversi dagli scimpanzé?

ALTRE OPINIONI DISSENZIENTI

Quando nel 1859 fu pubblicato il suo libro oggi famoso, Darwin sapeva che la sua teoria dell'evoluzione aveva dei punti deboli. Per di più, era ben consapevole della parte precisa che costituiva il suo tallone d'Achille:

> Il numero di varietà intermedie precedentemente esistite sulla Terra deve essere davvero enorme. Perché allora ogni formazione geologica e ogni strato non è pieno di tali anelli intermedi? [...] [Questa] è l'obiezione più ovvia e più grave che possa essere avanzata contro la mia teoria.[2]

Ciò che intendeva Darwin è che, sebbene la verità della sua teoria dovesse essere sostenuta da una convalida indiscutibile nelle testimonianze fossili, alcuni sostegni intermedi mancano. Sappiamo tutti che questo è il problema dell'«anello mancante», che generalmente si ritiene riferito alla mancanza di un precursore solo per gli esseri umani moderni. Tuttavia il problema è più ampio e profondo. Come disse il defunto Louis B. Leakey, eminente antropologo, al suo pubblico durante una conferenza all'Università del Pacifico in risposta a una domanda su questo argomento: «Non vi è un solo anello mancante; vi sono centinaia di anelli mancanti».[3]

Secondo il darwinismo, i due processi di mutazione e selezione naturale operarono assieme gradatamente nel corso del tempo per trasformare i pesci in anfibi, gli anfibi in rettili, i rettili in uccelli e alla fine gli uccelli in mammiferi. La teoria prevedeva che la prova definitiva del fatto che così si fosse sviluppata la vita sulla terra sarebbe provenuta dalle testimonianze fossili. Ma fino a oggi gli scavi non hanno avverato questa previsione.

«Fu l'assenza di fossili di transizione che mi spinse inizialmente a mettere in dubbio l'idea di cambiamento graduale di Darwin», disse il giornalista scientifico e darwinista pentito Richard Milton durante un'intervista riguardo al suo libro *Shattering the Myths of Darwinism* [ed. it. *Il mistero della vita*].[4] Milton era un ardente darwinista che aveva trascorso i fine settimana a studiare geologia e paleontologia nella natia Inghilterra. Un giorno si rese conto che mancava qualcosa. Si accorse che gran parte del ragionamento a dimostrazione del darwinismo era circolare, così come i metodi usati per giustificare tale teoria. Per esempio, Milton fa notare che le rocce vengono usate per datare i fossili e i fossili vengono usati per datare le rocce.

Una volta stimolato il suo naturale scetticismo, Milton non lasciò nulla di intentato. Divenne un visitatore quasi quotidiano del prestigioso Museo di storia naturale di Londra, dove sottopose ad attento esame ogni prova utilizzata per avvalorare la teoria di Darwin. Valutò la teorizzata evoluzione del cavallo, esaminò l'Archaeopteryx, mezzo rettile e mezzo uccello; la farfalla geometra delle betulle; i fringuelli delle Galápagos; e tutti gli altri pezzi «indubitabili» del puzzle darwiniano. Scoprì che le presunte storie del loro sviluppo non reggevano a una comune indagine giornalistica.

La comunità scientifica ama presentare l'immagine di essere unita. Insiste sul fatto che la maggioranza dei suoi membri è a bordo del carro di Darwin (o della bella nave *Beagle*, a seconda dei casi) e vorrebbe fare credere al pubblico che le uniche critiche al darwinismo provengano da religiosi non scientifici (o creazionisti, coloro secondo i quali il mondo fu creato da Dio, come narrato nella Genesi), che tirano acqua al loro mulino, anche se questa rappresentazione è imprecisa. In realtà, diversi scienziati eminenti, fra cui in particolare Francis Crick, uno degli scopritori della struttura del Dna nel 1950, e l'astronomo Fred Hoyle, hanno pubblicato critiche alla teoria di Darwin e hanno presentato teorie alternative da considerare.

Il fatto che Crick (l'uomo che ha reso possibile la decifrazione del genoma umano) non accetti la teoria dell'evoluzione di Darwin è particolarmente indicativo. Nel suo libro *Life Itself* [ed. it. *L'origine della vita*] Crick solleva 100 interrogativi rigorosi a cui a suo parere il darwinismo non sa rispondere. Passa poi ad avanzare un'altra teoria chiamata panspermia, che esamineremo più in dettaglio nel prossimo capitolo. Nessuno negherebbe che Crick sia uno scienziato eminente dalle impeccabili credenziali intellettuali, eppure le istituzioni scientifiche hanno in grande misura ignorato le sue critiche a Darwin e allo stesso modo non è stata presa in considerazione la sua teoria innovativa.

Crick e Hoyle non sono affatto gli unici scienziati a mettere in dubbio i fondamenti dell'evoluzione. Negli ultimi anni sono stati pubblicati numerosi altri libri che esprimono critiche alla teoria, e non molto tempo fa una dichiarazione intitolata «Dissenso scientifico sul darwinismo» è stata firmata da 100 scienziati e comunicata alla stampa in tempo per coincidere con la programmata trasmissione sulla televisione pubblica americana Pbs di una serie in sette parti favorevole a Darwin e intitolata, in maniera appropriata, *Evolution*.

Gli scienziati che hanno firmato la dichiarazione costituiscono un gruppo eterogeneo, fra cui vi sono creazionisti biblici, anche se questi non costituiscono la maggioranza. Un'affermazione del documento indica proprio quanto fosse diretto il loro dissenso: «Io sono scettico sulla pretesa che la mutazione casuale e la selezione naturale possano spiegare la complessità della vita».[5] I firmatari passano poi a offrire un sostegno ragionevole e razionale a una messa in dubbio intellettuale della teoria: «Va incoraggiato un attento esame delle testimonianze a favore della teoria darwiniana». Ma la critica più forte è giunta dal chimico e candidato al Nobel Henry «Fritz» Schaefer, che ha canzonato i darwinisti per avere «adottato per l'evoluzione criteri di prova che da scienziati non avrebbero mai accettato in altre circostanze».[6]

Ma che cosa indicano le testimonianze?

Il processo di macroevoluzione (il mutamento da un genotipo a un altro) non è mai stato osservato: nessuno ha mai visto rettili trasformarsi in uccelli o da piante crittogame emergere piante fanerogame. Allora per trovare gli anelli mancanti fra rettili e uccelli o fra piante senza fiori e piante con fiori gli scienziati si sono rivolti alle testimonianze fossili. Pertanto il più vasto sforzo scientifico della storia prosegue ininterrottamente dall'epoca di Darwin. Eserciti di scienziati e darwinisti della domenica ansiosi di sporcarsi per la causa partecipano a scavi in tutto il mondo nell'interesse di un unico obiettivo: dimostrare che la teoria dell'evoluzione è valida. Questo lungo e massiccio sforzo ha portato alla luce circa un quarto di milione di fossili che sono custoditi in musei di tutto il mondo, ma non ha trovato fossili intermedi di qualche importanza.

Questo fatto da solo pone una grave minaccia alla teoria di Darwin. Se la vita si è evoluta lentamente da forme semplici ad altre più complesse attraverso una serie di mutazioni in risposta al variare delle condizioni ambientali, come afferma il darwinismo, allora dovrebbe esserci una sovrabbondanza di forme intermedie. Invece le testimonianze fossili non avvalorano questa ipotesi. Il quadro della vita sulla Terra come viene tracciato dai fossili è che le specie nuove, pienamente formate, compaiono dal nulla, rimangono uguali per lunghi periodi di tempo, quindi scompaiono.

Questo quadro è il segreto che i paleontologi e i darwinisti tengono per loro. Il defunto paleontologo Stephen Jay Gould in effetti osò ammettere: «Tutti i paleontologi sanno che le testimonianze fossili contengono ben poco in termini di forme intermedie; le transizioni fra i gruppi principali sono normalmente improvvise».[7] Questa verità è ovviamente ciò che stimolò Gould a pubblicare la sua controversa teoria dell'equilibrio punteggiato, un tentativo di spiegare perché vi siano anelli mancanti e perché le specie compaiano e scompaiano come per magia invece di seguire il lento progresso di piccoli mutamenti successivi ipotizzato dai darwinisti. Ma i colleghi di Gould accantonarono silenziosamente la sua teoria, dicendo che «la teoria dell'evoluzione la spiegava già»[8] malgrado il fatto che Darwin non avesse incluso nella sua ipotesi nulla riguardo a comparse e scomparse improvvise e discontinue.

Uno degli enigmi più irritanti per Darwin era cercare di spiegare la comparsa improvvisa delle piante fanerogame. Tutte le piante primitive si propagarono e sopravvissero con successo per centinaia di milioni di anni mediante la riproduzione asessuata. Poi, circa 100 milioni di anni fa, emersero inspiegabilmente le piante fanerogame. Darwin lo chiamava il «problema abominevole».

Questa comparsa improvvisa è sconcertante per diversi motivi. Primo, non vi sono specie di transizione nelle testimonianze fossili. Se la teoria di Darwin è giusta, però, dovrebbero esservi migliaia di simili esempi. Cicadacee e felci, che esistevano 300 milioni di anni fa come esistono oggi, sono piante crittogame, primitive, che abbondano nelle testimonianze fossili. Le piante fanerogame esistono da 100 milioni di anni e sono diventate le specie vegetali dominanti nel mondo: oggi ve ne sono circa 250 mila specie. Al pari delle piante crittogame, anch'esse sono abbondanti nelle testimonianze fossili. Ma dove sono i fossili delle specie di transizione che collegano le piante crittogame alle fanerogame? Se queste piante intermedie sono realmente esistite, i loro fossili dovrebbero essere altrettanto abbondanti. Non vi è spiegazione darwiniana per questa assenza. Gli evoluzionisti sono ben consapevoli della mancanza di sostegno da parte delle testimonianze fossili e, nel tentativo di trovare una via d'uscita da questo dilemma, normalmente offrono due argomentazione spurie: 1) le testimonianze fossili sono incomplete; 2) qualche scavo futuro porterà alla luce tali anelli mancanti.

Oltre all'enigma dell'assenza di testimonianze fossili, non vi è nella teoria di Darwin alcun meccanismo che spieghi perché una specie di successo debba mutare e investire energia in nuove strutture come petali, stami, antere, polline e nettare, prevedendo la coevoluzione di un insetto che prima o poi la impollini. Una tale mutazione implica il progetto intelligente che i darwinisti contestano, tanto più che accanto alle piante intente a sviluppare fiori in previsione di insetti impollinatori doveva essere presente negli insetti un'analoga intelligenza previdente in modo che questi potessero svilupparsi dando vita ad api e farfalle impollinatrici.

La teoria dell'evoluzione è affascinante perché è un modo semplice di spiegare come si sia evoluta la vita sulla Terra. Se osservata da un punto di vista ampio, sembra avere senso. Come abbiamo visto qui, però, costruire un modello dell'evoluzione di una particolare specie utilizzando i principi darwiniani svela le lacune di questa ipotesi. Il mutamento improvviso nelle piante da crittogame a fanerogame mette in dubbio l'insistenza darwiniana sul fatto che l'evoluzione sia un processo casuale di mutazione accidentale. E il formidabile consumo di energia necessario per far mutare una pianta crittogama efficiente in una pianta fanerogama meno efficiente e meno competitiva sfugge alla legge darwiniana della selezione naturale. Il darwinismo semplicemente non tiene conto della complessità della coesistenza di piante con due tipi molto diversi di sistemi riproduttivi.

Un ulteriore motivo di preoccupazione sta nel fatto che le Cicadacee e le felci sono ancora tra noi e le piante fanerogame sono abbondanti, ma le presunte forme intermedie più sviluppate no. E nemmeno troviamo specie di transizione fra quegli insetti e uccelli che si sarebbero dovuti evolvere contemporaneamente alle piante fanerogame. Insomma non vi sono testimonianze della coevoluzione delle piante fanerogame e delle creature necessarie per la loro riproduzione.

I MEZZI DI INFORMAZIONE E IL PUBBLICO

Non ci resta che domandarci perché i mezzi di informazione abbiano assunto un atteggiamento così pro-darwiniano. Il programma della televisione Pbs *Evolution* ha avuto come esito un forte sostegno al darwinismo, anche se veniva presentato come un documentario equo e imparziale che riferiva i fatti consolidati. I produttori hanno lasciato fuori però due elementi cruciali: non hanno incluso voci dissenzienti e non hanno affrontato le lacune ora evidenti nella teoria di Darwin.

Interrogati sul taglio dato al programma, i produttori hanno risposto che questo presentava «i fatti e i risultati accumulati dall'indagine scientifica, il che significa capire le testimonianze sottostanti alle affermazioni su fatti e teorie formulate e riferire riguardo a quei settori in cui la scienza è ormai consolidata. [...] In conformità al sano giornalismo scientifico esaminiamo spiegazioni messe alla prova empiricamente [...] ma non parliamo della causa ultima di "chi è stato", ossia dell'ambito religioso».[9]

Questa risposta suona molto simile alla retorica dei neodarwinisti. In effetti i critici della teoria di Darwin non mettono in dubbio che il «tema religioso» debba essere evitato. Desiderano semplicemente sollevare interrogativi importanti sulla base delle loro ricerche e delle testimonianze empiriche da loro raccolte contro la teoria dell'evoluzione.

Ma sembra che i darwinisti si trovino più a loro agio a combattere i creazionisti che ad affrontare le critiche serie sollevate da altri scienziati o a controbattere domande puntuali di giornalisti di inclinazione realistica. In effetti la guerra fra evoluzionisti e creazionisti si è accalorata nell'ultimo decennio. I creazionisti amano descrivere gli evoluzionisti come intellettuali senza dio i quali dogmaticamente adottano una teoria secolare della vita che non sanno dimostrare, mentre gli evoluzionisti ritraggono i creazionisti come fondamentalisti biblici dogmatici. Queste descrizioni non hanno condotto che a polemiche e a litigi, e a un deciso allontanamento dalle critiche scientifiche alla teoria darwiniana.

In realtà, nonostante tutte le pretese di evitare il tema religioso, il programma *Evolution* ha avuto un bel po' da dire riguardo a Dio e alla religione, ma non dal punto di vista di un credente. Allo spettatore è stato rammentato numerose volte da uno stormo di scienziati che Darwin è «in» e Dio è «out». Ma nessuno ha affrontato l'argomento se la teoria di Darwin sia plausibile oppure gravemente lacunosa.

Nel frattempo il pubblico americano insiste nel seguire una rotta intermedia. Un recente sondaggio ha indicato che «l'83 per cento degli interpellati in generale approva l'insegnamento dell'evoluzione». Può sembrare così che la maggior parte degli americani creda nella teoria di Darwin e voglia che sia insegnata ai figli come fatto consolidato. Ma non è così: «Il 71 per cento di tali interpellati afferma che gli insegnanti di biologia dovrebbero insegnare sia il darwinismo sia le testimonianze scientifiche contro la teoria darwiniana».[10]

Sembra un criterio equo e obiettivo. Il pubblico non chiede che venga insegnato il creazionismo; semplicemente desidera che in aula vengano presentate teorie alternative. Ma da quando la teoria di Darwin è stata inserita nei programmi di studio scientifici nella scuola pubblica non si sono compiuti tentativi di presentare teorie contrarie. E nemmeno vi è il progetto di istituire in futuro un simile metodo equilibrato. La verità nuda e cruda è che la teoria di Darwin (una volta accettata dalle istituzioni scientifiche) è stata insegnata in maniera acritica a generazioni di scolari in America, in Europa e in gran parte del resto del mondo.

Qualunque altra teoria avesse avuto tante occasioni per dimostrare la propria validità e non ci fosse riuscita e tuttavia presentasse lacune importanti sarebbe stata ormai scartata. Perché la teoria di Darwin persiste? E se la soluzione non è questo concetto di evoluzione, allora qual è?

3.
Ancora sulle origini: evoluzione o intervento extraterrestre?

Come iniziò la vita? Uno dei paradossi che ci presenta il darwinismo (se lo adottiamo) è l'idea che l'ordine derivi dal caos, che una cosa incominciata come evento casuale alla fine divenga organizzata. Per i sostenitori della teoria di Darwin, gli esseri umani sono l'esito di un processo evolutivo incominciato molto tempo fa nel caos del brodo primordiale.

Molte culture umane hanno cercato di spiegare il mistero delle origini della vita attraverso i loro miti di creazione, che spesso includono esseri umani creati dal fango (brodo primordiale?). Se la nostra civiltà moderna dovesse crollare, come è avvenuto a molte altre civiltà nella storia umana, forse gli antropologi futuri ricostruirebbero i nostri miti e la nostra teoria evoluzionistica riassumendoli così: questa antica civiltà perduta riteneva che gli esseri umani fossero nati da un «brodo di fango» paludoso, un concetto che evidentemente era un prodotto della loro fantasia primitiva. Secondo il loro modo di vedere, ciò che era nato dal fango era divenuto a un certo punto un verme e alla fine si era trasformato in scimmia e poi in essere umano.

Naturalmente questa definizione del darwinismo è un'esagerazione, ma è vero che Darwin non affrontò mai la questione spinosa dell'origine della vita; per lui questo era un settore di competenza della religione, e l'evoluzione naturale non presentava alcuna risposta a questo enigma. E nemmeno i neodarwinisti affermano di avere una spiegazione di ciò che diede inizio alla vita. In effetti la teoria dell'evoluzione accetta solamente la mutazione e la selezione naturale come fattori causali nell'universo in genere.

Nondimeno la teoria evoluzionista è stata usata come modello per spiegare ogni cosa, dall'origine del cosmo (il Big Bang) allo sviluppo dell'agricoltura, dalla civiltà all'esistenza di gerarchie sociali (i più ricchi sono i più adatti). La teoria presuppone che ogni cosa si evolva dal disordine in passaggi graduali successivi verso il trionfo ultimo del vincitore della grandiosa lotteria della natura. Ma con i suoi risultati il progetto genoma umano ha creato ulteriori ostacoli per la teoria dell'evoluzione. Il progetto ha dimostrato che vi è un unico albero della vita e che questo si è sviluppato una volta sola, e ciò lascia supporre che l'albero sia stato piantato: che fossero quindi all'opera intenzionalità e progetto, non il caso. Inoltre la ricerca ha abbreviato l'arco di tempo durante il quale la vita deve essersi evoluta dalle forme più semplici alle più complesse mediante mutazioni casuali.

Fred Hoyle, però, non vede alcun sostegno alla convinzione che la vita sul pianeta si sia evoluta grazie a mutazioni casuali: «Insomma non vi è uno straccio di prova oggettiva a sostegno dell'ipotesi che la vita sia incominciata in un brodo organico qui sulla Terra. [...] La vita non è comparsa per caso».[1] Una volta dichiarò che l'emergere di una cellula vivente da un brodo chimico inanimato è più o meno probabile quanto la costruzione di un 747 da parte di un vortice di vento di passaggio in una raccolta di rottami!

Il mistero dell'origine della vita è aggravato dal fatto che le eventuali mutazioni casuali e il processo di selezione naturale avevano solo alcune centinaia di milioni di anni per realizzare ciò che alla fine rimane sempre un miracolo, anche se i darwinisti possono chiamarlo come vogliono. Darwin stesso chiarì che la sua teoria poteva essere smentita: «Se si potesse dimostrare l'esistenza di qualsiasi organo complesso che non si sarebbe potuto formare mediante numerose e lievi modifiche successive, la mia teoria crollerebbe assolutamente».[2]

Nel libro di recente pubblicazione *Darwin's Black Box: The Biochemical Challenge to Evolution* [La scatola nera di Darwin. La sfida biochimica all'evoluzione], Michael Behe afferma che la biochimica ha dimostrato proprio questo. Dobbiamo tenere presente che ai tempi di Darwin una cellula era considerata un'entità indistinta e nessuno sapeva alcunché riguardo al Dna. La tecnologia per penetrare nella cellula e constatarne la biochimica non esisteva ancora. Behe chiarisce che «affinché la teoria darwiniana dell'evoluzione sia vera, [la moderna biochimica] deve spiegare la struttura molecolare della vita».[3] Nel suo libro dimostra che non la spiega.

Ogni ricercatore, qualunque sia la sua posizione di fondo in relazione alla teoria di Darwin, deve ammettere che l'origine della vita è un problema arduo apparentemente impossibile da spiegare dal punto di vista statistico. Come ha detto uno scienziato: «La probabilità non solo di mettere assieme in un unico luogo tutti gli ingredienti giusti, con la giusta quantità di energia, ma anche di organizzare tali ingredienti in un organismo complesso in grado di replicarsi appare estremamente bassa».[4] Riguardo alla questione dell'inizio originario della vita, possiamo suddividere in due parti la comunità scientifica: da un lato gli «improbabilisti» come Francis Crick e Fred Hoyle, dall'altro gli «inevitabilisti». Crick una volta commentò che l'origine della vita sembra essere «un miracolo, tante sono le condizioni che dovrebbero essere soddisfatte per metterla in moto».[5] Ma nel suo libro *Climbing Mount Improbable* [ed. it. *Alla conquista del monte improbabile*] Richard Dawkins ribatte: «La mia ipotesi è che la vita non sia poi tanto rara e che l'origine della vita non fosse in definitiva tanto improbabile».[6]

Behe sostiene che «la biochimica ha sospinto fino al limite

la teoria di Darwin. Lo ha fatto aprendo la scatola nera definitiva, la cellula, rendendo così possibile la nostra comprensione di come funzioni la vita».[7] Ciò che Behe osserva nei processi cellulari fondamentali sono sistemi e dinamiche irriducibilmente complessi, e questa constatazione, ne deduce Behe, smentisce clamorosamente la teoria di Darwin: le cellule non potrebbero essersi assemblate pezzo per pezzo nemmeno in un tempo lunghissimo.

Per comunicarci il fondamento logico della sua deduzione, Behe ci conduce al livello microscopico, dove possiamo vedere che la teoria dell'evoluzione non riesce a spiegare certi processi molecolari e intracellulari. Esamina cinque fenomeni principali: la coagulazione del sangue; il sistema immunitario umano; le ciglia vibratili, fasci di fibre simili a remi; il trasporto dei materiali all'interno della cellula; e la sintesi dei nucleotidi, i mattoni del Dna. In ogni esempio trova sistemi tanto complessi che nessun percorso graduale e cumulativo di tipo darwiniano potrebbe produrli.[8] «Il risultato di questi sforzi cumulativi di esaminare la cellula (di esaminare la vita a livello molecolare) è un grido forte, chiaro, lacerante di "progetto!"».[9]

Ma la sua sensazione di avere conseguito un progresso scientifico è stata smorzata dal modo in cui esso è stato accolto: «Ma non si sono stappate bottiglie, non ci sono state pacche sulle spalle. Invece un curioso silenzio imbarazzato circonda la cruda complessità della cellula».[10] Abbiamo già incontrato questo strano silenzio quando altri scienziati hanno criticato il darwinismo. Le istituzioni darwiniste sembrano considerare dei disertori coloro che mettono in dubbio la teoria. Ma sebbene sappiano come combattere i creazionisti non scientifici, confutare coloro le cui credenziali non sono tanto facilmente contestabili è un'altra questione.

Richard Milton vede in questa fredda accoglienza solo una fondamentale necessità umana di conformarsi: «Allora cominciai a scoprire uno dopo l'altro i molti scienziati di tutto il mondo che si erano già resi conto che l'imperatore è nudo, ma che non potevano dirlo ad alta voce senza mettere a repentaglio la propria carriera e perfino il proprio posto di lavoro».[11]

La vita da origini extraterrestri: la panspermia

Sebbene ciascuno si concentri su fenomeni diversi, gli scienziati che criticano l'evoluzione darwiniana giungono tutti alla stessa conclusione: l'origine delle specie non va trovata nella mutazione casuale e nella selezione naturale. Crick, Behe e Hoyle vanno oltre sostenendo una teoria basata su un progetto intelligente.

La prima parte del libro del premio Nobel Crick *L'origine della vita* si dedica non solo a smontare la teoria dell'evoluzione di Darwin, ma anche a dimostrare perché la vita non potrebbe avere avuto origine sulla Terra. Quindi Crick ipotizza che la vita sia stata portata sulla Terra da spore provenienti dallo spazio esterno. Anche se questa sembrava un'idea nuova quando fu pubblicato il libro, la teoria della panspermia, come viene chiamato questo processo, ebbe origine nel XIX secolo con un fisico svedese di nome Svante Arrhenius. Ma ciò che distingueva la teoria di Crick dalla versione originale era la sua ipotesi che la vita si fosse evoluta su un altro pianeta a un livello tecnico superiore di quello raggiunto da noi finora. Una volta che questa civiltà extraterrestre ebbe raggiunto un certo livello di sviluppo, cominciò a inviare in tutto l'universo razzi contenenti spore (forme di vita primitive simili ai batteri o ai virus). Questa diffusione consapevole dei semi della vita è chiamata panspermia guidata ed è un meccanismo che noi stessi potremmo teoricamente adottare adesso caricando di batteri e muffe un modulo spaziale e inviandolo verso un altro pianeta.

Quando fu pubblicato nel 1983, il libro di Crick incontrò forte scetticismo e severe recensioni critiche dall'interno della comunità scientifica. Le obiezioni ruotavano attorno alla mancanza di qualsiasi testimonianza empirica per questa ipotesi e all'improbabilità che simili organismi sopravvivessero per il prolungato periodo di tempo necessario per viaggiare su grandi distanze nello spazio.

Successivamente a Crick, Fred Hoyle (a cui si deve la teoria dell'universo in stato stazionario) e il suo coautore N. Chandra Wickramasinghe utilizzarono la prima parte del loro libro *Lifecloud: the Origin of Life in the Universe* [ed. it. *La nuvola della vita*] per dimostrare che la vita non ha avuto origine sulla Terra. Le testimonianze da loro presentate sono solide quanto quelle dell'opera di Crick. Dopo avere stabilito un'origine extraterrestre della vita su questo pianeta, gli autori ipotizzano che i semi della vita abbiano viaggiato su comete poi schiantatesi sulla Terra. Questa teoria e gli autori del libro furono accolti dal ridicolo. Nella sua recensione sulla rivista *Nature*, l'astronomo Fred Whipple probabilmente espresse l'opinione collettiva della comunità scientifica: «Sono affascinato ma non impressionato dal quadro di forme di vita che si sviluppano in laghetti caldi, protette nei loro igloo gelidi contro il freddo crudele e il vuoto quasi totale dello spazio esterno; e che cadono sulla Terra primitiva a velocità superiori a 11 chilometri al secondo».[12]

Benché ridicolizzata e non presa in considerazione, la teoria si rifiuta di andarsene per via di nuovi dati sperimentali e osservativi che confutano alcune delle principali obiezioni scagliate contro di essa. Sono trascorsi vent'anni dalla pubblicazione dei libri di Crick e di Hoyle e dalle relative recensioni, e hanno avuto luogo alcuni sviluppi molto interessanti che hanno modificato gli atteggiamenti negativi riguardo alla panspermia. Alla fine degli anni Sessanta un comune batterio della gola, lo *Streptococcus mitus*, fu inavvertitamente portato sulla Luna su una delle telecamere montate sul modulo di atterraggio *Surveyor 3*. La missione *Apollo 12* recuperò il modulo senza contaminare le condizioni di sterilità del batterio e scoprì che la coltura batterica era sopravvissuta ed era rimasta vitale dopo oltre un anno pieno di esposizione alle condizioni estremamente inospitali della superficie lunare.

Questo esperimento non pianificato dischiuse accidentalmente la porta della panspermia che i darwinisti ritenevano fosse saldamente chiusa. Non era previsto che la vita potesse sopravvivere alle brutali condizioni dello spazio esterno, né al freddo estremo né agli intensi livelli di radiazione, che erano considerati gli ostacoli principali all'arrivo della vita sulla Terra tramite qualche escursione interstellare. Il fatto che il batterio effettivamente fosse sopravvissuto corroborava l'idea che la vita potesse essersi evoluta nello spazio e che questa forma di vita abbia già gli opportuni meccanismi di difesa che le consentirebbero di arrivare su qualunque pianeta. Questa resistenza e questo vigore furono confermati quando si scoprì che un altro batterio, il *Deinococcus radiodurans*, era in grado di resistere a enormi quantità di radiazioni. Adesso è chiaro che la vita ha sviluppato meccanismi per affrontare drastiche condizioni universali. In sostanza, e come hanno suggerito Crick e Hoyle, la vita può ben essersi originata altrove nell'universo ed essere stata portata qui da una civiltà superiore o da comete a lungo raggio o perfino da sonde spaziali interstellari progettate espressamente allo scopo.

L'evoluzione degli esseri umani viene raramente affrontata nei dibattiti sull'evoluzione. Ma in ultima analisi noi dobbiamo essere in grado di inserire la razza umana in qualunque schema generale dell'origine e del successivo sviluppo della vita. Anche se si potesse dimostrare che l'evoluzione è sostanzialmente veridica, permane un'anomalia cruciale: *Homo sapiens sapiens*. Il darwinismo insiste nell'affermare che gli esseri umani fanno parte integrante dell'evoluzione biologica e pertanto non dovrebbero manifestare caratteristiche o propensioni straordinarie o enormemente divergenti rispetto a quanto riscontrato in altre specie di primati. Non vi è pertanto alcuna spiegazione darwiniana per l'ostinata dedizione degli esseri umani alla fabbricazione di utensili, alla domesticazione di piante e animali, all'agricoltura e a tutti gli altri aspetti della civiltà. In effetti, come abbiamo capito di recente, contrariamente all'insistenza della teoria dell'evoluzione sullo sviluppo di una specie verso una maggiore probabilità di sopravvivenza, queste capacità sembrano tutte condurre a esiti antievolutivi, come la distruzione di habitat, l'estinzione di altre specie e un danno a noi stessi. Se la teoria di Darwin non può spiegare la nostra storia, allora come possiamo aspettarci di usarla per penetrare nella nascita della vita stessa?

Le testimonianze umane ci offrono però alcune potenziali risposte. I più antichi resoconti scritti e orali convergono su una forma ibridata della teoria della panspermia che io ho chiamato intervento extraterrestre intelligente. Questi resoconti provengono da Sumer, Egitto, Messico, Perù, Cina e India: proprio quelle località in cui ebbe origine la civiltà.

Per esempio, i maya, gli inca e gli aztechi narrano tutti di un'epoca in cui un uomo bianco barbuto avvolto in un mantello arrivò fra loro, insegnando le arti della civiltà. Le culture gli assegnarono nomi diversi, ma i resoconti dei suoi atti sono identici. Quest'uomo trasmise al popolo l'agricoltura, gli utensili e le leggi prima che lui e i suoi assistenti partissero, dicendo che un giorno sarebbero ritornati. Questo racconto è stato accantonato perché mitologico, e l'uomo (Quetzalcoatl o Viracocha) è diventato un dio del pantheon mitico.[13] Come vedremo, alcune di tali leggende si sono rivelate contenere molta verità e hanno condotto a molte scoperte significative. In effetti, più scaviamo in profondità nei misteri della natura e nei racconti dei nostri antichi predecessori, più appare possibile che noi siamo la progenie di certi esseri extraterrestri i quali in qualche modo hanno inviato il loro seme sulla Terra.

4.
Il resoconto della Genesi

Una delle testimonianze storiche scritte più antiche e più importanti che abbiamo è racchiusa nella Bibbia. Ma il significato della storia contenuta nell'Antico Testamento non è facile da decifrare, anche se molte generazioni risalenti fino a millenni addietro hanno compiuto il loro tentativo. Forse il vero significato dei resoconti dell'Antico Testamento (e specialmente del racconto della Genesi) ci è sfuggito perché lo sviluppo tecnico delle nostre culture non è stato sufficiente per trarre un senso da descrizioni apparentemente contraddittorie di come si sia originata la vita sulla Terra, come siano stati creati gli esseri umani e chi sia il Dio menzionato. Ad aggravare le difficoltà vi è il fatto che da secoli agli esseri umani dall'infanzia all'età adulta sono state fornite istruzioni sulle interpretazioni e sui significati tradizionalmente accettati dei resoconti biblici. Queste «lezioni» sono entrate nella parte più profonda dell'immaginazione umana.

Dall'epoca in cui lo scrittore Erich von Däniken aprì la porta suggerendo una nuova interpretazione delle scritture, delle leggende e delle civiltà perdute, molti autori si sono concentrati su versetti specifici del libro della Genesi e del libro di Ezechiele per riesaminare le nostre origini. E sebbene non sia realmente possibile capire tutto ciò che l'Antico

Testamento ha da dire riguardo alla storia umana se si considerano solo pochi versetti della sua totalità, la Genesi è forse il punto migliore da cui partire perché offre un quadro affascinante e complesso della creazione e dell'origine degli esseri umani.

Nella Genesi è racchiuso un codice, benché non comporti complicate interpretazioni soprannaturali, né voli allegorici o metaforici, né pensiero magico. Al contrario, dischiudere la verità della Bibbia richiede un metodo oggettivo, una logica inflessibile, una determinazione intrepida ad attenersi al significato letterale delle parole sulla pagina e lo sforzo necessario per confrontare nuove interpretazioni e fatti consolidati utilizzando il buonsenso.

Un'analisi rigorosa dei capitoli 1 e 2 della Genesi chiarisce subito un punto: vi furono in realtà due creazioni dell'umanità. Questa è una distinzione cruciale, poiché, sebbene a mia conoscenza gli studiosi biblici e i teologi non l'abbiano mai operata, i primi cronisti della storia umana sì, ed è per questo che inclusero due sequenze diverse della creazione in due capitoli separati di questo libro della Bibbia.

È importante notare fin da principio che non operare la distinzione fra Genesi 1 e Genesi 2 crea una confusione insolubile. Si perde moltissimo nell'ipotizzare che i due capitoli descrivano una sola serie di eventi. Da nessuna parte è indicato che il secondo capitolo sia una spiegazione ulteriore del primo capitolo, men che meno nei resoconti stessi, che differiscono completamente fra loro.

Possiamo incominciare confrontando queste due sequenze di creazione. Genesi 1 ci dice che Dio creò gli elementi dell'universo nell'ordine seguente:

il cielo e la terra;
la luce;
il giorno e la notte;
il firmamento e le acque;

l'asciutto (la terra) e le acque raccolte (i mari);
le piante e gli alberi;
le stelle, il sole, la luna e i pianeti;
le creature viventi;
gli esseri umani, maschio e femmina.

Questo primo capitolo si conclude con Genesi 1, 31: «E Iddio vide tutto quello che aveva fatto, ed ecco, era molto buono. E fu sera e fu mattina: sesto giorno».[1] Il secondo capitolo incomincia in questo modo: «Furono così compiuti il cielo e la terra con tutto il loro ornamento» (Genesi 2, 1). L'opera della creazione è terminata. Dio si riposa nel settimo giorno.

Ma in Genesi 2, 4-9 ci viene dato un nuovo resoconto della creazione in cui Dio crea:

l'uomo dalla polvere;
il giardino dell'Eden;
gli alberi, due dei quali sono l'albero della conoscenza del bene e del male e l'albero della vita.

Dopo di che Dio fa quanto segue:

divide il fiume in quattro bracci;
pone l'uomo nel giardino dell'Eden perché lo coltivi;
istruisce l'uomo sul fatto che può mangiare frutti di ogni albero, «ma dell'albero della conoscenza del bene e del male non mangiare»;
forma «tutti gli animali della campagna e tutti gli uccelli del cielo»;
fa addormentare Adamo e gli toglie dal fianco una costola;
forma Eva dalla costola dell'uomo.

Le due versioni della creazione in Genesi 1 e Genesi 2 sono evidentemente del tutto diverse, ma separare le informazioni in due atti distinti di creazione (una lettura letterale del contenuto e della struttura della Bibbia) può chiarire la confusione. Genesi 1 è la creazione originaria. Qui il termine ebraico usato per il Dio che crea i cieli e la terra è Yahweh, la designazione singolare del Signore Onnipotente. Questo è l'unico essere supremo responsabile della creazione dell'universo fatto di sistemi solari e galassie.

In Genesi 1, 27 leggiamo: «Iddio creò l'uomo a sua immagine, a immagine di Dio lo creò; lo creò maschio e femmina». Il significato di questo brano è stato a lungo oggetto di dibattito. Se lo interpretiamo in maniera strettamente letterale, ci dice che la forma fisica degli esseri umani è una copia della forma del loro creatore. Ma se l'unico Dio eterno non ha forma ed è un essere puramente spirituale, onnipotente, onnisciente e onnipresente, come possono gli esseri umani essere fatti a sua immagine?

Sebbene i teologi, gli studiosi biblici e le dottrine della Chiesa abbiano insistito sul fatto che questo versetto vada preso in senso metaforico o spirituale, il suo significato è molto più lineare. Per capire ciò che cercavano di dirci gli antichi in questo versetto, dobbiamo esaminare attentamente il brano precedente, Genesi 1, 26, dove il termine ebraico usato per indicare Dio all'improvviso cambia rispetto a quello utilizzato nei versetti fino al 26. Non è più Yahweh bensì Elohim, un termine *plurale* per indicare la divinità: «Poi gli dèi dissero: "Facciamo l'uomo a *nostra* immagine, secondo la *nostra* somiglianza: domini sopra i pesci del mare e sugli uccelli [...] e sopra tutti i rettili che strisciano sopra la terra"». I teologi tradizionalmente hanno ignorato questo passaggio cruciale alla voce plurale, e sebbene risulti assai chiaramente nel testo e venga usato in brani successivi, noi possiamo essere perdonati per l'eventuale confusione: vi è un Dio unico o vi sono numerosi dèi, oppure Dio in qualche modo può trasformarsi in una pluralità? Un Dio unico crea il cielo e la terra, la luce e le creature, mentre gli dèi (la razza della genesi o razza superiore simile all'umanità) si consultano e decidono di creare gli esseri umani.

Sebbene i versetti 1, 26-27 sembrino contraddire il monoteismo, ogni testo biblico è soggetto a interpretazione. I fondamentalisti, che di solito sono anche creazionisti, insistono sul fatto che la Genesi vada presa alla lettera e che si consideri storicamente accurato il contenuto della Bibbia, eppure loro stessi non prendono alla lettera questo brano. In realtà, però, questi versetti hanno perfettamente senso letterale se capiamo che l'unico essere supremo creatore dell'universo e della vita semplicemente non coincide con gli Elohim, gli dèi che arrivarono dopo la creazione universale. Chi erano allora questi esseri superiori, simili a dèi eppure simili a esseri umani?

Io avanzo l'ipotesi che fossero esseri umani molto progrediti provenienti da un pianeta simile alla Terra, i quali viaggiarono nello spazio e giunsero sulla Terra con conoscenze e tecniche un milione di anni più avanti di noi dal punto di vista dello sviluppo. Esseri tanto superiori ai primi esseri umani (con la capacità di intervenire sulla genetica umana) sarebbero stati certamente definiti dèi e signori dagli esseri umani da loro creati.

Questa interpretazione è stata ridicolizzata in quanto fantascienza «estrema». Ma date le tre recenti notizie delineate nell'introduzione a questo libro, dato ciò che ha già realizzato la scienza moderna, questa interpretazione è tanto impossibile da accettare? In effetti, a questo punto della nostra civiltà noi stiamo quasi rispecchiando gli Elohim di Genesi 1: stiamo esplorando lo spazio e conducendo esperimenti di manipolazione genetica.

Si tenga presente che niente in Genesi 1, 26-27 si riferisce a esseri umani creati con mezzi soprannaturali. Noi siamo ovviamente esseri fisici, facciamo parte di un mondo biologico vivente, e dal resoconto biblico è chiaro che gli dèi stavano creando esseri fisici. Naturalmente noi non sappiamo con esattezza come abbiano realizzato tutto questo. Il procedimento non è spiegato in Genesi 1 e i nostri antenati non avrebbero potuto capirlo né esprimerlo nemmeno se i loro creatori avessero detto loro precisamente come fosse stato realizzato. Ma a questo punto della nostra storia possiamo avanzare un'ipotesi ben fondata riguardo ai loro metodi. Noi abbiamo già la risposta in banche del seme, provette, computer e laboratori di genetica. Noi stessi modifichiamo geneticamente piante e animali. Possiamo perfino acquistare nei nostri supermercati organismi geneticamente modificati! Se gli Elohim crearono gli esseri umani a loro immagine, allora è probabile che avessero una conoscenza molto raffinata della genetica e della bioingegneria, una conoscenza di cui ora gli scienziati moderni hanno raggiunto il vertice.

È importante osservare che Genesi 1 non fa alcun riferimento al fatto che gli esseri umani abbiano un essere interiore o un'anima; in effetti il capitolo non fa alcun riferimento a qualcosa di natura spirituale. Secondo alcuni teologi «Dio creò l'uomo a sua immagine» significa in realtà «Dio creò l'uomo a sua immagine spirituale», ma il resoconto dell'origine umana in Genesi 1 riguarda soltanto la creazione fisica, la biologia, non la spiritualità. In questa fase della creazione gli esseri umani sono animali. Dio crea la terra, e poi gli dèi mediante la bioingegneria creano gli esseri umani, i quali devono vivere dei frutti della terra più o meno come fanno le altre creature.

Genesi 1, 28-29 spiega il progetto di Dio (qui, degli dèi) per la sopravvivenza umana come viene presentato ai primi esseri umani: «Prolificate, moltiplicatevi [...] e dominate sopra i pesci del mare e su tutti gli uccelli del cielo [...]. Ecco, io vi do ogni pianta che fa seme su tutta la superficie della terra, e ogni albero fruttifero che fa seme; questi vi serviranno per cibo». Qui, allora, vi è tutto ciò di cui avrebbe avuto bisogno per vivere un antico essere umano: animali, piante e frutti. Così si stabilisce che questi primi esseri umani dovevano vivere non come coltivatori della terra ma come cacciatori-raccoglitori.

Genesi 1 è in realtà un resoconto della creazione del proto-*Homo sapiens sapiens*: i Neanderthal e i loro precursori che sarebbero diventati gli esseri umani di oggi. Questi primi esseri umani vagavano sulla terra, vivendo nel modo in cui gli dèi ordinano al termine di Genesi 1. In definitiva i Neanderthal non riuscirono a sopravvivere, sebbene la scienza non abbia una spiegazione del motivo per cui si estinsero più o meno all'epoca in cui emergevano gli esseri umani moderni come specie leggermente superiore. Ma al termine di Genesi 1 questi primi esseri umani sono nuovi. Il testo ha chiarito che maschio e femmina sono stati creati nello stesso tempo a immagine degli dèi e, come espresso nei versetti 29-31, che essi debbano essere cacciatori-raccoglitori nel mondo naturale creato per loro.

Non vi è spiegazione in nessun punto del libro della Genesi riguardo all'esistenza del secondo racconto della creazione che si trova in Genesi 2. Un confronto diretto fra i capitoli 1 e 2, però, rivela che il capitolo 2 descrive un tipo di essere umano completamente diverso da quello del capitolo 1: un essere umano più sviluppato, capace di avere consapevolezza di sé, di acquisire nuove tecniche, di adottare una vita interamente nuova. È questo essere umano che, alla fine del capitolo 3, viene cacciato dal Paradiso e costretto a modificare la sua esistenza di cacciatore-raccoglitore passando a un modo di vita di agricoltore.

Possiamo congetturare che i primi esseri umani del capitolo 1 non fossero adatti a una civiltà agricola. Questo però non spiega che ne sia stato di loro dopo la creazione degli esseri umani più progrediti del capitolo 2. Io ipotizzo la possibilità che un cataclisma planetario abbia spazzato via i prototipi umani originari, un evento dell'ordine degli interventi divini che hanno cambiato la storia descritti in capitoli successivi della Genesi: il diluvio, la distruzione di Sodoma e Gomorra e così via.

Genesi 2, 7 ci dice: «Allora il Signore Iddio formò l'uomo dalla polvere della terra e alitò nelle sue narici un soffio vitale». È stato creato l'uomo. Ma com'è il mondo attorno a lui? In che genere di mondo entra, e questo che rapporto ha con il mondo di piante e animali di Genesi 1? Un'attenta lettura di Genesi 2 rivela che le condizioni sulla terra sono differenti: «Non vi era ancora alcun arbusto del campo sopra la terra, e non aveva ancor germinato nessuna erba nel prato, perché il Signore Iddio non aveva ancora fatto piovere sulla terra, né vi era l'uomo per coltivare il suolo» (Genesi 2, 4-5). Il mondo che era lussureggiante e vivo in Genesi 1 adesso appare brullo, quasi come dopo un cataclisma. Potremmo pensare al mondo all'epoca dei dinosauri, brulicante di megaflora, poi decimata da qualche sorta di cataclisma planetario.

Gli esseri umani hanno vissuto gran parte del loro tempo sulla Terra come figli della natura, cacciando, raccogliendo, spostandosi secondo i dettami del clima e delle stagioni. Sappiamo dalla scienza che la razza umana è progredita molto lentamente, che le elementari capacità di ragionamento sono giunte solo dopo milioni di anni. Le prime fasi di sviluppo ruotavano attorno all'invenzione di utensili in pietra e all'apprendimento del controllo del fuoco, e perfino questo barlume di capacità mentale rappresentava un gigantesco balzo in avanti. Solo negli ultimi diecimila anni gli esseri umani sono divenuti orticoltori e coltivatori.

Adamo, il nuovo prototipo (quello che sostituisce il Neanderthal), è *Homo sapiens sapiens*. In definitiva abbandonerà il giardino dell'Eden e introdurrà la rivoluzione agricola. In ebraico Adamo significa «colui che ha uno scopo diverso». Che lui sia diverso è ulteriormente rivelato quando Adamo dà un nome alle creature che lo circondano (un dettaglio che manca totalmente in Genesi 1 e indica che Adamo possiede rudimentali capacità intellettive e linguistiche) e poi quando riceve dagli dèi un comandamento riguardante i due alberi speciali che essi hanno piantato nel giardino dell'Eden.

È interessante notare che l'Eden stesso sia assente dal resoconto del capitolo 1, sebbene la terra venga menzionata numerose volte. Una parte della confusione nel capire il vero significato di Genesi 1 e 2 deriva dall'errata interpretazione secondo cui l'Eden è la stessa cosa dello stato di natura selvaggia che si trova sulla terra nel capitolo 1. Un giardino, però, implica qualcosa di completamente diverso dal genere di disposizione e crescita che avviene spontaneamente in natura. Lascia intendere una selezione e una coltivazione delle piante e un'attenzione speciale alla loro crescita, il che conferisce un'ottica completamente diversa allo scopo e alla missione dell'umanità. In Genesi 2, 9 ci viene detto che Dio (gli dèi) «fece germogliare dal suolo ogni specie di alberi piacevoli d'aspetto e buoni a mangiare», assieme a «l'albero della vita in mezzo al giardino, e l'albero della conoscenza del bene e del male», due esemplari che come sappiamo venivano considerati speciali. Infine, in Genesi 2, 15, l'uomo stesso viene collocato nel giardino: «Il Signore Iddio prese dunque l'uomo e lo pose nel giardino di Eden, affinché lo coltivasse e custodisse». Qui il termine *coltivasse* implica che Adamo deve agire da curatore del giardino, poiché le piante sono già chiaramente esistenti.

Le differenze tra il capitolo 1 e il capitolo 2 vanno però al di là dell'ambiente fisico e della natura dell'uomo. Genesi 2 descrive specificamente la creazione della donna, un aspetto del tutto assente nel capitolo 1: «Allora il Signore Dio fece cadere un sonno profondo su Adamo, che si addormentò. E mentre dormiva, Dio prese una delle sue costole, mettendo carne al suo posto». Il Signore (qui, gli dèi) poi crea Eva con la costola di Adamo. Le immagini e le parole qui lasciano intendere quasi una procedura chirurgica eseguita da una persona, un essere fisico. Non dice che lo spirito del Signore sia disceso su Adamo; si rammenti, non vi sono riferimenti spirituali in questo resoconto, e in effetti qualunque interpretazione del genere sarebbe un discostarsi dalle reali parole della scrittura.

Qui abbiamo allora un nuovo tipo di essere umano (uomo e donna) che è ben diverso da quello creato in Genesi 1, e un nuovo luogo (un giardino) in un mondo che è diventato brullo. Ma vi è qualche informazione ulteriore sul creatore? Il capitolo successivo, Genesi 3, ci fornisce una maggiore corroborazione per l'asserzione secondo cui gli dèi che compaiono in tutta la Genesi dopo la creazione universale sono effettivamente esseri fisici. Genesi 3, 8 dice: «Udirono poi la presenza del Signore Iddio, il quale passeggiava per il giardino alla brezza del giorno, e Adamo e sua moglie si nascosero». Dio (uno degli dèi) è chiaramente da qualche parte nel giardino, poiché come potrebbero Adamo ed Eva nascondersi al Signore onniveggente, onnisciente e onnipresente che i teologi trovano in questi brani? E come potrebbe Dio stesso passeggiare nel giardino se non fosse un'entità fisica? Inoltre, Dio subito domanda dove sia nascosto Adamo: «Ma il Signore Iddio chiamò Adamo e gli domandò: "Dove sei?"» (Genesi 3, 9). Ma perché un Dio onniveggente dovrebbe cercare due sue creature nel giardino da lui stesso creato?

Proseguendo nel terzo capitolo, dopo avere rimproverato Adamo ed Eva per avere mangiato dall'albero della conoscenza del bene e del male, questo dio fa «per Adamo e sua moglie delle tuniche di pelle» per coprire la loro nudità. Potrebbe forse riferirsi al fatto che lui (un essere fisico) mostra effettivamente alle sue creature umane come fabbricarsi abiti rudimentali con le pelli? Noi sappiamo che presto, in conseguenza della loro infrazione, lui li caccerà dal giardino mandandoli nella natura selvaggia con una nuova missione: coltivare la terra. L'avrebbe forse fatto senza fornire alle sue creature le conoscenze e le capacità necessarie per sopravvivere, fra cui come vestirsi e come coltivare la terra? Racconti sugli dèi che istruiscono gli esseri umani primitivi nelle arti dell'agricoltura e della civiltà si ritrovano nelle culture antiche di Sumer, Messico e Perù. Sembra ovvio che ad Adamo venga insegnato a coltivare la terra nell'Eden.

Questo ci conduce a una discussione sull'atto fondamentale di Genesi 3: il mangiare il frutto dell'albero della conoscenza del bene e del male, la nuova consapevolezza di Adamo ed Eva riguardo alla propria nudità e il comando di lasciare l'Eden e di vivere invece nel territorio selvaggio al di fuori di questo. Nel corso del tempo questi eventi sono stati oggetto di moltissimi studi e interpretazioni.

In Genesi 3, 7 ci viene detto che quando Adamo assaggia il frutto proibito dell'albero della conoscenza lui ed Eva diventano consapevoli della propria nudità. Questo fatto viene di solito interpretato nel senso che Adamo ed Eva scoprono la propria sessualità. Ma la reazione di Dio e la loro stessa reazione a questa nuova consapevolezza implicherebbero che in tale sessualità vi sia qualcosa di negativo o di vergognoso, che Dio abbia in qualche modo legato la vergogna alle loro diversità sessuali e pertanto al fatto che Adamo ed Eva siano destinati a procreare. L'intera messinscena che si svolge nell'Eden pertanto assume la connotazione di una trappola posta da Dio, in cui il sesso è il frutto proibito. Da questa interpretazione proviene la sensazione che lo scopo di Dio nel decretare che Adamo ed Eva non debbano mangiare il frutto dell'albero della conoscenza del bene e del male sia metterli alla prova sapendo che falliranno, e l'esito è uno stato permanente di colpa o vergogna. Ma l'Antico Testamento è certamente pieno di riferimenti sessuali espliciti, fra cui l'incesto, l'omosessualità e l'adulterio. Se è giusta questa ipotesi riguardo allo scopo di Dio per il comandamento di non mangiare dell'albero, non vi è ragione per cui il suo piano debba essere qui tanto velato.

È certamente chiaro che Adamo, il giardiniere dell'Eden, ha il permesso di mangiare da ogni albero tranne che dai due alberi speciali, e non vi è dubbio che questa sia una prova della capacità di Adamo di obbedire agli ordini, prova che lui fallisce miseramente. Quando Adamo dimostra la sua inclinazione a sfidare i comandamenti degli dèi mangiando dell'albero della conoscenza, viene allontanato dal giardino. Ma potremmo meravigliarci della reazione estrema degli dèi alla disobbedienza di Adamo ed Eva. Perché viene loro detto di lasciare l'Eden in conseguenza del loro atto?

La risposta si può trovare in Genesi 3, 22, un brano che rimanda a Genesi 1, 26 nell'uso, da parte del Signore, del plurale nel riferirsi a sé: «Poi il Signore Iddio disse: "Ecco, l'uomo è divenuto come uno di noi, avendo la conoscenza del bene e del male: che non stenda ora la sua mano e non colga dall'albero della vita, per mangiarne e vivere in eterno"». Il testo prosegue col versetto 23 e l'allontanamento della coppia dal giardino. Il motivo per cui gli dèi li scacciano dall'Eden è chiarissimo ed è in completa contraddizione con la teologia giudaico-cristiana ufficiale: gli dèi di Genesi 2 e 3 non vogliono che questi esseri umani siano immortali! L'avere mangiato dell'albero della conoscenza del bene e del male potrebbe indurli a mangiare dall'albero della vita, dopo di che questi esseri umani vivrebbero per sempre, diventando simili agli dèi.

È interessante notare che in nessun punto della Genesi si menziona che gli dèi abbiano creato un'anima eterna per gli esseri umani (o abbiano conferito loro una vita eterna). Non è difficile capire perché: questo sarà il passo successivo nello sviluppo umano. Dobbiamo rammentare che la Genesi si trova proprio all'inizio della storia degli esseri umani e si concentra principalmente sulla creazione fisica della Terra e dell'uomo; finora non è stato detto nulla sul carattere o sulla costituzione psicologica umana, ma le cose cambiano in Genesi 3.

Ciò che diviene la Genesi a questo punto è il racconto di come gli esseri umani acquisiscano consapevolezza della distinzione fra loro stessi e il resto del regno animale. L'aver mangiato dall'albero della conoscenza del bene e del male conferisce loro l'improvvisa consapevolezza di essere diversi dagli altri animali. Trasmette loro per la prima volta i sensi di vergogna e di colpa, il primo sbocciare della coscienza umana, il che dimostra che gli esseri umani hanno il libero arbitrio (mai posseduto dagli animali) e dà loro la consapevolezza della propria nudità.

In Genesi 1 gli esseri umani vivono come gli altri animali, anche se viene chiarito che gli esseri umani sono superiori e hanno il potenziale dominio sulla Terra. In Genesi 2 i due esseri umani vengono inizialmente presentati come animali – «Adamo e sua moglie erano ambedue nudi, e non avevano vergogna l'uno dell'altro» (Genesi 2, 25) – come creature che ancora non hanno raggiunto il punto di sapere di essere differenti dal resto del regno animale (le cui creature sono sempre state nude). Anche se non lo sappiamo con certezza, è probabile che questo passaggio alla consapevolezza umana avvenne 40 mila anni fa, quando i Neanderthal inspiegabilmente si estinsero e gli esseri umani moderni divennero la specie di *Homo sapiens* dominante (se ne parlerà più in dettaglio nel capitolo 19). Genesi 2 e 3, allora, segnano i nostri primi piccoli passi verso la civiltà.

Sappiamo ora che Genesi 1 e Genesi 2 non hanno il rapporto tanto spesso loro attribuito: il secondo non è puramente un resoconto dettagliato di ciò che avviene nel primo, poiché gli esiti sono interamente diversi. Inoltre, mentre Genesi 1 e 2 non vanno assieme, Genesi 2 e 3 certamente sì. In Genesi 3, 18-19, dopo che gli dèi hanno rimproverato aspramente Adamo, gli dicono che dovrà faticare per guadagnarsi da vivere e «ti nutrirai dell'erba dei campi. Col sudor di tua fronte», un modo di vita del tutto diverso da quello dei protoumani descritti al termine di Genesi 1. In Genesi 3, 23 si opera una distinzione fra il giardino e il mondo della natura al di fuori del giardino, che sarà la residenza di Adamo ed Eva: «Perciò il Signore Iddio cacciò Adamo dal giardino di Eden, perché coltivasse la terra dalla quale era stato tratto». La parola *coltivasse* qui implica che Adamo preparerà il terreno e pianterà partendo da zero. Adamo ed Eva devono diventare agricoltori, compiendo il primo balzo importante verso la civiltà.

In termini scientifici, ciò che abbiamo nei primi tre capitoli della Genesi è una storia sintetica dello sviluppo umano dal protoumano cacciatore-raccoglitore, che era poco diverso dagli animali della Terra, all'orticoltore neolitico. In questa decifrazione troviamo che i primi capitoli del libro della Genesi sono allineati alle scoperte della scienza moderna e al cammino conosciuto della storia umana.

5.
La Genesi prosegue

Abbiamo visto in Genesi 2 e 3 che la razza della genesi (una razza di dèi) crea l'uomo e la donna e li innalza al livello del moderno *Homo sapiens sapiens*. Quando Adamo viene collocato nel giardino, il suo compito è puramente di badare al mondo così com'è («Il Signore Iddio prese dunque l'uomo e lo pose nel giardino di Eden, affinché lo coltivasse e lo custodisse») e questo gli fornirà il cibo che gli serve, proprio come la natura selvaggia provvede a tutti gli animali e proprio come provvedeva ai primi esseri umani che vivevano come cacciatori-raccoglitori. Ma dopo la cacciata dal giardino il compito di Adamo comporterà il dissodamento del terreno, l'aratura del suolo e la produzione del cibo dal «nulla». Pertanto gli dèi, nell'allontanarlo dal giardino, gli forniscono conoscenze, strumenti e principi di agricoltura. In successivi capitoli della Genesi troviamo ulteriore sostegno all'intervento extraterrestre nel corso dello sviluppo umano.

Dopo il tragico fratricidio (l'assassinio di Abele a opera di Caino) narrato nel capitolo 4 della Genesi, sono il Dna e i tratti ereditari di Caino a venire trasmessi. In Genesi 6 vediamo che la popolazione umana sta crescendo. Ma vi è un problema di fondo: la violenza degli uomini contro altri uomini, che forse è radicata nel Dna di Caino: una predisposizione genetica alla violenza che aumenta nel prosieguo del capitolo 6.

Un elemento di grande importanza in tutta la Genesi è quello dell'ereditarietà genetica. Ripetutamente vengono riferite testimonianze dettagliate di genealogie, e talvolta alle genealogie sono dedicati interi capitoli, come Genesi 4 e Genesi 7. Tenere conto della discendenza genetica era evidentemente molto importante per i cronisti, forse perché era importante per gli dèi, che potrebbero avere istituito tali genealogie.

È interessante notare che Genesi 6, 2 introduce un altro ramo dell'albero genealogico: «I figli di Dio, vedendo che le figlie degli uomini erano adatte, si presero in moglie tutte quelle che loro piacevano». Chi sono i «figli di Dio»? Da questo brano possiamo stabilire che si tratta decisamente di esseri fisici, poiché se non fossero tali non potrebbero accoppiarsi con donne. Eppure si opera una distinzione fra loro e i maschi umani normali. Una deduzione è che i figli di Dio siano i discendenti della razza progredita che creò gli esseri umani in Genesi 1 e che da un certo tempo vive sulla terra. Ciò corrobora l'accenno fatto nel capitolo 4 secondo cui il *nostra* in «a nostra immagine» (Genesi 1, 26) si riferisce agli dèi che erano in realtà esseri umani progrediti.

Vi è una sorprendente correlazione fra la versione dell'Antico Testamento sulla creazione dell'umanità e il resoconto della civiltà sumerica, chiamato *Enuma Elish*, conservato su tavolette cuneiformi. Le culture che produssero tali resoconti si trovano in prossimità piuttosto stretta fra loro. Che questa piccola zona geografica si sia rivelata una sede originaria della civiltà è una coincidenza sorprendente.

Quali meccanismi evolutivi naturali spiegano perché la civiltà si sia sviluppata inizialmente qui e perché la popolazione della Mezzaluna Fertile abbia compiuto enormi balzi in avanti nell'agricoltura e nella civiltà mentre il resto del mondo rimaneva arretrato? Prima di rispondere a queste domande dobbiamo fare un passo indietro e riflettere sull'enormità dei reperti archeologici tra le rovine dell'antico Sumer. Gli scavi hanno portato alla luce biblioteche piene di libri intatti sotto forma di tavolette cuneiformi su argomenti quali matematica, programmi scolastici, agricoltura, poesia e pagamento di imposte. Questi scritti sumerici e altri manufatti attestano che le antiche popolazioni di questa zona avevano una conoscenza raffinata del cerchio di 360 gradi, dello zodiaco, del reale numero di pianeti del sistema solare (includevano Plutone, che fu riscoperto soltanto nel 1927) e molto altro. Si pensava che tutte queste cose si fossero capite per la prima volta migliaia di anni più tardi.

Da dove provenivano tutte queste conoscenze avanzate? Secondo i testi cuneiformi, gli dèi insegnarono tutto ciò a tali popolazioni. Le testimonianze affermano che i loro progressi tecnici, anziché derivare dalla loro ingegnosità, furono impartiti loro dagli dèi, e includevano le tecniche per scrivere, costruire canali di irrigazione, coltivare l'orzo e fondere il metallo.

Come vedremo, le civiltà progredite degli inca, dei maya e degli aztechi dall'altra parte del mondo riferiscono un analogo intervento di aiuto. Il fatto che queste culture antiche non rivendichino per sé il merito delle loro conquiste non fa che avvalorare la deduzione secondo cui gli dèi furono davvero la fonte della sbalorditiva esplosione di crescita e innovazione che avvenne dal 3500 al 3000 a.C. e da allora non è mai stata eguagliata.

Mentre vi sono evidenti paralleli fra la Genesi dell'Antico Testamento e i resoconti della creazione scritti sulle tavolette cuneiformi scoperte a Sumer, i resoconti sumerici sono più chiari riguardo a chi fossero i creatori e che aspetto avessero. Le tavolette narrano di un'epoca in cui una razza sovrumana discese dalle stelle in navi di «corteccia» e di «fuoco».[1] Questi esseri, la razza progenitrice proveniente da un altro mondo, anziché assomigliare agli extraterrestri esili dalla testa grossa resi popolari dai mezzi di comunicazione negli ultimi 25 anni, erano umani. Questo naturalmente è quanto ci attenderemmo da esseri che crearono gli esseri umani a loro immagine e sembra essere corroborato da Genesi 6, 3: «Allora il Signore disse: "Il mio spirito non rimanga per sempre umiliato nell'uomo, perché è carne"». Ciò lascia chiaramente intendere che gli dèi sono umani e sono consapevoli che a un certo punto «l'uomo» (la razza da loro creata) è destinato a entrare in conflitto con loro, risultato inevitabile di un processo che essi avevano cercato di rallentare nel giardino dell'Eden impedendo agli esseri umani di accedere all'albero della vita. Essi sono ben consapevoli delle potenzialità e del carattere degli esseri umani perché questi sono la loro progenie.

Ulteriori testimonianze sulla natura umana degli dèi si possono trovare nel versetto successivo (6, 4), in cui scopriamo che l'incrocio tra i «figli di Dio» e le donne produce risultati inattesi: «In quel tempo vi erano i Nephilim sulla terra e anche dopo, quando i figli di Dio si univano alle figlie degli uomini, le quali generavano loro dei figli. Sono essi quegli eroi famosi fin dai tempi antichi». Nephilim è stato tradotto «giganti» o «coloro che discesero». Il testo lascia intendere o che fossero veri giganti o che avessero attributi sovrumani, ossia «giganteschi». Questo versetto dà l'impressione che con gli esseri umani sulla Terra vivessero diverse razze progredite. Con ciò ci viene rammentata la tragedia dell'eredità genetica violenta di Caino. I tratti ereditati tramite Caino e quelli presenti nei discendenti dell'incrocio fra esseri umani e «figli di Dio» sembrano, in 6, 5, avere creato gravi problemi, come se un esperimento genetico fosse andato terribilmente storto: «Il Signore vide che la malvagità degli uomini era grande sulla terra e che tutti i pensieri concepiti nel loro cuore erano soltanto malvagi».

La situazione è sgradevole e gli dèi trovano intollerabile il comportamento dell'uomo. Quale che sia la natura esatta degli eventi, la situazione adesso è fuori controllo. Gli dèi sembrano non avere altra scelta: «Sterminerò dalla faccia della terra l'uomo da me formato: uomini e animali, rettili e uccelli dell'aria, poiché mi pento di averli fatti» (Genesi 6, 7).

Che cosa potrebbe essere andato tanto terribilmente storto da indurre il creatore a distruggere la propria opera? I discendenti di Caino, gli altri abitanti e i Nephilim (i discendenti dell'incrocio tra i figli di Dio e le figlie dell'uomo) non sembrano andare d'accordo. In 6, 13 gli dèi dicono che essi sono corrotti e «la terra è piena di violenze per causa degli uomini; ecco, io li sterminerò insieme alla terra!». Può darsi che il patrimonio genetico si sia tanto inquinato da dover essere purificato, che sia da fare tabula rasa con l'eccezione di Noè, che gli dèi istruiscono a costruire un'arca e radunare gli animali, «due di ogni specie, maschio e femmina, per conservarli in vita con te» (Genesi 6, 19). Qui è narrato, come nelle tradizioni di 230 culture di tutto il mondo, il grande diluvio catastrofico che modifica completamente la Terra.

Troviamo i temi di Genesi 6 nei miti di creazione di Sumer e nei resoconti maya e inca. La razza umana viene creata e poi trovata inadatta per un motivo o per l'altro. Questi primi esseri umani vengono distrutti in un evento di proporzioni catastrofiche e viene creata una razza nuova e raffinata oppure sopravvive un «residuo». Questi temi sono tanto comuni in tutto il mondo che devono commemorare una vera catastrofe il cui ricordo risiede nel nostro inconscio collettivo.

Un aspetto importante della Genesi (e fonte di molta confusione) è il tempo. Un evento che sembra avere conseguenze enormi per l'umanità, il diluvio, viene narrato in una sinossi compatta, e brevi capitoli contenenti da 200 a 400 parole descrivono lunghi periodi di tempo. Gli eventi descritti in Genesi 11, per esempio, ebbero luogo evidentemente molto tempo dopo il diluvio. In Genesi 11, 1 la Terra si è ripresa dopo la catastrofe planetaria: «Tutta la terra aveva un medesimo linguaggio e usava le stesse parole». Sembrerebbe che coloro i quali hanno ripopolato la Terra, provenendo tutti dal piccolo gruppo di sopravvissuti al diluvio, naturalmente parlassero la stessa lingua. Questa «strozzatura» è corroborata dalle più recenti scoperte sul genoma umano: i risultati relativi al Dna e basati sull'analisi degli studi sui mitocondri indicano un punto nel tempo in cui la razza umana di sviluppò da una popolazione piccolissima (si veda il capitolo 19).

I sopravvissuti quindi si diffusero e divennero ambiziosi, come scopriamo in Genesi 11, 3: «"Su, facciamo dei mattoni e cuociamoli al fuoco". E si servirono di mattoni invece che di pietre e di bitume in luogo di calce». Questo sviluppo non incontra l'approvazione degli dèi, i quali controllano da vicino l'opera della nuova popolazione mentre i costruttori continuano a parlare fra loro del progetto e del perché debbano eseguirlo: «"Orsù, edifichiamoci una città e una torre la cui cima penetri il cielo. Rendiamoci famosi per non disperderci sulla faccia della terra"» (Genesi 11, 4).

Che cosa li induce a credere che saranno dispersi ai quattro angoli del globo? Cosa ancora più importante, perché i loro sforzi offendono i creatori? Potrebbe darsi che stiano replicando il «veicolo celeste» dei loro creatori? Gli dèi scesero sulla Terra per ispezionare la città e la torre «che gli uomini costruivano» (11, 5-6): «E [il Signore] disse: "Ecco, essi formano un popolo solo e hanno tutti un medesimo linguaggio: questo è il principio delle loro imprese. Niente ormai li impedirà di condurre a termine tutto quello che si propongono"».

Questo riferimento a «un popolo solo» ci indurrebbe a dedurre che la popolazione della Terra sia ora geneticamente più omogenea e unificata, il che appare sensato, dato che Noè e la sua famiglia furono gli unici sopravvissuti al diluvio, incaricati del compito di rigenerare la popolazione della Terra. Ma questo esito a quanto pare non è ciò che si aspettavano gli dèi. Sembra che la nuova razza si stia evolvendo troppo rapidamente, una cosa che gli dèi vogliono impedire, più o meno come avevano impedito ad Adamo di mangiare dell'albero della vita. In Genesi 11, 7 decidono la linea di condotta: «Orsù, scendiamo e confondiamo lì il loro linguaggio, in modo che non s'intendano più gli uni cogli altri».

Gli dèi ritornano sulla Terra e disperdono i costruttori, i quali «cessarono di costruire la città». Di lì in avanti la torre di Babele diventa simbolo di disunione e confusione. Come di preciso la popolazione venne dispersa non è spiegato. Ma in questo capitolo diviene chiaro che le interpretazioni divergenti di un'unica parola (*noi*, che tradizionalmente è considerata riferita a Dio, al singolare) modificano l'intero significato.

I capitoli della Genesi da 1 a 11 riguardano le più antiche origini e storie degli esseri umani sulla Terra. Dall'episodio della torre di Babele in poi, quando la popolazione viene dispersa, la Genesi si concentra sulla storia degli israeliti, delle tribù ebraiche. Come si concilia tutto questo con il resoconto sumerico della genesi?

Secondo le tavolette sumeriche (l'*Enuma Elish*) gli dèi vennero sulla Terra e crearono l'uomo: «Abbiamo bisogno di servi. Creiamoli».[2] Se confrontiamo questo con la Genesi, in cui Adamo viene creato per custodire il giardino dell'Eden, troviamo una stretta correlazione. Nell'*Enuma Elish* le figure vengono formate con la creta e in esse viene «insufflata» la vita: a Nintu, chiamata anche Mami, la dea madre o dea dell'utero e levatrice degli dèi, si attribuisce la creazione degli esseri umani con l'aiuto di Enki. Nintu mescola la creta col sangue degli dèi per formare e dare vita a sette uomini e sette donne. Gli esemplari iniziali non sono adatti, ma alla fine vengono creati prototipi accettabili di esseri umani affinché siano servi e prendano su di sé il carico di lavoro degli dèi.

Una cosa è chiara sia nell'*Enuma Elish* sia nella Bibbia: gli esseri umani sono esseri inferiori creati a immagine degli dèi, e hanno parte del sangue dei progenitori mescolato al loro sangue animale terreno. Gli dèi stabiliscono il loro carattere e il loro destino ultimo, ma gli esseri umani possiedono il libero arbitrio. È probabile che noi insisteremmo su questo stesso ordine se dovessimo creare o modificare geneticamente una specie di primati, per esempio, e cercare di innalzarla al punto in cui possa capire il ragionamento, la filosofia, il diritto e la scienza. Gli dèi conferirono agli esseri umani i doni dell'intelligenza superiore e dell'agricoltura sia nella Genesi sia in questa tavoletta sumerica: «Secondo le nostre credenze, i nostri dèi predisposero queste città e strade e le istituzioni in esse presenti. Ci crearono e ci dissero: "Prendete le vostre città"».[3]

Mentre gli dèi sumerici, come i loro colleghi dell'Antico Testamento, vivono per sempre, l'uomo rimane mortale affinché «non stenda ora la sua mano e non colga dall'albero della vita, per mangiarne e vivere in eterno» (Genesi 3, 22). La storia sumerica, in effetti, è costellata di racconti sugli dèi che scatenano catastrofi in cui gli uomini perdono la vita, fra cui malattie, inondazioni, siccità e il diluvio universale. Il diluvio sumerico, che precede quello dell'Antico Testamento, è molto simile al diluvio della Genesi; la storia sumerica ci narra che gli Ut-napishtim sono gli uomini dalla lunga vita sopravvissuti al disastro che spazzò via il resto dell'umanità.

Al pari degli Ut-napishtim, Noè e i suoi discendenti vivono fino a un'età avanzatissima, il che ha sempre sconcertato gli studiosi biblici, ma ciò non è affatto sorprendente se i primi esseri umani erano davvero una razza mista e gli extraterrestri che li crearono erano di vita lunga quanto gli dèi sumerici. Inoltre, anche se le prime generazioni di esseri umani vissute dopo il miglioramento genetico dell'umanità potevano avere raggiunto età molto avanzate, la durata della vita umana alla fine si è accorciata fino a circa 72 anni, come previsto dagli dèi (in Salmi 90, 10 è detto: «I giorni nostri arrivano a settant'anni, e nei robusti sino agli ottanta»).

Gli archeologi sono ancora sconcertati dall'improvvisa e inesplicata ingegnosità e raffinatezza della feconda civiltà sumerica. Le sue origini e la sua lingua, che non sono imparentate con altri popoli della regione, rimangono dei misteri, anche se gli scienziati oggi continuano ad accantonare in quanto semplice mito politeistico i resoconti sumerici sulle loro origini e sul modo in cui acquisirono la civiltà.

Eppure rimane molto di inesplicato anche nella Bibbia. Che cosa sono per esempio gli angeli? Sono esseri soprannaturali o esseri fisici? E alcuni degli eventi della Bibbia sono avvenimenti storici reali o sono miti? Il seguente resoconto tratto da Genesi 19 accosta gli angeli al tipo di evento catastrofico che potrebbe ben essere storicamente vero: «Quando i due angeli giunsero a Sodoma sul far della sera, Lot era seduto alla porta della città. Appena li vide, si alzò, andò loro incontro e si prostrò fino a terra» (Genesi 19, 1).

Il brano non dice nulla sul fatto che gli angeli fossero esseri inconsistenti, eterei. Lot li invita in casa: «Andarono da lui, entrarono nella sua casa ed egli preparò un convito, cosse dei pani azzimi ed essi mangiarono» (Genesi 19, 3). In nessun punto di questo racconto o nel resto della Bibbia il testo dice che gli angeli abbiano ali. Volano, ma non hanno ali. In effetti furono gli artisti cristiani a trasformare gli angeli in creature alate migliaia di anni dopo la stesura della Genesi, e ancora oggi noi li raffiguriamo così. Ma con o senza ali questi angeli si siedono e mangiano pane con Lot. Quali ulteriori testimonianze ci servono del fatto che fossero di aspetto umano e corporeo? Certamente che gli uomini di Sodoma li vedano entrare in casa di Lot è una testimonianza sufficiente. Gli domandano: «Dove sono quegli uomini venuti da te questa notte? Mandaceli fuori perché ne abusiamo» (Genesi 19, 5).

La folla poi si fa turbolenta e gli angeli perdono la pazienza: «E colpirono di accecamento la gente che stava alla porta di casa» (Genesi 19, 11). Che tipo di arma usino questi angeli «umani» per accecare gli uomini non viene rivelato. Ma forse è già abbastanza spaventoso che la gente relativamente primitiva di Sodoma veda nei due visitatori «dèi» soprannaturali e «angeli» alati. Il giorno dopo Sodoma viene distrutta per la sua malvagità: «Allora il Signore fece piovere sopra Sodoma e sopra Gomorra zolfo e fuoco, da parte del Signore» (Genesi 19, 24). Anche noi inviamo bombe che possono distruggere intere città. È successo molte volte nella nostra storia recente.

Come abbiamo visto, con un nuovo punto di vista il resoconto biblico della Genesi può essere percepito sotto una luce che ci consente di esaminare di nuovo che cosa sia reale e quali aspetti della storia delle nostre origini possano essere dimostrati. Nel prossimo capitolo ci sposteremo lungo l'asse temporale, esaminando gli eventi misteriosi che crearono la prima civiltà della Terra lungo i fiumi Tigri ed Eufrate.

6. I SUMERI: LA STRANA TRIBÙ DALLA TESTA NERA

Durante il tardo Neolitico, all'incirca fra il 5000 e il 4500 a.C., le tribù della valle del Nilo vivevano in case ovali seminterrate, con tetti di fango e di ramoscelli. Fabbricavano ceramiche semplici e utilizzavano asce in pietra e punte di freccia in selce. Nel frattempo, le culture tribali in Scandinavia e nell'Europa orientale conducevano per lo più un modo di vita da cacciatori-raccoglitori. Fabbricavano filati con fibre vegetali, costruivano pagaie di legno e verso il 3500 a.C. cominciarono a edificare monumenti megalitici in luoghi strategici attorno ai loro ambienti locali.

Quasi tutte le popolazioni delle Americhe, dell'Asia e dell'Africa vivevano più o meno allo stesso modo degli europei, alcune perfino in maniera più primitiva, mentre altre incominciavano a condurre esperimenti di produzione del cibo e di vita in piccoli villaggi. L'agricoltura viveva la sua infanzia. Le più antiche testimonianze di vita stanziale in villaggi basata sulla produzione di alcuni cereali coltivati come integrazione alimentare provengono dai margini collinari della Mezzaluna Fertile, dal 7000 a.C. a Jarmo (in quello che oggi è l'Iraq settentrionale) e dal 6000 a.C. a Çatal Hüyük (in quella che oggi è la Turchia meridionale).

Jarmo e Çatal Hüyük sono due dei siti neolitici più studiati del mondo. Questi primi insediamenti con i loro esperimenti in agricoltura erano molto piccoli e molto modesti. A Jarmo vivevano 150 persone in case dalle pareti di fango. A Çatal Hüyük ceramiche, tessuti e case di mattoni di fango erano sparsi su una superficie di circa 13 ettari. Gli abitanti mietevano il grano con falci di pietra, conservavano i cibi in ciotole di pietra e tenevano capre, pecore e cani addomesticati. Ciò non significa che il loro sostentamento dipendesse unicamente dal bestiame e dalle coltivazioni. Continuavano a cacciare e a raccogliere i loro alimenti.

In questi insediamenti, che rappresentano le popolazioni più progredite di quell'epoca, non vi erano medici, mercanti, ingegneri, architetti, matematici, falegnami, scalpellini, musicisti o fabbri. Non vi erano carri su ruote né aratri né sistemi di scrittura. Insomma la maggioranza della popolazione della Terra viveva in stretto contatto con la natura, così come avevano fatto in precedenza migliaia di generazioni. Non vi era nulla che lasciasse presagire gli eventi esplosivi che avrebbero incominciato ad accadere in sei punti distinti del globo: l'Egitto, la valle dell'Indo, la Cina, il Messico, il Perù e la zona lungo i fiumi Tigri ed Eufrate.

L'era glaciale era ormai un vago ricordo. La Terra si era riscaldata, il livello dei mari si era innalzato, i fiumi si erano gonfiati, e il terreno era stato inondato. Attorno al 4000 a.C. una strana tribù forestiera che parlava una lingua ignota si insediò presso la foce degli imprevedibili fiumi Tigri ed Eufrate in quello che oggi è l'Iraq meridionale. Ancora non sappiamo da dove provenisse né conosciamo l'origine della sua lingua, che non è imparentata con le lingue principalmente semitiche delle culture tribali della regione in quell'epoca.

I nuovi venuti ben presto si dedicarono al mirabile compito di bonificare le paludi e costruire argini per controllare le rapide acque alluvionali del Tigri, deviandole verso un sistema ben progettato di fossi e canali di irrigazione. Il Tigri è un fiume impetuoso e veloce che storicamente è noto per cambiare percorso. La parola sumerica per indicare questo corso d'acqua è *idigna,* che significa «veloce come una freccia». Domarlo per un'irrigazione su vasta scala richiedeva una manodopera ampia e ben organizzata.

Spesso sentiamo parlare gli studiosi di come le antiche civiltà si insediassero nelle valli dei fiumi, come se ciò fosse stato per i nostri antenati piuttosto facile e naturale. Siamo indotti a credere che un simile insediamento fosse del tutto logico e comportasse per loro nient'altro che benefici e poche difficoltà, o per lo meno niente che non potessero gestire. Ma questa è davvero una raffigurazione precisa, specialmente riguardo all'insediamento attorno al Tigri e all'Eufrate?

Prima della sistemazione di questi fiumi da parte dei sumeri, i nostri antenati umani (che si estendono nel passato per centomila generazioni) non avevano alcuna esperienza di controllo idrologico. Non avevano elaborato le tecniche specializzate né l'organizzazione collettiva necessarie per affrontare una simile impresa. Semplicemente non vi erano culture umane precedenti che avessero esperienze e conoscenze sufficienti per domare i fiumi per l'irrigazione, né altri contemporanei dei sumeri in altre parti del mondo stavano tentando un simile progetto.

Sumer si estendeva su circa 25 mila chilometri quadrati di territorio piatto, creato dai fiumi, senza minerali, quasi senza pietra, e senza alberi. Non era esattamente per i coloni un paese della cuccagna, una terra benevola ricca di risorse. Perché allora un popolo che vagava nei campi da un ignoto punto di origine all'improvviso arrivò in Mesopotamia con l'idea di poter domare un fiume formidabile, bonificare le paludi e creare una civiltà? Come giunse a credere di poter gestire una fatica erculea che nessuna cultura in alcuna parte del mondo aveva mai affrontato?

Sumer, un territorio di forze violente e imprevedibili, era tormentato da un caldo torrido per 5 mesi l'anno, sferzato da gelidi venti settentrionali d'inverno, poi allagato da inondazioni in primavera. Oggi, il territorio che la Bibbia chiama Sennaar è un deserto brutale, e le sue antiche città sono sepolte sotto strati di sabbia. È comune vedere innalzarsi le temperature fino a 45 o 50 gradi Celsius. Per 8 mesi l'anno non cade la pioggia, e le tempeste di sabbia infuriano di frequente sul territorio. Sembra che l'agricoltura e la civiltà sarebbero dovute incominciare in condizioni più favorevoli.

La tribù vagante che esaminò questo territorio, trovando deserti, fiumi e paludi, aveva a disposizione soltanto semplici utensili in pietra: niente ruote, niente carri, niente animali da tiro. Ancora oggi le acque alluvionali del fiume possono essere usate per l'agricoltura solo se i campi sono protetti da un complesso sistema di dighe, argini e canali interdipendenti. Ma chi fra questi nuovi venuti aveva le conoscenze, l'intuizione e la perizia per ideare e poi mettere in pratica un tale sistema perfezionato?

Per potersi insediare lungo il Tigri con l'intento di dedicarsi a un'irrigazione su vasta scala per l'agricoltura, i sumeri sarebbero dovuti arrivare con una conoscenza di alto livello su come procedere in maniera da garantirsi cibo a sufficienza. Effettivamente sapevano che il primo passo necessario per trasformare la Mesopotamia in terreno coltivabile produttivo era affrontare i fiumi e le paludi.

Ma dove potevano avere acquisito un tale corpus di conoscenze? Gli studiosi non hanno portato alla luce testimonianze che spieghino come i sumeri avessero acquisito le loro tecniche agricole e irrigue o le altre loro conoscenze tecniche tanto in anticipo rispetto al resto del mondo. Il loro insediamento avvenne in un punto della storia precedente all'avvento delle città (che loro stessi avrebbero in seguito inventato) e della stratificazione sociale e precedette la specializzazione del lavoro. Tenendo presenti questi dettagli, sembra ben poco probabile che un'importante valle fluviale divenisse la prima e più logica scelta per l'insediamento di una tribù primitiva. Inoltre, in questa epoca della storia il mondo non era sovrappopolato né mancavano scelte alternative per l'insediamento. Non vi erano nazioni sovrane né eserciti di cui preoccuparsi, e non vi erano precedenti di successi nel modo di vita stanziale e nella coltivazione agricola su terreni collinari.

Possiamo chiederci se sia possibile che il clima e l'ambiente fossero diversi in questa zona geografica seimila anni fa. In tal caso si potrebbe spiegare la scelta compiuta dai sumeri.[1] Abbiamo la fortuna di sapere un bel po' di cose su questa regione perché essa racchiude il 70 per cento delle riserve petrolifere mondiali, il che ha stimolato studi intensivi da parte di geologi e prospettori petroliferi. Durante l'era glaciale, il livello dei mari in tutto il mondo era circa 120 metri al di sotto del livello attuale. Ancora 12 mila anni fa il livello dei mari sul pianeta era tanto basso che le acque marine in innalzamento stavano appena entrando nel bacino poco profondo del mare Arabico. A quell'epoca il sistema fluviale del Tigri e dell'Eufrate scorreva nella parte più profonda del golfo Persico, lungo quello che i geologi chiamano fiume Ur-Shatt. Il delta mesopotamico non esisteva. Le dune di sabbia sommerse sotto il golfo settentrionale e l'analisi degli isotopi dell'ossigeno nei carotaggi di mare profondo presentano forti testimonianze dell'estrema aridità della regione.

Fra il 13000 e il 4000 a.C. il livello dei mari si innalzò in maniera significativa con lo scioglimento degli strati di ghiaccio. I meteorologi ipotizzano che in questa epoca vi fosse un aumento delle precipitazioni nel Vicino Oriente, e i botanici indicano un aumento della vegetazione. Attorno al 5000 a.C. si era ormai formato un grande estuario marino dove vi è oggi il fiume Eufrate. Poi, nell'arco dei due millenni successivi, il vasto estuario si riempì di limo. La superficie freatica rimase però elevata. Mentre dalla penisola arabica proveniva polvere portata dal vento, il livello del mare si stabilizzò e il limo e l'accumulo di polvere soffocarono gli estuari, cosicché si formarono vaste zone paludose.

Questo ci offre un buon quadro di ciò che trovarono i sumeri quando arrivarono nel territorio che sarebbe diventato la loro patria: un mosaico di deserti, pianure semiaride, estuari lussureggianti e argini fluviali, non dissimile da ciò che vi è oggi. Questa era la materia prima agricola con cui avrebbero lavorato i nuovi venuti. Certamente non era un ambiente ben irrigato e temperato, simile per esempio alla Central Valley dell'odierna California, ma i sumeri sarebbero arrivati a costruire lì le prime grandi città della Terra e a creare i primi appezzamenti agricoli irrigati a partire dalle paludi bonificate. Gli scribi sumeri ci narrano dei loro alberi e frutteti, prati ben irrigati, campi generosi, suolo fertile: un paese della cuccagna.

I sumeri però non si attribuivano il merito del modo miracoloso con cui era stato trasformato il loro ambiente aspro. Dicevano invece che Enlil (un dio del cielo e della terra che era disceso su questo pianeta proveniente da un altro) «fece coricare le genti come greggi in pascoli pacifici e fornì a Sumer l'acqua, apportando una gioiosa abbondanza».[2] Parlano anche di altri dèi, come Ea (Enki), fratello di Enlil. Come osserva riguardo a Enki lo studioso di linguistica Zecharia Sitchin nel suo primo libro, *The 12th Planet* [ed. it. *Il pianeta degli dei*]:

> Il suo arrivo sulla Terra è associato nei testi sumerici a un'epoca in cui le acque del golfo Persico si spingevano all'interno molto più lontano rispetto a oggi, trasformando in palude la parte meridionale del paese. Ea (il nome significa letteralmente «casa-acqua»), che era un maestro di ingegneria, pianificò e diresse la costruzione di canali, la costruzione di argini sui fiumi e la bonifica delle paludi.[3]

Naturalmente gli studiosi moderni ci dicono che questi sono soltanto miti. Prima di osservare più in profondità ciò che dicono i sumeri riguardo alla loro storia, dobbiamo esaminare il contesto storico del sapere moderno in relazione alla cultura sumerica.

Come accennato nel capitolo 1, alla metà del XVIII secolo in Occidente gli studiosi, gli storici e i profani in generale non accettavano ormai più l'Antico Testamento come rappresentazione storica autentica. In effetti era stato relegato alla condizione di tradizione popolare e «leggenda tribale». A quell'epoca europei e americani attribuivano l'inizio della loro civiltà alla Grecia e a Roma, e praticamente fin lì arrivava la storia, dimostrando quanto rapidamente e completamente possa andare perduta la storia effettiva.

Questa opinione comune incominciò a mutare, però, alla fine del XVIII secolo, quando Napoleone si avventurò in Egitto con il proprio esercito e un'équipe di studiosi. Quando le notizie sulle meraviglie del Nilo raggiunsero l'Europa, all'improvviso l'antico Egitto della Bibbia divenne reale.

Nei primi decenni del XIX secolo, mentre gli studiosi francesi incominciavano a mettere assieme i pezzi del puzzle dell'antico Egitto, vari archeologi ed esploratori presero a rovistare qua e là nel decadente impero ottomano in Medio Oriente. Quel paesaggio brullo era disseminato di strani tumuli polverosi. Potevano forse essere le città dimenticate dell'Assiria biblica? L'archeologo francese Paul Emile Botta decise di scavare in un tumulo della Mesopotamia settentrionale presso l'antica città di Mosul. I suoi scavi rivelarono che si trattava delle rovine di Dur Sharru Kin, patria del re Sargon II.

L'archeologo inglese Austen Henry Layard scelse un sito una quindicina di chilometri più a valle, dove nel 1843 portò alla luce Ninive, la capitale dell'Assiria secondo la Bibbia. Ninive si rivelò colma di tesori, ma gli studiosi si resero conto che la città era esistita piuttosto tardi nella cronologia biblica; era caduta in mano a Babilonia nel 612 a.C.: «Egli stenderà la sua mano contro il nord e sterminerà Assur, ridurrà Ninive a una solitudine, arida come il deserto» (Sofonia 2, 13).

Babilonia stessa fu scoperta all'inizio del XX secolo. I resoconti biblici presero vita quando fu portata alla luce la grande ziggurat, la torre di Babele. L'antica città era una fortezza, con mura perimetrali tanto larghe da consentire a dieci carri di procedere al galoppo l'uno di fianco all'altro sopra di esse. Gli scavi trovarono che la città era esattamente come l'avevano raffigurata la Bibbia e gli storici greci e romani: un vasto complesso di palazzi e templi dove nel passato erano ubicati meravigliosi giardini pensili.

La scoperta di Layard innescò un rinnovato interesse per la Bibbia come valido documento storico. L'archeologo in seguito portò alla luce la biblioteca di corte del re assiro Assurbanipal, contenente 25 mila tavolette d'argilla. Quando diverse generazioni di studiosi si diedero da fare per decifrare queste tavolette cuneiformi e quelle recuperate da altri archeologi alla metà del XIX secolo, continuavano a incontrare poscritti, quasi dei disconoscimenti, secondo cui le tavolette erano state trascritte da documenti più antichi, benché non si riuscisse a stabilire quali documenti e provenienti da dove. Molto tempo prima che venissero dissotterrate le effettive rovine della civiltà sumerica, gli studiosi incontrarono nelle tavolette babilonesi e assire riferimenti all'antica lingua dei sumeri (che ai linguisti moderni non era nota) e a nomi insoliti non appartenenti ad alcun popolo o linguaggio identificabile.

Dopo la scoperta di Ninive a opera di Layard, molti ritennero che questa città e Babilonia fossero esistite in un'epoca della storia documentata oltre cui non sarebbe stato possibile andare. Tuttavia gli studiosi si convinsero che vi fosse un predecessore più antico delle civiltà assira e babilonese. Con un curioso voltafaccia, gli storici che avevano accantonato la Bibbia si affidarono a questa come fonte della scoperta successiva.

La Genesi indicava due possibilità: Accad e la regione del Sennaar: «Le primizie del suo regno furono Babel, Erec, Accad» (Genesi 10, 10); «Or avvenne che gli uomini, emigrando dall'oriente, trovarono una pianura nella regione del Sennaar e vi si stabilirono» (Genesi 11, 2). Quando le rovine dell'antico Accad furono scoperte e rivelarono che questo aveva preceduto Babilonia di duemila anni, apparve chiaro che Accad era il tronco e Babilonia e Assiria erano i rami. Così sembrò tutto definito: la civiltà risaliva a 3500 anni addietro, fino all'antico Accad.

Il caso non era però del tutto chiuso. Quando gli studiosi esaminarono le statue, gli obelischi e le tavolette di Accad, scoprirono esattamente ciò che avevano racimolato nell'analizzare i manufatti assiri e babilonesi: testimonianze che tale regno era stato preceduto da una civiltà ancora più antica. Il tronco, dopo tutto, doveva avere delle radici.

Il palcoscenico storico era pronto perché salisse alla ribalta un altro brillante archeologo britannico. C. Leonard Wooley avviò gli scavi nella Mesopotamia meridionale nel 1922. Nell'arco di 12 stagioni portò alla luce i resti di un'altra città biblica, Ur dei caldei, luogo di nascita di Abramo, e recuperò cilindri d'argilla scritti in cuneiforme. Gli studiosi ben presto si resero conto che questi erano gli originali studiati e copiati dagli scribi accadici e babilonesi.[4] Adesso era chiaro che la «pianura del Sennaar» in cui la Bibbia ci dice che gli uomini si misero a edificare «una torre la cui cima penetri il cielo» era la Mesopotamia.

La scoperta di Sumer catturò la fantasia del mondo. Gli scavi di Wooley furono attentamente seguiti e narrati dai mezzi di informazione. Wooley trovò mura che racchiudevano palazzi, templi e ziggurat delle città sumeriche. Il percorso dal mito alla storia era stato un lungo labirinto polveroso, intricato e tortuoso.

Qui dobbiamo tenere presente un fatto molto importante: fino alla scoperta effettiva dei suoi resti, Sumer fu considerato un mito, un prodotto della fantasia. È sbalorditivo che quanto si rivelò essere la culla della civiltà occidentale venisse considerato pura narrazione popolare fino alla sua scoperta. Se non altro, è una lezione per gli studiosi moderni a essere meno frettolosi nelle loro ipotesi e meno sicuri delle loro affermazioni riguardo a ciò che è vero e ciò che è falso nella storia antica. Ogni anno si compiono nuove scoperte e queste spesso mettono in discussione (e poi modificano) le vecchie ipotesi e i vecchi modelli.

Ulteriori «miti» della Bibbia che si riferivano a vari popoli e città antichi e leggendari lentamente si dimostrarono essere storia vera. Per quanto fossero emozionanti, le nuove scoperte dischiusero anche misteri più profondi, polemiche e imprese: chi erano i sumeri che costruirono dighe e canali e città fortificate secondo progetti in seguito tramandati per migliaia di anni, da ultimo a coloro che fondarono Babilonia? I sumeri si definivano il popolo dalla testa nera. Quando gli studiosi alla fine decifrarono la loro scrittura cuneiforme, i resoconti di come nacque la civiltà sumerica sembrarono fantascienza mescolata a conoscenze umane molto pratiche:

> Quando lo scettro regale discese dal cielo, e l'augusta corona e il trono regale erano già discesi dal cielo, [il re] celebrò regolarmente alla perfezione [...] dispose i mattoni di quelle città in luoghi puri. Queste città, che avevano ricevuto i loro nomi, e a cui erano stati assegnati canestri di mezzo staio, dragarono i canali, che erano ostruiti da argilla violacea recata dal vento, e questi apportarono acqua. La pulizia dei canali più piccoli garantì un raccolto abbondante.[5]

Queste descrizioni e istruzioni provengono da quello che è stato chiamato il «primo almanacco agricolo»: «Tieni l'occhio vigile sull'apertura degli argini, dei fossi e dei terrapieni [cosicché] quando inondi il campo l'acqua non si innalzi troppo». Con una precisa attenzione ai dettagli le istruzioni proseguono: «Il picconatore elimini per te gli zoccoli del bue [dopo l'estirpazione delle erbacce e] li spiani [...]. [Queste sono] le istruzioni di Ninurta, figlio di Enlil».[6]

Il popolo dalla testa nera non sosteneva di avere inventato nessuno dei fondamenti della sua straordinaria civiltà. In ripetute scritture i sumeri affermavano che gli «dèi» erano venuti sulla Terra e avevano insegnato loro ogni cosa dopo avere dragato le paludi e costruito le città. Gli studiosi del XX secolo considerarono mitologici questi resoconti con la stessa prontezza con cui gli studiosi del tardo XVIII secolo ritenevano che le città di Ur e Ninive fossero mitiche. Riguardo a tali città si era verificata una curiosa trasformazione: benché esse stesse non potessero più venire considerate pura leggenda, i resoconti storici del popolo che creò quelle prime città potevano soltanto essere considerati racconti popolari!

I resoconti sumerici menzionano ripetutamente sia gli dèi primari, come Enlil, Enki, Ninurta e Ninhursig, sia gli dèi artefici di secondo piano, gli Anunnaki, fra cui annoveravano un dio del piccone, un dio dello stampo per i mattoni, un dio fabbro e così via. Ma tali distinzioni creano qualche confusione riguardo a chi i sumeri considerassero dèi. Chiaramente non erano dèi come li immaginiamo noi. Vengono ritratti molto più come esseri umani che eseguono compiti specifici o forniscono istruzioni precise su come eseguirli (come nella citazione precedente dal «primo almanacco agricolo»). Anche se gli Anunnaki operavano in quelle che noi considereremmo funzioni di supervisori o di maestri, i sumeri chiamavano dèi questi esseri.

Gli studiosi moderni hanno relegato tali esseri nel regno mitologico o religioso di un pantheon sumerico. Contestano le descrizioni che ne fanno gli stessi sumeri come persone reali in carne e ossa giunte sulla Terra per crearli e fare loro da maestri. E noi a chi dobbiamo credere: ai sumeri stessi, che rivoluzionarono il mondo, lasciarono vaste testimonianze archeologiche delle loro imprese e non si attribuirono il merito di tali imprese, oppure agli accademici moderni la cui visione del mondo discende da quella che in precedenza negava l'esistenza stessa dei sumeri e adesso non permette loro una tale storia? O gli dèi sumerici erano maestri e consiglieri umani progrediti, come si sostiene nelle scritture cuneiformi, oppure erano la creazione di un'antica fantasia.

Che cosa sostengono le testimonianze? A parte il fatto che gli studiosi non conoscono il luogo di origine dei sumeri né le radici della loro lingua, il che lascia aperta la possibilità della verità dei resoconti sumerici, per cercare indizi rivolgiamoci alle imprese di questa antica civiltà: i sumeri costruirono le prime città, che erano diverse da tutto ciò che gli esseri umani avessero mai progettato o edificato. Per realizzare questa prodezza dovette essere organizzata e nutrita una grande forza lavoro. Come osservato in precedenza, l'agricoltura su scala sufficientemente ampia da nutrire l'intera popolazione richiedeva lo sviluppo di un intricato sistema di irrigazione e di controllo delle inondazioni. I sumeri furono anche responsabili della prima comparsa dell'aratro trainato da buoi, menzionato nel «primo almanacco agricolo».

Le città, una dozzina in tutto, erano attentamente pianificate. Il compito iniziale fu costruire un tumulo elevato in ciascuna di esse per proteggerle contro le inondazioni. Quindi furono costruiti edifici mediante l'uso di mattoni regolari fatti di argilla e rinforzati con canne spezzettate e paglia, poi disposti in stampi e cotti in fornaci. Le case tipiche erano alte uno o due piani, robuste e costruite vicine fra loro, con stretti vicoli tra file di tali strutture.

È degno di nota che la modalità di costruzione usata dai sumeri richiedesse l'avvento di due innovazioni significative: la fornace e le misure regolari dei materiali da costruzione. L'invenzione della fornace rese possibile anche fondere i metalli e unirli in leghe, altri due procedimenti da aggiungere a una sequenza sbalorditiva di innovazioni in un periodo di tempo molto compresso.

Un'altra impresa da aggiungere all'elenco è l'invenzione della scrittura, poiché noi sapremmo poco dei sumeri se non avessero trascritto ogni genere di fatti e testimonianze sulle loro ingegnose tavolette d'argilla. Furono anche inventati dei sigilli allo scopo di incidere le tavolette, una forma di carattere mobile molto simile ai timbri di gomma che usiamo oggi.[7]

Ora dobbiamo rammentare di nuovo l'aspetto che avrebbe avuto il mondo sumerico: nell'ambiente circostante non vi erano alberi, né pietre, né metalli, il che rendeva la regione una scelta improbabile per un insediamento di qualsiasi tipo, tanto più per la creazione di una cultura dalle aspirazioni grandiose. I costruttori e gli occupanti delle città avevano bisogno di combustibile per le fornaci dei mattoni e per il riscaldamento delle case d'inverno; avevano bisogno di minerale grezzo da fondere e di altro combustibile per il procedimento di fusione.

Come fecero i sumeri ad aggirare questi limiti? Usarono i prodotti del petrolio presenti in natura, come il bitume e l'asfalto che salivano ribollendo alla superficie del terreno in quella zona. Scoprirono (o fu loro mostrato) che questi materiali potevano essere usati anche per sigillare e stuccare le crepe e per costruire strade.

Prima dei sumeri non vi erano fornai, suonatori d'arpa, falegnami, fabbri, gioiellieri, artisti, ingegneri, matematici, burocrati o scribi. Tutte queste innovazioni comparvero per la prima volta nelle loro città fra il 3700 e il 3000 a.C. Oltre all'irrigazione, all'agricoltura, alle fornaci e alla scrittura, inventarono anche la ruota, il carro, il bronzo, le barche a vela, la matematica, l'arpa, l'astrologia, le scuole e il concetto di mestieri e professioni. Insomma inventarono quasi l'intero fondamento di ogni futura civiltà: tutto di punto in bianco.

Dopo i sumeri la civiltà si basò su cinque componenti fondamentali: l'agricoltura, le città, la metallurgia, la specializzazione e la stratificazione sociale. I sumeri dovevano possedere dei geni molto speciali perché sembrano essere usciti dal nulla per eseguire miracoli (almeno su questioni tecniche) in confronto ai loro contemporanei e all'insieme della preistoria umana.

L'epoca sumerica di innovazione non soltanto fu senza precedenti, ma non è nemmeno mai stata replicata. La Grecia e Roma aggiunsero molto poco al quadro tecnico fondamentale tramandato da Sumer attraverso Babilonia e Assiria. Fino al XVI secolo l'Europa occidentale fornì ben pochi contributi in termini di invenzioni rivoluzionarie. L'aratro trainato da buoi o da cavalli venne usato in Europa e in America nonché nel resto del mondo fino al XX secolo, quasi cinquemila anni dopo la sua invenzione.

L'antica Grecia, Roma e il resto d'Europa si affidavano ai principali cereali coltivati originatisi nella Mezzaluna Fertile e nella regione circostante. Noi coltiviamo ancora ibridi di quelle stesse piante. Le tecniche della metallurgia e i sette metalli fondamentali del Vecchio Mondo rimasero invariati dopo la caduta della Grecia e di Roma; l'ottavo metallo non fu scoperto che mille anni dopo.

Ma il vero problema che circonda tutte queste conquiste impressionanti, tanto radicalmente avanzate rispetto alla situazione del resto della popolazione terrestre all'epoca, è che non vi è un percorso rintracciabile, passo dopo passo, che conduca a tali conquiste partendo dal modo di vita dei cacciatori-raccoglitori. La scienza non ha spiegato l'esplosione di sviluppo improvvisa e senza precedenti dei sumeri. Ma la scienza non era disponibile quando, come asserirono gli stessi sumeri, questi sviluppi furono istituiti da una civiltà già progredita: la razza della genesi.

7.
L'EGITTO: MISTERI NEL DESERTO

Più o meno nello stesso periodo in cui crescevano le città di Sumer, un'altra curiosa civiltà cominciava a costruire una ziggurat e poi una grande piramide lungo il fiume Nilo. Ma come per Sumer la gloria che fu un tempo l'antico Egitto alla fine scomparve come qualche miraggio incantato. Lo scopo delle piramidi e dei templi venne dimenticato quando i venti del deserto li ricoprirono di sabbia per secoli e secoli. I faraoni, i quali, indossando i loro costumi regali, avevano regnato sulla terra della Sfinge per tre millenni, erano scomparsi da tempo, svaniti come sogni esotici. Col tempo le sabbie ricoprirono le loro tombe con i loro molti tesori, lasciando solo la testa della Sfinge esposta al dio sole, Ra.

Un eroe improbabile portò alla luce la grandiosità e il mistero di questa terra dimenticata. Alla fine del XVIII secolo Napoleone Bonaparte lottava con le proprie ambizioni e con le limitate occasioni per accrescere la propria reputazione in Europa. Pur essendo stato educato in una scuola militare, in realtà si considerava tanto uno scienziato razionale quanto un generale: «Se non fossi diventato comandante in capo dell'esercito, mi sarei lanciato nello studio delle scienze esatte. [...] E poiché ho sempre avuto successo nelle mie imprese, sarei diventato uno scienziato illustre».[1]

Il minuscolo condottiero francese aspirava a seguire le orme di Alessandro Magno, che secoli addietro aveva conquistato l'Egitto. Come meglio realizzare i suoi obiettivi che organizzando una campagna militare e partendo verso la terra lungo il Nilo? Conquistare l'Egitto e i territori circostanti, però, non era tutto ciò che Napoleone avesse in mente. Voleva studiare l'antico Egitto. A questo scopo mise assieme un'équipe di 167 studiosi, per lo più scienziati, nell'ambito dell'operazione militare, selezionando un gruppo fra i più grandi ingegni di Francia e imponendo loro un giuramento di segretezza. A coloro che acconsentirono a partire con la spedizione non vennero comunicati né la destinazione finale né gli obiettivi.

Mentre Napoleone guidava il suo esercito in una serie di battaglie, molti degli studiosi furono inviati in varie parti d'Egitto per studiare ogni cosa, dalla flora e dalla fauna ai manufatti. Geometri, matematici e cartografi facevano parte dell'équipe, che compì una serie di scoperte fondamentali riguardo alla piramide di Cheope.[2] Dopo avere effettuato rilevamenti e misurazioni sul monumento, gli scienziati si resero conto che questo era perfettamente allineato col nord geografico, il che automaticamente lo poneva in allineamento con gli altri punti cardinali e lo rendeva un preciso punto di riferimento e di triangolazione.

Le ricerche proseguite da quell'epoca a oggi hanno dimostrato che la piramide di Cheope è sostanzialmente un modello in scala della Terra e un punto di riferimento geodetico indicante il centro della massa continentale terrestre. Il rapporto fra l'altezza della piramide e il suo perimetro è pari al rapporto fra il raggio della Terra e la sua circonferenza. Il colossale monumento effettua elegantemente la quadratura del cerchio e include il pi greco in numerose caratteristiche.

Oltre ad avere avviato tali scoperte, Napoleone stesso fu profondamente influenzato dal suo incontro con la piramide di Cheope. Il 12 agosto 1799 Napoleone disse ai suoi uomini di lasciarlo solo nella camera del re, come aveva fatto millenni prima Alessandro Magno. Si dice che il generale fosse molto pallido e impressionato quando ne uscì. Quando un aiutante gli domandò in tono scherzoso se fosse stato testimone di qualcosa di misterioso, Bonaparte rispose bruscamente di non voler fare commenti, soggiungendo più a bassa voce che non voleva sentire più menzionare l'episodio. Molti anni più tardi, quando era imperatore, Napoleone continuò a rifiutarsi di parlare del tempo da lui trascorso nella piramide, accennando soltanto di avere ricevuto qualche presagio sul proprio destino. A Sant'Elena, poco prima della sua morte, sembrò sul punto di confidare la propria esperienza allo storico francese (e suo memorialista) Emmanuel de Las Cases, ma invece scrollò il capo, dicendo: «No, a che serve? Non mi credereste mai».[3]

La spedizione di Napoleone accese un interesse per l'antico Egitto che ispirò generazioni a cercare di risolverne i misteri. La sua équipe produsse 26 volumi di grande formato (*grand monde*) di opere erudite. Incredibilmente, questo fu soltanto l'inizio dell'egittologia. La quantità di sforzi intellettivi riversati nello studio dell'antichità egizia da allora è strabiliante. Vi sono circa diecimila siti archeologici ufficiali in Egitto e nel corso di oltre duecento anni di scavi sono stati recuperati e catalogati milioni di manufatti. Tutti testimoniano di una grande civiltà, pari se non superiore a quella di Sumer. In effetti, quando scoppiarono guerre fra le due culture, Sumer si esaurì nel giro di qualche migliaio di anni mentre continuavano a svolgersi gli eventi della Bibbia.

Su ogni aspetto dell'antico Egitto sono stati pubblicati libri e articoli sufficienti a riempire intere biblioteche, ma il dibattito su chi costruì la piramide di Cheope (e come e perché) infuria ancora oggi. Gli egittologi insistono nell'affermare che venne costruita attorno al 3500 a.C. durante il regno di Cheope, per servire da tomba. Schiavi e contadini presumibilmente usarono metodi primitivi, fra cui slitte di legno, rampe e funi. Non vi è prova definitiva di questo scenario costruttivo, però. L'unica cosa che possa essere studiata è il monumento stesso, che fornisce queste informazioni:

> Ogni dettaglio della sua precisa architettura sembra essere stato pianificato meticolosamente.
> La struttura incorpora allineamenti e misurazioni geodetici e rapporti matematici.
> La struttura è realizzata in pietra massiccia, diversamente da molte altre piramidi successive che furono costruite con un interno in muratura e uno strato esterno in pietra tagliata.
> La piramide occupa circa 5 ettari.
> Comprende all'incirca 2,5 milioni di blocchi di pietra pesanti da 1 a 70 tonnellate ciascuno con un peso complessivo di 6 milioni di tonnellate.
> Sebbene la maggioranza dei blocchi della piramide sia compresa fra 1 e 3 tonnellate, vi sono molti blocchi pesanti 5, 10, 20 e perfino 40 tonnellate. Il blocco più pesante è di 75 tonnellate.[4]

La piramide di Cheope che è stata studiata e che ci appare oggi non rappresenta la costruzione finita originaria. Come spiega il fisico John Zajac: «Mentre il grosso del nucleo della piramide fu costruito con blocchi di calcare tenero da 1500 a 15 mila chilogrammi, lo strato esterno della piramide era costituito da uno strato protettivo di pietra lucidata meravigliosamente luminoso. Queste "pietre di rivestimento" oggi mancano».[5] Vi erano 144 mila di tali pietre di rivestimento realizzate in calcare bianco lucidato, simile al marmo per durezza e resistenza. Il peso medio di ciascuna pietra era 20 tonnellate. È stato detto che un terremoto nel XIII secolo staccò le pietre e la piramide fu rapidamente saccheggiata, e i ladri portarono via le pietre già tagliate per rifinire i loro palazzi e le loro moschee. Questa versione di come scomparvero le pietre di rivestimento, però, non è mai stata confermata, e né gli archeologi né gli storici si sono addentrati più in profondità nel mistero.

Il più grande mistero rimanente, tuttavia, è come e perché furono costruiti i monumenti egizi massicci come la piramide di Cheope e la Sfinge. Un aspetto dell'enigma che circonda la costruzione sia della piramide sia della Sfinge è il fatto che gli egizi non descrissero né raffigurarono in nessuno dei loro testi geroglifici o nella loro arte come e perché costruirono tali strutture. Eppure questo popolo è noto per avere lasciato testimonianze copiose, in una forma o nell'altra, di ogni aspetto della sua vita: in tombe e templi, su vasi e bassorilievi, scene elaborate svelano ogni cosa, dalla rappresentazione delle abitudini della loro vita quotidiana alle loro concezioni sugli dèi del cielo. Allora perché non vi sono documenti, descrizioni o spiegazioni in relazione a questi due monumenti? Un secondo aspetto del mistero dei monumenti nasce dal fatto che l'antico popolo il quale secondo gli egittologi costruì la piramide di Cheope visse in una società basata su un'agricoltura ad alta intensità di manodopera. Con l'irrigazione da curare, gli animali da nutrire, i campi a cui badare, sembra strano che potessero distogliere preziose risorse umane verso un progetto edilizio colossale, e anche se avevano effettivamente una riserva di braccianti disponibili per la costruzione della piramide, tale riserva non poteva mai essere molto ampia.

Riguardo alla costruzione del monumento, come acquisirono gli egizi i raffinati principi architettonici e i concetti avanzati di ingegneria necessari per progettare ed eseguire una simile grande impresa? Secondo Zajac: «Le pietre angolari hanno giunti sferici incorporati», che venivano posizionati agli angoli per consentire alla piramide di muoversi liberamente in caso di terremoto. Zajac ritiene che il metodo costruttivo della piramide di Cheope e della Sfinge sia tanto raffinato sotto certi aspetti che noi non potremmo replicarlo nemmeno con la tecnologia di cui disponiamo oggi. Chi allora avrebbe potuto costruire quella che è rimasta la più grande struttura artificiale in pietra del mondo?

Potrebbe la piramide di Cheope essere stata costruita come affermano gli egittologi: con schiavi e contadini a usare un complesso di slitte di legno, rampe e funi per sistemare a forza le pietre in posizione? Potrebbe essere stata realizzata senza l'uso di utensili in metallo, animali da tiro o veicoli a ruote (niente di tutto questo era noto o usato all'epoca)? Un blocco di pietra da una tonnellata è all'incirca equivalente al peso di un'automobile di medie dimensioni o di un elefante adulto. Tagliare anche questi blocchi piccoli dalla roccia madre e levigarli per il trasporto sarebbe stato di per sé un compito notevole, già difficile oggi con l'uso di esplosivi e martelli pneumatici. Se era possibile liberare i blocchi da costruzione dalla roccia madre nella cava e levigarli per il trasporto con i martelli di dolerite e i falaschi che secondo gli archeologi gli antichi egizi usavano regolarmente, doveva essere un procedimento davvero tedioso e lento. E se era possibile trascinare i blocchi pesanti da 1,5 a 2,5 tonnellate dalla cava al cantiere mediante slitte di legno e funi, di nuovo il metodo sarebbe stato estremamente arduo, avrebbe richiesto molto tempo e sarebbe stato pericoloso, come lo sarebbe stato traghettare queste pietre fino al cantiere mediante zattere sul Nilo, e usare una rampa per portare le pietre in posizione sui livelli più alti della piramide con l'avanzare della costruzione. Ma anche se le pietre più piccole furono trasportate in uno di questi modi, i blocchi pesanti oltre 40 tonnellate non potevano essere trasportati con nessuno di tali metodi. In effetti nessuno studio o simulazione affronta il trasporto di queste pietre più grandi.

Nella nostra edilizia moderna non usiamo mai materiali di dimensione e massa di molte delle pietre trovate nei monumenti degli antichi egizi, e qualunque cosa abbia una massa sostanziosa viene trasportata su ruote d'acciaio ad alta resistenza. Per esempio, un'autoclave di 200 tonnellate è stata trasportata per oltre mille chilometri su strade degli Stati Uniti su un autotreno a 112 ruote azionato da due grandi trattori diesel. La Nasa ha dovuto costruire una gru speciale per sollevare la navetta spaziale pesante 430 tonnellate. E una società di ingegneria di New York usa un'enorme gru idraulica con una capacità di carico massima di 500 tonnellate per sollevare gru più piccole fino alla sommità di edifici in costruzione. Senza questi raffinati mezzi di trasporto a disposizione, il compito di costruire la piramide di Cheope, con i suoi massicci materiali da costruzione, appare impossibile.

Se la moderna comunità archeologica vuole dimostrare che gli antichi egizi costruirono la piramide di Cheope usando specifiche tecniche primitive, strumenti e manodopera, è necessario che nei loro esperimenti gli scienziati replichino esattamente i materiali e le condizioni secondo loro utilizzati dagli antichi. Per esempio, un esperimento potrebbe consistere nel tagliare, levigare e trasportare dalla cava al cantiere un blocco di pietra di 70 tonnellate usando i metodi e i materiali precisi (funi e slitte di legno) che secondo gli egittologi furono usati dagli antichi costruttori. Una volta in cantiere, il blocco di pietra dovrebbe essere issato lungo una rampa disposta a un'angolazione di 30 gradi, perché corrisponda all'inclinazione dei lati della piramide, per una distanza pari alla lunghezza di un lato della piramide. Complessivamente la rampa deve innalzarsi per 100 metri sul terreno.

Questo esperimento rappresenta una versione minimalista dell'impresa enorme affrontata dagli antichi costruttori ma, prima che la teoria degli egittologi su come furono costruiti tali monumenti possa essere universalmente accettata, tale teoria deve rivelarsi efficace nell'affrontare questa sfida.

È interessante notare che nel 1995 un'équipe di esperti (guidata dall'archeologo Mark Lehner, dal mastro tagliapietre Roger Hopkins e dal defunto Aly el Gasab, uno dei principali specialisti egiziani nel trasporto di statue pesanti) cercò di dimostrare come gli antichi egizi estraessero e trasportassero le pesanti pietre. Gli esperti decisero di costruire una replica di un obelisco di 35 tonnellate usando quelli che a loro parere erano gli stessi metodi impiegati dagli antichi. (Un obelisco di 35 tonnellate è meno di un decimo del peso dei più pesanti obelischi egizi).[6]

L'équipe incominciò cercando di estrarre un blocco di granito usando lo stesso tipo di martelli di dolerite che si presume usassero gli antichi. Il lavoro procedeva tanto lentamente, però, che si rinunciò ai martelli in favore dei bulldozer e di altri macchinari, il che ridusse notevolmente il tempo di estrazione dell'obelisco. Proprio l'abbandono dei metodi antichi da parte dell'équipe sembra dimostrare che perfino un obelisco pesante meno di metà del più pesante blocco di pietra della piramide non può essere estratto, levigato e trasportato in maniera efficiente usando mezzi primitivi.

L'équipe voleva ancora dimostrare, però, che l'obelisco poteva essere sollevato mediante un sistema simile a quello che si presume venisse usato dagli antichi. Comportava l'abbassamento dell'obelisco in una trincea inclinata mentre lo si teneva in posizione con funi variamente posizionate, tutte tese al massimo. Più di 100 uomini radunati dall'équipe riuscirono a sollevarlo appena a metà della posizione verticale. In seguito riuscirono a sollevare un obelisco di 2 tonnellate ma, come asserì l'egiziano proprietario della cava in un'intervista, non si sarebbero dovuti accontentare di meno di 100 tonnellate se avessero voluto dimostrare che le loro teorie valevano qualcosa.

Dopo un intervallo di cinque anni l'équipe si riunì nuovamente per un secondo tentativo di sollevare un obelisco dopo che questo era stato trasportato sul luogo mediante macchinari moderni. Questa volta ebbero successo nel portare in posizione verticale l'obelisco di 35 tonnellate, ma poiché non avevano cercato di tagliare o levigare l'obelisco o di scolpirne la superficie preventivamente, come avrebbero fatto gli antichi, non fu un'esatta replica dell'impresa realizzata migliaia di anni fa.

È umiliante immaginare che in qualche modo gli antichi egizi tagliarono, levigarono e trasportarono non uno solo ma diversi milioni di tali pezzi di pietra per creare la piramide di Cheope. Quanti ne potevano collocare in un giorno, un mese o un anno? Se avessero collocato cinque pietre finite al giorno, ogni giorno dell'anno, ci sarebbero voluti più 500 anni per completare il monumento. Anche se avessero collocato il numero inconcepibile di 100 blocchi al giorno, la piramide avrebbe richiesto quasi 70 anni per il completamento.

Se la piramide di Cheope fu costruita come tomba per i faraoni, come è stato ipotizzato, il faraone regnante all'epoca dell'inizio della sua costruzione pensava forse alla sepoltura di faraoni futuri? Forse progettava di farsi mummificare e conservare il corpo per la collocazione nella piramide al suo completamento. Che nella piramide di Cheope non sia mai stata trovata alcuna mummia getta effettivamente qualche dubbio sulla supposizione che questa massiccia costruzione fosse intesa come tomba. La teoria generalmente accettata per tutte le piramidi in Egitto è che venissero costruite come monumenti alla grandezza dei faraoni e che le loro camere fossero colmate di ogni sorta di tesori e necessità per la vita del faraone nell'aldilà. Ma nella piramide di Cheope non è stato trovato alcun tesoro del genere.

Forse il vero tesoro della piramide sta nel suo allineamento geodetico e nel fatto che il pi greco si trova in vari rapporti usati nella struttura di pietra dagli architetti che la progettarono. L'altezza della piramide sta al suo perimetro di base come il raggio del cerchio sta alla sua circonferenza: due volte la lunghezza di un lato della base diviso per l'altezza è pari al valore di pi greco. Forse sono questi dati a indicare chi, come e perché costruì la piramide. Se la costruirono gli dèi, lo fecero per qualche ragione, una ragione che noi col passare del tempo abbiamo dimenticato. Un messaggio evidente della piramide è proprio la sua incarnazione delle conoscenze dei suoi costruttori: le loro raffinate conoscenze sulle dimensioni e sulla forma della Terra e sui principi di architettura e matematica che potrebbero essere apprezzate solo da una cultura (come la nostra) in grado di condividere parte di queste conoscenze.

Le rovine dell'antico Egitto sono alcune delle chiavi per capire la storia umana e l'intervento di una razza maggiormente progredita nel nostro passato. I misteri della piramide di Cheope, seppure ben noti, rimangono irrisolti; gli egittologi sono ancora incapaci di spiegare come gli antichi egizi potrebbero avere costruito una simile struttura con le loro rudimentali conoscenze matematiche, le tecniche ingegneristiche limitate e gli strumenti primitivi.

Come vedremo in capitoli successivi, analoghe strutture colossali sono state trovate in Cina, Perù e Messico, tre di quelle località in cui improvvisamente fiorirono e prosperarono antiche civiltà, e tre dei luoghi che indicano l'intervento di una razza della genesi.

8.
La valle dell'Indo: il popolo dell'acqua

Proprio come in quello che fu Sumer e in Egitto, le rovine sparse su una vasta regione dell'India e del Pakistan manifestano un'inattesa raffinatezza se consideriamo che le strutture originarie furono costruite quando gran parte dei popoli della Terra vivevano ancora in capanne dal tetto di fango o di paglia. Più che le altre cinque civiltà primarie del pianeta, però, quella che emerse all'improvviso in questa parte del mondo rimane «perduta» perché la sua lingua ha resistito alla traduzione.

Secondo gli antropologi, la valle dell'Indo fu sede della più grande fra le antiche civiltà urbane di recente venute alla luce. Ubicata in quelli che oggi sono il Pakistan sudorientale e l'India occidentale, la civiltà di Harappa sembra essere fiorita all'improvviso in forma straordinariamente raffinata in un periodo fra il 3000 e il 2500 a.C. Come è stato stabilito dagli archeologi, il popolo di Harappa costruì una mezza dozzina di città importanti in mattoni e pietra, complete di sistemi di fognature, strade ordinate e bagni pubblici e privati. La loro società di razze miste (come viene raffigurata nelle statue e in altre opere d'arte) alla fine si estendeva per oltre 1500 chilometri dal punto di origine e comprendeva almeno 1500 insediamenti separati.[1]

Non sappiamo chi costruì questa società urbana evoluta. Sono state scoperte tavolette con iscrizioni ma devono ancora essere decifrate. In confronto a quella dell'antico Egitto, la civiltà di Harappa fu scoperta piuttosto tardi: dagli archeologi occidentali negli anni Venti del XX secolo. Rimane ancora da scavare in molte delle estese rovine, fra cui città importanti.

Quando furono scoperte le città di questa cultura, come Mohenjo Daro, gli studiosi ipotizzarono che fossero molto simili a quelle della Mesopotamia. Non trovarono però testimonianze di eserciti. Chiaramente questa civiltà industriosa era riuscita a diffondersi su una superficie più grande della Francia senza usare la forza. Un'altra caratteristica interessante che separa questa antica civiltà dalle altre, come quelle dell'Egitto e del Perù, è la sua mancanza di templi, palazzi, architetture colossali ed esibizioni monumentali di ricchezza, e ciò indica che era una società relativamente egualitaria.[2]

Il popolo di Harappa costruì le proprie città secondo modelli che noi utilizziamo ancora oggi. Le strade erano diritte e disposte secondo uno schema a griglia rettangolare. Come i sumeri, questo popolo usava mattoni (fabbricati con terra cotta e legno) come principale materiale da costruzione. Tali mattoni (regolari con un rapporto lunghezza-larghezza-altezza di 4:2:1) erano un segno caratteristico dell'edilizia di Harappa. Come indicano le monete, i contrassegni e i sigilli, si utilizzavano anche pesi unificati in tutte le vaste distese di questa civiltà.

La città da lungo abbandonata di Dholavira (scoperta nel 1967 nello Stato di Gujarat, in India) può rivendicare diversi primati nella storia: il primo cartellone per le affissioni, il primo sistema di fognature, i primi bagni. È una curiosa ironia della storia umana che la raffinatezza manifestata dalla pianificazione e dall'ingegneria della città di Dholavira oltre quattromila anni fa superi quella delle sue controparti moderne in gran parte del Pakistan e dell'India. Qual era il messaggio sull'antico cartellone che un tempo guardava giù verso questa grande città di pietra ma da tempo è stato abbattuto? Nessuno lo sa, perché la scrittura deve ancora essere decifrata.

La comunità di Mohenjo Daro, con 50 mila abitanti, era situata sulla riva del fiume Indo. Comprendeva case, un granaio, bagni, una sala per le assemblee e una torre, tutti costruiti in mattoni. Le strade erano larghe in media fra i 2,5 e i 3 metri e la città era suddivisa in due parti.

Sul livello superiore vi era la cittadella, che includeva una vasca elaborata chiamata Grande Bagno, lunga 12 metri e profonda 2 metri e mezzo: una struttura pubblica decisamente grande. Costruita con sistemi di scarico e muratura di alta qualità, era resa impermeabile dall'uso di due strati di mattoni, cemento di calce e bitume come sigillante. Il bagno includeva una zona poco profonda per bambini ed era circondato da una veranda. Su questo livello superiore si trovavano anche un gigantesco granaio, un grande edificio residenziale e diverse sale per le assemblee suddivise in navate.

A est della cittadella vi era la città bassa, composta di case, capannoni e fornaci di vasai, tinozze di tintori, botteghe per la lavorazione dei metalli e per la fabbricazione di perline. Come i sumeri, la popolazione della società di Harappa doveva affrontare periodiche e massicce inondazioni da parte del fiume e pertanto sembra avere avuto un'ottima conoscenza pratica delle tecniche di irrigazione e di controllo delle inondazioni. Inoltre le loro case avevano impianti idraulici interni e molte possedevano bagni privati. Tutto sta a indicare che il popolo di Harappa fosse propenso all'igiene quanto i moderni americani.

Dagli scavi si è appreso che gli esattori delle imposte utilizzavano pesi unificati per misurare le merci, i vasai producevano disegni standard e l'élite portava sigilli di steatite personalizzati con scritte e disegni di animali in rilievo, utilizzandoli per timbrare le merci di scambio. «Avevano anche una formidabile tecnologia artigianale, se non la migliore tecnologia artigianale dell'età del bronzo», sostiene Jim Shaffer, della Case Western Reserve University. «In città dopo città, il popolo dell'Indo costruiva pozzi profondi rivestiti di mattoni, fondeva e colava il rame e il bronzo e fabbricava gioielli».[3]

Antichi testi sumerici parlano di commerci nel III millennio a.C. con due civiltà marittime, chiamate Makkan e Meluha, in prossimità dell'India. Questi resoconti sono affascinanti nelle loro descrizioni del commercio (che a quanto pare includeva il rame a tonnellate) condotto con raffinate transazioni finanziarie. Le tavolette sumeriche descrivono Meluha come una cultura acquatica in cui l'acqua e il bagno svolgevano un ruolo fondamentale, il che ci rammenta i bagni pubblici di Harappa. Che queste due civiltà avessero dei contatti è corroborato dal fatto che oggetti della valle dell'Indo sono stati trovati sepolti in tombe mesopotamiche.

Gli stessi interrogativi sollevati dalle altre antiche civiltà nate nello stesso periodo possono essere formulati anche per la cultura di Harappa: perché troviamo questa improvvisa esplosione di conoscenze raffinate e quale ne è l'origine? Archeologi e antropologi sostengono che prima del fiorire della società di Harappa gli esseri umani avevano vissuto nella valle dell'Indo per migliaia di anni in piccoli villaggi primitivi, ma perché mancano manufatti e testimonianze che documentino questo fatto?

In definitiva, la raffinatezza che fiorì all'improvviso a Dholavira e a Mohenjo Daro si diffuse verso ovest per 1500 chilometri, e forse ancora più lontano. Una recente scoperta al largo della costa orientale dell'India lascia intendere che le antiche civiltà indiane possano essere state ancora più diffuse di quanto si pensasse in precedenza. Ci sono sempre state leggende sulle città perdute sommerse sotto i mari di Poompuhur sulla costa di Coromandel. Ma nel 2000, conducendo un rilevamento di routine, l'Istituto nazionale di oceanografia dell'India trovò 20 tracce anomale in un'area di 8 chilometri in queste acque.

L'Istituto nazionale di oceanografia si rivolse allo studioso Graham Hancock perché conducesse una serie di immersioni esplorative, e Hancock rimase strabiliato nel trovare testimonianze definitive di insediamenti umani, una «pistola fumante archeologica», secondo la sua definizione. Il motivo è ovvio: le rovine si trovano 25 metri sotto la superficie, un livello che non è sopra l'acqua da almeno 11 mila anni.

Come vedremo in capitoli successivi, questa recente scoperta di una città subacquea è simile a quelle effettuate in Sudamerica, dove i racconti leggendari locali attribuiscono la creazione delle fantastiche città e l'invenzione della civiltà a «dèi» con caratteristiche umane che portarono la loro conoscenza da lontano.

9. La misteriosa civiltà X: le piramidi cinesi

È ben noto che la civiltà della Cina è antica e che col tempo il suo popolo ha creato meraviglie come la Grande Muraglia, splendide porcellane e seta di squisita fattura. Diversamente dall'Egitto, però, la terra dell'antico drago non è molto ben conosciuta per le sue piramidi, eppure ve ne sono circa 100 ubicate nel raggio di un centinaio di chilometri dalla città di Xi'an sulle pianure centrali a sud-ovest di Pechino.

Le piramidi rimasero ignote al mondo esterno durante gli anni della rivoluzione culturale, quando la Cina era chiusa per gli stranieri, e anche se oggi il paese è aperto ai visitatori l'accesso alla zona in cui si trovano le piramidi è normalmente limitato perché il governo cinese ha stabilito nella regione il suo programma spaziale. Nel 1994 però uno scrittore tedesco di nome Hartwig Hausdorf riuscì a visitare e fotografare alcune delle regioni ad accesso limitato della Cina ed ebbe la fortuna di viaggiare nella provincia di Xi'an, o Qin Chuan, della Cina centrale, dove trovò piramidi importanti come quelle d'Egitto. Hausdorf scrisse un libro sulle sue avventure intitolato *The Chinese Roswell: UFO Encounters in the Far East from Ancient Times to the Present* [La Roswell cinese: incontri con gli UFO in Estremo Oriente dai tempi antichi al presente].[1]

Durante il suo soggiorno Hausdorf esaminò sei di tali piramidi, scattandone fotografie e girando 18 minuti di video. Quando tornò a casa e riesaminò i nastri, si rese conto che sullo sfondo vi erano almeno 100 piramidi. Molte di tali strutture erano in cattive condizioni, il che non sorprende poiché sono fatte di terra di riporto e argilla anziché di pietra. Per la maggior parte hanno un'altezza che va dai 30 ai 90 metri, benché secondo la stima di Hausdorf la grande piramide bianca avrebbe un'altezza di 300 metri (può essere un'esagerazione dovuta alla piattezza del territorio circostante). Il ricercatore tedesco (che ha scritto diversi altri libri sulla sua spedizione in Cina) è convinto che una razza extraterrestre costruì le piramidi.

La zona esplorata da Hausdorf non è l'unica regione della Cina in cui esistano piramidi. Archeologi cinesi di recente hanno annunciato la scoperta di una struttura di forma piramidale nella regione autonoma della Mongolia Interna, nella Cina settentrionale. La piramide di pietra alta tre piani è ubicata su una cresta montuosa meno di un chilometro a nord dell'abitato di Sijazi. Lo strato inferiore di pietre è lungo più di 30 metri e largo 15 metri. All'interno dell'edificio sono state trovate sette tombe e le rovine di un altare assieme a frammenti di ceramica.

L'archeologo cinese Wang Shiping si è reso conto che una delle piramidi di recente scoperta è situata sul preciso «ombelico» geografico del paese.[2] Abbiamo visto lo stesso orientamento geodetico a Giza. In effetti, se seguiamo i 30° di latitudine nord da Giza attraverso il Pakistan e l'India fino al fiume Giallo, avremo tracciato un percorso attraverso l'ubicazione di tre delle prime antiche civiltà della Terra: l'Egitto, la valle dell'Indo, la Cina.

Il fatto che vi siano misteriose piramidi in Cina ha sorpreso molte persone. Per quanto se ne sappia, il governo cinese non ha condotto su queste strutture alcuna indagine archeologica ufficialmente riconosciuta. Sembra strano, in considerazione di quanto siano orgogliosi i cinesi della loro lunga storia. Le piramidi però non erano interamente sconosciute al governo americano. Durante la seconda guerra mondiale i cinesi permisero agli aerei di ricognizione fotografica americani di sorvolare gran parte della Cina. Durante queste missioni furono scattate fotografie di piramidi sparse sulle pianure centrali del paese, ma per motivi di sicurezza non furono mai rivelate al pubblico.[3]

In *The Chinese Roswell* Hausdorf racconta la storia di due mercanti australiani che cento anni fa viaggiavano sulle pianure apertissime della Cina centrale. I due scoprirono le piramidi e si recarono a un monastero locale per indagare sulle loro origini e sulla loro età, e lì il custode del monastero disse loro che erano molto antiche: i documenti del monastero risalivano a cinquemila anni prima e le piramidi precedevano l'abitudine monastica di tenere documenti! Il custode disse loro inoltre che le piramidi appartenevano a un'epoca in cui sulla Cina regnavano gli antichi imperatori. Di tali imperatori si diceva che sottolineassero il fatto di non avere avuto origine sulla Terra; erano discendenti dei «figli del cielo, che discesero rombando su questo pianeta sui loro infuocati draghi metallici», più o meno come i primi «sovrani divini» di Sumer.

Hausdorf afferma che il governo cinese ha bloccato i suoi tentativi di proseguire le indagini. È convinto che il governo stia cercando di nascondere qualcosa, e segnala due fatti che a suo parere corroborano la sua affermazione: il governo ha piantato alberi di pino a crescita rapida sui lati delle piramidi per oscurarne la forma effettiva e non intende consentire scavi sulle strutture.

La zona attorno a Xi'an, dove Hausdorf ha trovato le piramidi, è famosa per essere l'ubicazione dei guerrieri di terracotta che sorvegliano la tomba del leggendario primo imperatore della Cina. I testi antichi dicono che la tomba di Qin Shi Huang Di (situata in un tumulo piramidale) contiene un modello dell'impero cinese con fiumi di mercurio liquido e ha un soffitto coperto di gioielli disposti come le costellazioni del cielo. Poiché gli stessi testi alludono all'esistenza dei guerrieri d'argilla, sembrano essere degni di fede.

Il tumulo sepolcrale è alto 45 metri. Secondo lo storico cinese Sima Qian, sotto il tumulo esterno vi è una piramide a gradoni alta 42 metri e costruita con cinque terrazzi. Il testo di Qian afferma che alla struttura lavorarono 700 mila operai. Il pavimento fu realizzato in bronzo fuso, su cui fu collocato il sarcofago. La tomba rimane in gran parte non scavata perché diversi tentativi hanno evidenziato elevate concentrazioni di mercurio tossico, il che renderebbe rischioso il lavoro archeologico.[4]

Quasi tutti gli storici avevano relegato gli Xia (la razza perduta che creò questa antica civiltà) nel regno del mito e della leggenda. Come per molte delle prime civiltà della Terra, però, le testimonianze archeologiche li hanno smentiti. Secondo la tradizione cinese, gli Xia costruirono i loro insediamenti presso fiumi, laghi e corsi d'acqua, più o meno come avevano fatto i sumeri e il popolo di Harappa. Il filosofo Feng Hu Zi, che affrontò la questione degli utensili adoperati dagli Xia, affermò: «All'epoca di Yu le armi erano fatte di bronzo per costruire canali e case».[5]

Il grande Yu a cui fa riferimento Feng Hu Zi era noto per essere il regolatore delle acque e il costruttore di canali che dragò il fiume Giallo dopo una grande inondazione, così come Enki dragò il fiume Tigri. Yu viaggiò instancabilmente per 13 anni, prosciugando il territorio dall'acqua, così come avevano fatto gli dèi sumerici. Una tradizione cinese afferma che «se non fosse stato per Yu saremmo tutti dei pesci». I miti dell'eroe del diluvio Yu risalgono all'epoca successiva alla glaciazione quando i ghiacciai e vasti strati di ghiaccio si scioglievano e creavano ampi fiumi impetuosi e laghi enormi in tutto l'emisfero boreale. Il fiume Giallo domato da Yu è chiamato la «sofferenza della Cina» perché ha causato inondazioni terribili e micidiali in tutta la storia, proprio come il fiume Tigri.

Vi è una strabiliante convergenza fra i resoconti cinese e sumerico, che come vedremo concordano anche con quelli delle antiche civiltà messicane e peruviane. Dovunque troviamo civiltà con piramidi e l'inizio dell'agricoltura irrigata, troviamo racconti di «dèi» che discendono sulla Terra per insegnare agli esseri umani a vivere una vita civile. Come la mitologia di queste altre culture, la mitologia cinese comincia con un creatore dell'universo (in questo caso Pangu) seguito da una serie di imperatori saggi ed eroi culturali che discesero sulla Terra per insegnare agli antichi cinesi a vestirsi, coltivare le piante e sviluppare il linguaggio e l'architettura.

Un'altra somiglianza si può trovare nel drago, che era considerato un serpente deificato. Questo emblema di clan trovato nei siti degli Xia è anche un motivo comunemente riscontrato in Mesopotamia. Il drago era anche il simbolo dell'uomo perfetto, il figlio del cielo, l'imperatore.

Un ulteriore punto d'incontro fra i miti di queste culture si ritrova nell'origine dell'uomo. Secondo il mito cinese, gli esseri umani sono fatti di terra gialla e fango, un resoconto che trova echi nel capitolo 2 della Genesi e nel mito di Sumer: «O madre! La creatura a cui stai per dare un nome è venuta alla luce. Assegnale l'immagine degli dèi. Mescola il fango dell'abisso senza fondo. Falle braccia e gambe. O madre! Annuncia il destino del neonato: ecco l'uomo!»[6] Le antiche leggende cinesi narrano anche di un grande diluvio in cui otto persone (lo stesso numero della Genesi) sopravvivono in una barca.

Anche se tutte queste somiglianze sono affascinanti, non c'è dubbio che l'antica civiltà che costruì le strutture piramidali in Cina sia più enigmatica e ignota rispetto alle altre cinque civiltà che emersero così all'improvviso in varie parti del mondo. Per questo motivo è forse saggio essere scettici riguardo alle storie emerse da questa zona e, come si farebbe per qualunque racconto simile di qualsiasi luogo, essere accurati nel rintracciare le fonti per verificarle. Per esempio, una storia circolata ampiamente sull'intervento extraterrestre in Cina – una storia a cui fanno riferimento nelle loro opere sia Erich von Däniken (autore di *I carri degli dei. Dio era un astronauta?*) sia Hausdorf – rimane altamente controversa e difficile da confermare data la riluttanza cinese a riconoscere ufficialmente o indagare su eventi inspiegabili. Io stesso non ho potuto verificarla in maniera soddisfacente, e il fatto che si dica sia avvenuta una generazione addietro rende ancora più difficile il procedimento di convalida.

In breve, riguarda la presunta scoperta di strani scheletri in una zona remota della Cina al confine col Tibet, nel 1938. Gli scheletri, che a quanto si dice avevano corpi di un'esilità innaturale e teste grandi e supersviluppate, non assomigliavano ad alcun gruppo razziale umano. Accanto agli scheletri fu trovato un disco di pietra, il quale recava incisa una spirale di caratteri che il dottor Zum Um Nui, un rispettato archeologo cinese, stabilì essere una sorta di registrazione. A quanto pare l'Accademia della preistoria di Pechino gli proibì di rivelare le conclusioni delle sue ricerche.

Nel 1965, prosegue la storia, furono trovati altri 716 dischi nello stesso complesso di grotte dove fu scoperto quello originario, e alla fine l'Accademia di Pechino consentì al professore e ai suoi quattro colleghi di pubblicare la loro relazione, intitolata «La scrittura incisa riguardante astronavi che, secondo quanto registrato sui dischi, scesero sulla Terra 12 mila anni fa».

Si diceva che i dischi narrassero di una sonda spaziale sfortunata inviata verso la Terra dagli abitanti di un altro pianeta. La sonda si trovò nei guai sopra la catena montuosa di Bayan Kara Ula e fu costretta ad atterrare. I sopravvissuti all'incidente cercarono senza successo di comunicare la loro situazione incresciosa e le loro intenzioni pacifiche agli abitanti del luogo, la tribù Han, che viveva nelle grotte vicine.

Oltre a interpretare male le intenzioni degli extraterrestri tagliati fuori dal loro mondo, gli Han probabilmente rimasero spaventati dall'aspetto dei sopravvissuti. Alcuni Dropa (il nome che si sarebbero dati gli extraterrestri) furono stanati e uccisi finché gli Han non si resero conto che erano innocui. I Dropa spiegarono la loro difficoltà: erano discesi dalle nuvole e, poiché non vi era modo di riparare la loro astronave, non potevano ritornare in patria.

Gli archeologi hanno continuato a studiare le grotte, trovando raffigurate sulle pareti immagini rozze del Sole, della Luna, di stelle non identificabili e della Terra, con puntini grandi come piselli a collegare queste rappresentazioni. I dischi e i disegni nelle grotte risalivano a quanto pare a circa 12 mila anni fa. La zona attorno alle grotte in cui sarebbero stati trovati i dischi è ancora abitata da due tribù, anche se gli antropologi hanno difficoltà a identificarle; questi esseri umani sono molto piccoli e fragili e non hanno l'aspetto né di cinesi né di tibetani.

Ora, sebbene la storia di queste scoperte a Bayan Kara Ula sia affascinante, è forse vera? Stranamente i dischi sembrano non esistere più, ma nella mia ricerca di risposte mi sono imbattuto in una documentazione di fonte attendibile che, seppure non direttamente in relazione con il racconto dei dischi, è molto interessante di per sé. Si tratta di una notizia della Reuters da Pechino, datata 6 giugno 2002 e intitolata «Trovati in Cina gallerie, tubi, torre di un "impianto di lancio extraterrestre"». L'articolo osservava che un'équipe di scienziati cinesi si stava dirigendo verso una zona remota per indagare su «una misteriosa piramide che secondo le leggende locali sarebbe una torre di lancio lasciata da extraterrestri provenienti dallo spazio». L'articolo passava a descrivere il sito, contenente una piramide alta 55 metri e «rottami di ferro arrugginiti, tubi e pietre di forma insolita» soprannominati «resti di extraterrestri».

Poco dopo la divulgazione di questa notizia fu pubblicato

su *City Weekend*, un quindicinale in lingua inglese stampato a Pechino, un articolo investigativo di Jo Lusby e Abby Wan, che cominciava così:

> Sulla riva meridionale di un lago salato si erge una piramide metallica che si ritiene alta fra i 50 e i 60 metri. Davanti alla struttura si trovano tre grotte, ciascuna con un'apertura triangolare. Le due grotte più piccole sono crollate, ma la grotta centrale più grande è ancora percorribile. All'interno, sul terreno, vi è un tratto di tubo di 40 cm, tagliato a metà. Un altro tubo rosso-marrone è affondato nel terreno, e solo l'imboccatura è visibile in superficie.
> Al di fuori della grotta, mezzi tubi, rottami metallici e pietre di forma strana sono sparsi lungo la riva meridionale del lago. Alcuni tubi entrano nell'acqua; non è noto che cosa possa nascondersi in quelle profondità salate.[7]

Il sito descritto dall'articolo è in un angolo remotissimo della provincia di Qinghai. I «resti di extraterrestri» furono resi noti per la prima volta alle autorità cinesi da un'équipe di scienziati statunitensi che nel 1998 andavano a caccia di fossili di dinosauri. Il sito venne ignorato finché un giornalista cinese venne a sapere della notizia, dopo di che con un gruppo di colleghi decise di andare a vedere di prima mano i reperti. Il giornalista, Ye, afferma: «Ci siamo attenuti ai fatti [...] abbiamo semplicemente cercato di descrivere il sito come l'abbiamo visto». Ye scrisse sei articoli raccontando in dettaglio le sue osservazioni, e tutti furono pubblicati sul giornale *Henan Dahe Bao*.

Il vero mistero di questa struttura scoperta in un deserto brullo e desolato accanto a un lago salato fu osservato dopo l'analisi di campioni di rocce e di metallo prelevati in loco. Secondo l'agenzia di stampa ufficiale Qinhua, «i risultati dell'analisi preliminare delle rocce e dei metalli indicano che i tubi sono per il 30 per cento ossido ferrico con un elevato contenuto di biossido di silicio e ossido di calcio; l'8 per cento della composizione del campione è stato classificato non identificabile».

L'ingegnere che condusse gli studi disse che i livelli di biossido di silicio e di ossido di calcio indicano che i tubi sono rimasti sul fianco della montagna per lungo tempo: almeno cinquemila anni. La fusione del ferro, però, risale ad appena duemila anni fa.

Le origini dei reperti del sito nella provincia di Qinghai rimangono irrisolte. Finora poche persone sono venute a conoscenza delle piramidi che costellano il paesaggio cinese, e ancora non si è entrati nel complesso sotterraneo nascosto sotto il tumulo sepolcrale dell'imperatore Qin Shi Huang Di. Ma poiché la popolazione e il governo si fanno sempre più interessati a scoprire la verità su questa lunga storia e a comunicare tale verità, potremmo presto essere sul punto di sapere molto di più su una cultura che, come altre nel mondo, apparentemente andò al di là delle sue possibilità e delle sue conoscenze per creare grandi piramidi di cui ancora oggi possiamo vedere i resti.

10. Collegamenti fra gli antichi Messico e Perù: il mistero del popolo giaguaro

La tribù perduta

Gli storici di solito menzionano le quattro più antiche civiltà della Terra indicando quelle di Mesopotamia, Egitto, India e Cina, ciascuna delle quali si ritiene essere sorta nella valle di un grande sistema fluviale fra il 3700 e il 1500 a.C. Le civiltà delle Americhe raramente vengono incluse in questo raggruppamento, anche se alcune incominciarono in epoca molto remota nel corso della storia, almeno quanto le loro controparti asiatiche.

Un popolo poco noto che visse nella giungla sulla costa del golfo del Messico millenni fa organizzò una società altamente raffinata e stratificata, che includeva la costruzione di complessi siti cerimoniali. Chiamati olmechi, la loro cultura fu la prima civiltà dell'antico Messico. La datazione col radiocarbonio di carbone di legna trovato in siti come La Venta e San Lorenzo indica che gli olmechi occuparono questa zona all'incirca dal 1500 al 400 a.C.

Negli anni Quaranta del XX secolo l'archeologo Matthew Sterling compì a La Venta alcune scoperte sorprendenti. All'arrivo sul posto, la sua équipe notò un grosso blocco di pietra che sporgeva dal terreno al centro di una zona recintata. La roccia, piegata in avanti, era ricoperta di incisioni insolite. Quando la riportarono alla luce, gli archeologi scoprirono una stele che misurava 4 metri di altezza per 2 di larghezza e 30 centimetri di spessore. La loro emozione si trasformò presto in estrema perplessità, tuttavia, poiché i due uomini di alta statura raffigurati sulla stele non si sarebbero mai potuti trovare in Messico quattromila anni fa!

Le figure, estremamente realistiche nella loro rappresentazione, indossavano vesti elaborate e portavano scarpe di stile europeo con le punte arricciate. Uno era stato deturpato ma l'altro era chiaramente un uomo europeo col naso dal dorso alto e la barba. Per quanto se ne sappia, però, non vi furono europei in Messico prima dei *conquistadores*. Chi scolpì questi monumenti e chi funse da modello? E come era stata trasportata lì quella stele di 20 tonnellate dalla cava di basalto situata a 90 chilometri di distanza?[1]

Ma la stele non è l'unica scoperta sconcertante a La Venta. Un grande tumulo dalla forma scanalata offre un parallelo enigmatico con la ziggurat che era il fulcro delle cerimonie religiose collettive a Sumer. Alto più di 30 metri, si ritiene facesse parte di un enorme centro cerimoniale che comprendeva una piramide a gradoni. Il complesso totale originario a La Venta era lungo 1200 metri e largo 600 metri.

In un altro sito olmeco, San Lorenzo, non si scavò fino al 1966, quando l'archeologo Michael Coe e la sua équipe compirono numerose scoperte strabilianti. Durante gli scavi dissotterrarono quelli che sono certamente i manufatti più strani del mondo: le teste olmeche. In numero di cinque, sono massicci blocchi di basalto scolpito che sembrano essere stati intenzionalmente sepolti con un allineamento specifico.[2] Le teste hanno un peso che va da 5 a quasi 20 tonnellate, sono alte da 1,80 a 3 metri e la più grande ha una circonferenza di oltre 6 metri. Poiché la più vicina cava di basalto dista 100 chilometri, come furono trascinate queste sculture massicce fino al luogo di sepoltura? E prima di tutto, perché furono scolpite e perché furono sepolte se erano intese come monumenti? Gli archeologi rimangono perplessi.

Ma il mistero centrale delle teste è il loro aspetto: i loro lineamenti sono inconfondibilmente negroidi, eppure secondo gli antropologi non vi erano africani nel Messico precolombiano all'epoca degli olmechi!

Nei suoi scavi Coe scoprì inoltre un raffinato sistema di scolo con fossi scavati e rivestiti di basalto e una rete elaborata di canali e paratoie, il tutto ancora funzionante una volta eliminati i detriti accumulatisi. L'équipe di Coe, tuttavia, non riusciva a comprendere lo scopo di quel sistema. Gli olmechi avevano lavorato intensamente in questa regione di giungla fitta; a poco a poco divenne chiaro che il sito di San Lorenzo era solo uno fra tanti. Anche i resti dissotterrati in alcune colline circostanti erano indubbiamente di questa civiltà dimenticata.

Oltre alla creazione delle teste, della stele e dell'impianto idrico, gli olmechi si dedicarono a un massiccio movimento di terra e a curiose pratiche di sepoltura. La piramide principale a La Venta, con un volume di circa 8500 metri cubi, faceva parte di un sito che si estendeva su una superficie di oltre 750 ettari e comprendeva piattaforme, piazze e diverse piramidi più piccole. Per creare le tombe era stata scavata una quantità di terra valutata in oltre 400 metri cubi per ottenere una fossa profonda. Quindi il fondo della fossa era stato coperto con blocchi di serpentino, e le tombe stesse erano rivestite di piccole piastrelle azzurre oppure erano pavimentate a mosaico.

Se le tombe di La Venta contenevano grandi teste, gioielli di giada e altri manufatti, la grande maggioranza dei manufatti olmechi è costituita da sculture: statuine, stele di pietra decorate, asce votive e altari. Alcune di queste erano lucidate a specchio e tutte dimostrano abilità ben sviluppate nel disegno scultoreo e nelle tecniche di intaglio con un livello di raffinatezza molto avanzato in confronto alle opere d'arte primitive generalmente associate alle prime culture agrarie. Sia il basalto sia la giada spesso utilizzati dagli olmechi sono materiali difficili da lavorare. Il basalto è una roccia vulcanica dura e la giada è un minerale molto duro valutato 7 sulla scala di durezza che colloca i diamanti a 10. Ci vogliono tempo, grande abilità e utensili adatti per creare un'opera d'arte intricata con simili materiali. Gli olmechi non avevano utensili metallici, per cui non ci resta che domandarci come realizzarono queste opere e dove appresero le loro tecniche.

Per motivi ignoti, tutti i siti olmechi sembrano essere stati abbandonati all'improvviso. Quasi tutti i gioielli e gli altri manufatti mostrano segni di essere stati deturpati o parzialmente mutilati. Nessuno sa realmente chi fossero gli olmechi, perché costruirono monumenti colossali nelle giungle del Messico, perché scolpirono teste gigantesche o perché scomparvero all'improvviso. Non sappiamo nemmeno come si chiamassero. Il nome olmechi fu tratto dall'azteco Olman, che significa «gomma». Diversamente dalle più tarde civiltà azteca e maya, non abbiamo miti o leggende olmechi a cui rivolgerci per avere indizi o risposte. Non vi erano olmechi rimanenti a raccontare le storie quando arrivarono i *conquistadores*, e gli abitanti in cui gli spagnoli si imbatterono (quelli che secondo gli archeologi hanno sempre abitato il Messico) non assomigliavano alle varie razze raffigurate nelle opere d'arte ritrovate. In effetti è molto curioso che gli indigeni incontrati da Cortés non siano raffigurati in nessuna opera d'arte olmeca. Come poté scomparire un'intera civiltà e dove andò a finire quel popolo?

È un lavoro tedioso portare alla luce e documentare i manufatti, realizzare inventari e cataloghi di frammenti di ceramica e scavare attentamente fra le rovine di edifici e monumenti. Ma alla fine la vera impresa è mettere tutto assieme, trarre un senso storico da ciò che narrano i manufatti. Quando leggiamo resoconti archeologici che descrivono la cultura, la religione e la struttura sociale degli olmechi dobbiamo tenere presente una cosa: sono tutti basati su supposizioni, congetture e ipotesi. Le descrizioni sono ricostruzioni plausibili fondate su ipotesi spesso elaborate sulla base di modelli archeologici e antropologici preesistenti.

Nel 1996 la National Gallery of Art di Washington presentò una mostra intitolata «Arte olmeca dell'antico Messico», la prima esposizione completa dei manufatti olmechi a essere realizzata negli Stati Uniti. Della mostra parlò la rivista *Time*:

> Costruirono grandi insediamenti, stabilirono elaborate vie commerciali e svilupparono iconografie e rituali religiosi, fra cui giochi con la palla cerimoniali, spargimento di sangue e sacrifici umani, che furono adottati da tutte le civiltà mesoamericane successive.
>
> E poi verso il 300 a.C. la loro civiltà scomparve. Nessuno sa perché. Ma lasciarono alcune delle più belle opere d'arte mai prodotte nell'antica America.[3]

Quando furono scoperti i primi siti olmechi, vi fu un grande dibattito su dove si inscrissero nello schema di sviluppo. La polemica alla fine fu risolta e adesso si è generalmente concordi sul fatto che la civiltà olmeca sia la «cultura madre» che fece nascere la civiltà in Mesoamerica. Ma questa asserzione quadra con l'elevato grado di realizzazione artistica e altre conquiste?

In una cultura iniziale non ci aspetteremmo di trovare un'organizzazione sociale complessa e altamente stratificata che produca monumenti monolitici e opere d'arte avanzate. Dove sono allora i precursori di sviluppo della cultura che produsse i manufatti trovati nei siti olmechi? Il problema intrinseco all'etichettare gli olmechi come cultura madre (in effetti la questione in cui ci imbattiamo dovunque troviamo l'improvvisa comparsa di civiltà, che si tratti di Sumer, Egitto, India o Messico) è riassunto nell'articolo di *Time*:

> Ma gli archeologi non sanno che cosa trasformò una società di agricoltori nelle strutture sociali basate su classi degli olmechi, con i loro sovrani e sudditi, capi e operai, artigiani e sacerdoti [...] se molti esperti hanno numerose teorie sulle origini, sulla struttura sociale e sulla religione degli olmechi, poche di tali idee sono universalmente accettate.[4]

Così i misteri permangono, e gli scienziati non azzardano nemmeno ipotesi su alcuni di essi. Le colossali teste olmeche che non si sarebbero potute trasportare con i mezzi a disposizione degli olmechi, i volti delle statue che rispecchiano i lineamenti di popoli viventi a quasi mezzo mondo di distanza, l'improvvisa comparsa e scomparsa di un'intera civiltà: questi fatti inesplicabili forse indicano una lacuna nel nostro quadro concettuale, la mancanza di alcuni dati fondamentali e della visione complessiva per ricomporre il puzzle.

Le testimonianze forse indicano la possibilità che la civiltà olmeca fosse giunta sulla costa del golfo del Messico già in condizioni progredite. Contrariamente alla congettura degli archeologi secondo cui i differenti tipi razziali raffigurati nell'arte olmeca rappresenterebbero l'interazione di tale cultura con culture forestiere, forse la società olmeca comprendeva queste razze diverse che separatamente rappresentavano i precursori della civiltà olmeca. E forse, come vedremo, questi precursori olmechi acquisirono la loro civiltà da una razza della genesi.

Collegamenti con la civiltà preincaica

Sugli altopiani andini e lungo la costa del Perù centrale e settentrionale sono state ritrovate tracce di una civiltà i cui monumenti, manufatti e schemi di sviluppo sono sorprendentemente simili a quelli degli olmechi. E come gli olmechi questa antica civiltà sudamericana scomparve senza lasciare testimonianze scritte. Uno di questi siti (Chavín de Huantar nel

Perù centro-settentrionale) è stato perfino datato allo stesso periodo attribuito alla cultura olmeca: dal 1500 al 300 a.C.

Ubicato a quasi 3300 metri nell'alto bacino del fiume Monsa fra la Cordillera Blanca e la Cordillera Oriental, in uno scenario magnifico, un complesso di terrazzi e piazze è circondato da strutture ornate di pietra e decorate con iconografie zoomorfe. Un tumulo a forma di U contorna una piazza di 40 metri incentrata sull'asse di questo monumento, e al centro del complesso si trova un cortile circolare incassato di 20 metri circondato da blocchi di pietra tagliata.

Uno dei manufatti più interessanti trovati in questo sito è l'obelisco di Tello, un blocco di granito bianco alto 4 metri e decorato con incisioni intricate. Ora conservato al Museo nazionale di Lima, l'obelisco, un quadrilatero leggermente affusolato con un perimetro di 90 centimetri alla base, era probabilmente collocato al centro del cortile incassato.

La più vicina fonte di granito bianco dista 15 chilometri su terreno montuoso. Il tipo di granito utilizzato è cristallino, molto denso e duro, quasi resistente allo scalpello, eppure il prodotto finito era ben lucidato e tagliato con grande precisione. Gli antichi peruviani non avevano utensili in metallo, per cui sorgono interrogativi simili a quelli per i monumenti olmechi: come asportarono l'obelisco dalla cava e come lo trasportarono sul posto, e con quali utensili lo scultore intagliò quel bassorilievo intricato?

E si presenta un rompicapo ormai familiare riguardo all'emergere della sofisticata cultura che creò l'obelisco e il suo sito. Secondo Carlos G. Elera, del dipartimento ricerche del Museo nazionale del Perù:

> La cultura di «Chavín», che è famosa per la magnifica stele di pietra scolpita trovata nel centro andino di Chavín de Huantar, è stata considerata la «cultura madre» ossia fonte di cerimoniali formalizzati e architettura monumentale nelle Ande come gli olmechi in Mesoamerica.[5]

Elera passa a descrivere un sito da lui studiato nel 1990 lungo la costa settentrionale del Perù, dove secondo alcuni archeologi è stata trovata la più antica architettura monumentale delle Americhe: «La ricerca ha fornito nuovi dati senza precedenti riguardo all'origine e allo sviluppo di centri cerimoniali durante il Periodo formativo sulla costa settentrionale peruviana».[6] Elera ritiene che la costa settentrionale si sia sviluppata all'incirca nello stesso periodo o addirittura prima rispetto a Chavín de Huantar, facendo sì che quest'area divenisse la sede delle prime società complesse nelle Americhe.

Si valuta che le popolazioni residenti in questi primi centri costieri fossero circa 30 volte più grandi (da 1000 a 3000 persone) rispetto ai precedenti villaggi di cacciatori-raccoglitori della regione. Le testimonianze della complessità sociale risalgono a circa 4700 anni fa. Allo stesso tempo si riscontrano testimonianze di un uso intensificato di piante domesticate e di un aumento degli scambi fra regioni diverse. I complessi architettonici su grande scala emersero fra il 2700 e il 1800 a.C., in corrispondenza della costruzione delle ziggurat a Sumer e della piramide a gradoni di Saqqara in Egitto.

Più di 50 fiumi scorrono dalla cordigliera andina occidentale attraverso la regione costiera verso il Pacifico. Intersecano un terreno desertico altrimenti arido, formando oasi lineari. Sebbene il deserto circostante (chiamato Atacama) sia uno dei più aridi al mondo, le oasi fluviali lo rendono un ambiente abitabile. Inoltre, la costa peruviana è una delle zone più pescose del mondo. Vi sono nella regione sette valli principali e lì sono stati almeno parzialmente scavati e studiati 24 complessi.

Questi antichi monumenti erano molto più che semplici tumuli di terra e ghiaia. Le planimetrie dei siti assomigliano da vicino a quelle dei complessi olmechi: grandi tumuli a un'estremità, una piramide a gradoni all'altra, un cortile al centro del complesso. Le pareti delle piattaforme presentano fregi modellati e dipinti e le pareti esterne delle piattaforme sono costruite con blocchi basaltici monolitici tagliati in forma angolare, fissate con malta per mattoni, rivestite di intonaco e talvolta dipinte.

Il complesso di Aspero è uno degli insediamenti originari più antichi e più grandi, con 14 mila metri cubi di depositi culturali. Tutt'altro che un complesso primitivo su piccola scala, si estende su una superficie di 10 ettari e comprende sei piramidi tronche disposte fra 17 tumuli. La più grande, Huaca de los Idolos, misura 39 metri per 28,5 metri, è alta 10,5 metri e un tempo era sormontata da stanze e cortili sulla sommità. La Huaca de los Sacrificios è di dimensioni simili, con stanze di 2,8 metri quadri e pareti di pietra con uno spessore di circa 1 metro e un'altezza di 2 metri.

Un altro complesso imponente, El Pariso, è situato a circa un chilometro e mezzo dalla foce del fiume Chilón, adiacente alla pianura alluvionale. Racchiude i monumenti più grandi della regione. Il complesso è costituito da 13 tumuli disposti su una superficie di 50 ettari. Un nucleo di sette tumuli forma una U, con i tumuli più grandi sui bracci che circondano una piazza. Il cortile occupa circa 6 ettari. Le due strutture più grandi del sito sono disposte l'una parallela all'altra, con una lunghezza di 360 metri e a una distanza fra loro di 165 metri, e tutte le strutture del sito sono uniformemente orientate verso nord-nord-est (al pari dei siti olmechi e maya), perpendicolari al sorgere del sole al solstizio d'estate nel 1500 a.C.

Pur constatando l'improvviso nascere della civiltà nella regione («Senza precedenti locali vi è una comparsa relativamente improvvisa di monumenti colossali, in un'epoca corrispondente alla stabilizzazione del livello del mare attorno al 3000 a.C.»[7]), gli scienziati non sono concordi sulla causa di questa brusca genesi della cultura.

Di nuovo dobbiamo considerare la quantità stimata di manodopera disponibile per portare a termine simili complessi di grandi dimensioni e il tempo necessario per costruirli. È stato valutato che i complessi di piramidi del Periodo iniziale sulla costa settentrionale del Perù a Lurín, Rumac e Chilón rappresentano oltre 12 milioni di giornate lavorative. Basandosi su una forza lavoro di 50 persone che lavorassero ogni giorno, la costruzione di simili monumenti avrebbe richiesto 700 anni, un'ipotesi stupefacente che implica uno sforzo distribuito su oltre 40 generazioni. È improbabile che fosse disponibile una maggiore quantità di manodopera in una popolazione complessiva tanto piccola che comprendeva donne, bambini e anziani oltre a coloro le cui responsabilità principali erano incentrate sulla produzione di cibo, sui progetti di irrigazione, sulla distribuzione degli alimenti e sugli altri compiti legati all'agricoltura.

Come per la piramide di Cheope e le teste olmeche, la gestione di colossali blocchi di pietra con utensili e metodi primitivi costituisce un'impresa apparentemente impossibile, e di nuovo questi fattori sottolineano la portata straordinaria dello sforzo necessario per costruire simili complessi e monumenti.

Misteri in comune

La Chavín e altre culture antiche del Perù costiero e la civiltà olmeca condividono molto più che la costruzione dei loro complessi monumentali. Si possono vedere somiglianze anche in vari manufatti delle due civiltà. Sia la cultura di Chavín sia quella olmeca presentano raffigurazioni zoomorfe (specialmente aviarie e feline) nell'iconografia, nelle sculture e nell'arte. La cultura di Chavín è nota per essere adoratrice del giaguaro, così come gli olmechi. Inoltre, entrambi i gruppi scolpirono curiose statue di teste, alcune con le labbra rivolte verso il basso, e sono le uniche culture a manifestare queste caratteristiche.

Forse il parallelo più enigmatico fra le due civiltà è la loro improvvisa comparsa da origini oscure, seguita da urbanizzazione, stratificazione e specializzazione coincidenti con la costruzione di monumenti di grandi dimensioni. Sono i monumenti come le colossali teste olmeche e l'obelisco di Tello a distogliere solitamente l'attenzione dall'interrogativo fondamentale: dove ebbero origine queste civiltà?

La questione irrisolta sulla Chavín e su altre culture costiere è la stessa questione irrisolta sulla cultura olmeca: ci mancano testimonianze dei passi graduali di sviluppo, una comprensione di come appresero a realizzare le imprese erculee del costruire monumenti monolitici e di come acquisirono sofisticati concetti sociali e abilità artistiche. Il seguente scenario dello sviluppo della cultura è tratto da teorie accettate dagli antropologi.

Una piccola tribù composta da un gruppo di famiglie nucleari di cacciatori-raccoglitori, probabilmente sulla spinta di un capo carismatico e dello sciamano suo alleato, decide di diventare stanziale e di modificare il proprio modo di vita seminomade concentrandosi sulla coltivazione di piante specifiche. Il capo è convinto che si debbano costruire monumenti colossali per motivi che non sono chiari. Ha luogo un breve periodo di intense scoperte e rapidi mutamenti, e la loro società comincia a capire il valore (la necessità, in effetti) della specializzazione dei compiti e della mobilitazione e organizzazione della forza lavoro.

È un'evoluzione facile da descrivere ma un processo difficile da capire. Dove sta la motivazione dietro questo sforzo? Possiamo facilmente immaginare le fasi di sviluppo sociale e tecnico che avvengono quando un popolo passa dalla cultura di cacciatori-raccoglitori a quella basata sull'agricoltura e infine a una civiltà completa perché abbiamo letto resoconti di queste transizioni e noi stessi siamo all'altra estremità del processo. Ma per i cacciatori-raccoglitori all'inizio del processo non vi sono precedenti, né precursori da copiare, né alcunché a cui attingere. Ciò di cui avrebbero avuto bisogno sono una maggiore manodopera e un tempo più lungo (ma non avevano né l'una né l'altro, come dimostrano le testimonianze archeologiche) oppure di un aiuto da fuori, una fonte esterna di stimoli, l'aiuto di una razza progredita che possedesse già tali conoscenze.

11.
Sconto di civiltà

Imperi nello Yucatán

Quando Cortés nel 1519 salpò verso le coste della penisola dello Yucatán, non aveva idea di quale territorio strano, incantato e pericoloso stesse per conquistare. Un uragano l'aveva costretto ad allontanarsi dalla rotta prescelta, ma se il suo viaggio fino a quel punto era stato un'idea folle, la fortuna stava per mutare. La dea bendata sicuramente sorrise a Hernán Cortés, come aveva sorriso a ben pochi mortali fino a quell'epoca.

Cortés e gli altri *conquistadores* erano altamente motivati e in retrospettiva non è difficile capire perché. La storia di solito si concentra sulle società esotiche che gli spagnoli trovarono nel «Nuovo Mondo», ma è importante ricordare ciò che accadeva all'epoca nel Vecchio Mondo. La peste infuriava in Europa da centinaia di anni, e ai primi del Cinquecento scoppiò un'altra epidemia. Alcune parti della Spagna, specialmente l'Andalusia, soffrivano di carestie ricorrenti.

L'Europa a quel punto della storia non era affatto molto civilizzata, malgrado le illusioni degli europei in senso contrario. L'illuminismo non era ancora incominciato, e la superstizione e l'analfabetismo erano la norma. Gli europei avevano una scarsa conoscenza della geografia; la popolazione in generale credeva ancora che la Terra fosse piatta e che il Sole le ruotasse attorno. In effetti il calendario maya (elaborato migliaia di anni prima) era più preciso di quello utilizzato dai capitani spagnoli. In tutto il continente la Chiesa era potentissima e intollerante verso le idee eretiche e quelle di altre religioni, e l'Inquisizione garantiva che nessuna di queste prosperasse.

La Spagna era governata da una monarchia e gli aristocratici spagnoli concentravano in sé ricchezza e potere. La mobilità sociale era scarsa o nulla. Gli uomini come Cortés erano destinati a rimanere per tutta la carriera ufficiali militari di livello medio-basso. Cortés e gli altri *conquistadores* salparono verso il Nuovo Mondo per cercare la ricchezza e la fama a cui non potevano avere accesso nel loro paese. Una volta laggiù, dovevano rispettare le direttive della Chiesa, che si concentravano sulla conversione degli indigeni al Cristianesimo, ma questa veniva al secondo posto del loro elenco dopo l'acquisizione di oro e potere.

Nell'esplorare il territorio e nel cercare di raccogliere quante più informazioni possibile, Cortés non aveva idea di essere circondato dalle rovine di antiche civiltà. Ignorava che la città azteca di Tenochtitlán (verso cui avrebbe presto marciato con i suoi uomini) rivaleggiava con le città d'Europa.

Gli aztechi erano noti per essere guerrieri feroci induriti dalle battaglie, che durante la loro ascesa al potere avevano conquistato e soggiogato molte tribù settentrionali. Montezuma, il re azteco all'epoca dello sbarco di Cortés, il quale non aveva conosciuto quasi altro che successi, stava per essere gettato in una situazione tanto aggrovigliata e colma di ironia che è ancora difficile credere sia davvero avvenuta.

All'epoca di questi eventi gli olmechi non esistevano più da quasi due millenni, e la giungla si era già impadronita delle rovine dei loro misteriosi monumenti. Gli indigeni che Cortés incontrò dopo il suo sbarco erano discendenti dei maya. I loro antenati avevano edificato un'altra vasta civiltà che si era estesa dallo Yucatán sudoccidentale al Guatemala e all'Honduras. Ma anche questa era scomparsa attorno all'800 d.C., lasciando una popolazione che praticava un'agricoltura di sussistenza e viveva in capanne dal tetto di paglia.

Se il capitano fosse potuto tornare indietro nel tempo e avesse potuto osservare la civiltà maya al suo apice 500 anni prima, sarebbe rimasto sbalordito nel trovare quella zona brulicante di attività: strade lastricate di cemento di calce conducevano a siti cerimoniali; sacerdoti celebravano riti sulla sommità delle piramidi; scultori incidevano glifi nella pietra; intonacatori applicavano stucco di calce alle pareti di vari edifici; artisti decoravano le piramidi con serpenti piumati dai colori vivaci e motivi geometrici. Nel complesso la cultura sarebbe apparsa più attenta all'estetica che ai monoliti. I maya costruirono i loro centri su dimensioni umane. Cortés si sarebbe forse incuriosito per le croci scolpite sulle piramidi: la croce, a quanto pareva, era un simbolo universale, anziché una rappresentazione del solo Cristianesimo. Dopo avere interrogato i cacicchi (sacerdoti), il capitano avrebbe appreso che il complesso calendario maya si componeva di un ciclo lungo suddiviso in cinque cicli minori (i cinque Soli o cinque età dell'uomo), e ciascuno di tali cicli minori durava circa cinquemila anni. Secondo il calcolo maya, Cortés arrivò nel periodo del quinto Sole, l'ultima età dell'uomo. I sacerdoti gli avrebbero detto che il mondo aveva 80 milioni di anni, e che secondo i loro calcoli la Terra ruotava attorno al Sole in 365 giorni.[1]

La conoscenza dell'astronomia e la padronanza della matematica da parte dei sacerdoti avrebbero sorpreso Cortés. Gli astronomi maya avevano descritto i movimenti della Luna, di Mercurio, Marte, Giove e Venere. Il loro sistema matematico in base 20 comprendeva il concetto di zero, da loro elaborato 700 anni prima della sua scoperta in Europa.

Interrogati sulle loro origini, i sacerdoti avrebbero detto che Kukulcán, dopo avere creato il cielo e la terra, si rese conto di non avere nessuno che lo lodasse e che glorificasse il creato, per cui creò gli animali. Dopo averli ascoltati, si rese conto che la lode non era adeguata, per cui cercò di creare gli esseri umani. Al primo tentativo utilizzò l'argilla, ma si sciolse sotto la pioggia e le creature non riuscirono a moltiplicarsi. Quindi provò col legno, ma nemmeno questo fu all'altezza della situazione. Infine creò il primo maya col mais macinato. Una pagina del Popol Vuh narra la storia. (Il Popol Vuh era il libro sacro dei maya Quiché e conteneva la loro mitologia, la cosmogonia, le tradizioni e la storia. Tramandato oralmente, fu messo per iscritto per la prima volta alla metà del XVI secolo.)

> Gli uomini di legno si disperdono nella foresta,
> i loro volti vengono schiacciati,
> gli uomini si trasformano in scimmie,
> ed è per questo che le scimmie sembrano umane:
> sono ciò che resta di quanto venne prima,
> un esperimento di creazione umana.[2]

Kukulcán, il nome maya del serpente piumato chiamato Quetzalcoatl dagli aztechi, è simile al drago della Cina: un simbolo dell'uomo perfetto, l'imperatore, e il creatore di tutti gli esseri. Ma chi è di preciso questo creatore? I maya e gli aztechi concordano sul seguente resoconto: «Un uomo bianco di forte corporatura, con fronte ampia, occhi grandi e barba fluente. Indossava una lunga veste bianca che gli arrivava ai piedi. Condannò il sacrificio, tranne quello di frutti e fiori, ed era chiamato dio di pace».[3]

Secondo i miti, quest'uomo misterioso, accompagnato da 19 assistenti, giunse dal mare su una barca che si muoveva da sola. Tutti vissero tra gli antichi maya per 10 anni, e durante questo periodo il dio insegnò al popolo a usare il fuoco, a cucinare e a costruire case e istruì le coppie a vivere assieme come marito e moglie. Con una chiara eco dei resoconti di Sumer, questo «dio» è un uomo di una società progredita che apporta a questo popolo del Nuovo Mondo i doni della civiltà. Gli studiosi scartano queste storie in quanto miti allegorici di eroi culturali e ritengono che non vadano prese come resoconti effettivi di eventi reali. Hanno però fatto questa affermazione in precedenza e sono stati smentiti.

Sappiamo che Cortés sarebbe rimasto strabiliato dalla raffinatezza dell'antica civiltà maya per via della sua reazione a ciò che trovò quando raggiunse Tenochtitlán, la città principale degli aztechi. In una lettera al re di Spagna scrisse:

> La grande città di Temixtitan è costruita su un lago salato, e qualunque strada si percorra vi sono due leghe fra il nucleo principale della città e la terraferma. Vi sono quattro strade rialzate artificiali che conducono all'interno, e ciascuna è ampia come due lance di cavalleria. La città è grande come Siviglia o Cordoba. Le strade principali sono assai diritte. Alcune di queste sono sulla terra, ma quelle più piccole sono metà sulla terra [e] metà canali dove loro procedono in canoa. Tutte le strade hanno aperture, e alcune di esse sono molto ampie [...] vi sono ponti fatti di travi lunghe e larghe unite assieme molto saldamente e così ben fatti che su alcuni di essi possono procedere l'uno di fianco all'altro dieci cavalieri.[4]

Cortés era evidentemente impressionato dalla bellezza, dalla ricchezza e dalla precisa ingegneria civile manifestate dalla capitale azteca. Tuttavia fu ugualmente spinto a saccheggiarla e a distruggerla. Il mito tramandato nei racconti popolari occidentali è che Cortés e il suo piccolo esercito di 600 uomini, per grazia di Dio, sconfissero un impero, ma non è così che andarono le cose. Gli aztechi durante il loro regno si erano fatti molti nemici ed esigevano pesanti tributi dalle tribù soggiogate. Quando Cortés marciò su Tenochtitlán per affrontare Montezuma, fu accolto da grandi eserciti di tribù ostili agli aztechi e mobilitatesi per la battaglia. Cortés riuscì a stringere alleanze con alcune di esse e apprese quanto più possibile riguardo a Montezuma dai suoi nemici. Quando gli spagnoli raggiunsero la città azteca, avevano ormai acquisito un esercito formidabile.

Ma la terribile ironia che consentì loro di sconfiggere gli aztechi fu la convinzione di Montezuma che Cortés potesse essere il dio Quetzalcoatl ritornato. Secondo le tradizioni azteche, dopo avere piantato i semi della civiltà, il serpente piumato e il suo seguito salirono sulla loro «barca» e partirono, promettendo di ritornare nell'anno Uno Canna, proprio l'anno in cui arrivò Cortés. Per gli aztechi questo evento sarebbe stato simile a un disco volante col messaggio «Secondo Avvento» a decorare lo scafo che comparisse all'improvviso dalle nuvole, atterrasse a Washington e si aprisse mostrando il suo primo occupante, somigliante a Gesù.

Montezuma fu colpito da ansia e confusione. La sua prima strategia fu cercare di corrompere Cortés per indurlo a fermarsi, fare dietrofront e lasciare quel territorio. Mentre l'esercito si avvicinava alla città, Montezuma inviò al capitano doni sontuosi, i quali però non fecero che stuzzicare l'avido appetito dello spagnolo per le ricchezze dell'impero. Il sovrano azteco non capì mai veramente la realtà della situazione, e il resto è storia.[5]

Cortés e i suoi uomini grosso modo corrispondevano alla descrizione di Quetzalcoatl che era stata tramandata per molte generazioni. Forse questo ci può fornire qualche indizio per aiutarci a risolvere i misteri degli olmechi e delle loro curiose teste scolpite e delle figure sulla stele. Le figure della stele e quelle degli altari create dagli artigiani olmechi sono di aspetto europeo; le teste olmeche hanno tratti negroidi; e molte statuine olmeche raffigurano persone dai lineamenti asiatici. Forse questi manufatti commemoravano Quetzalcoatl e il suo seguito.

Il riferimento a Quetzalcoatl che alla fine crea gli uomini col mais costituisce un parallelo con la creazione di Adamo da parte degli dèi e il collocamento del primo uomo nel giardino perché lo coltivasse. Entrambe le storie contraddistinguono l'inizio dell'agricoltura e la separazione del nuovo essere umano dai suoi antenati prototipi umani. L'Antico Testamento fa riferimento geografico alla Mezzaluna Fertile e alla Palestina, mentre il Popol Vuh riguarda il Messico, ma gli eventi che ciascun testo descrive avvennero all'incirca nello stesso periodo.

L'archeologo dissidente Scotty MacNeish ha rintracciato l'origine del mais negli altipiani centrali del Messico, dove fu coltivato già nel 7000 a.C. Il frumento (*emmer*) veniva coltivato a Gerico e Jarmo nello stesso periodo. Civiltà progredite comparvero all'improvviso e simultaneamente a Sumer e lungo la costa del golfo del Messico attorno al 3700 a.C. Queste sono le radici delle prime due civiltà distinte che si svilupparono a mezzo mondo di distanza.

Quali altre somiglianze troviamo? In entrambi i casi, la popolazione di queste culture non rivendica il merito di avere inventato l'agricoltura o la civiltà; attribuisce tali sviluppi all'intervento di una parte esterna. In entrambi i casi si racconta di uomini creati da «dèi» che fecero esperimenti con una serie di prototipi prima di creare gli esseri umani moderni. In entrambi i casi si narra di una popolazione residua sopravvissuta a un grande diluvio. Come vedremo, gli inca del Perù narravano storie molto simili riguardo alle loro origini.

Il popolo del Sole

L'impero inca era contemporaneo agli aztechi e subì un destino simile. Quando arrivarono gli spagnoli, l'impero si estendeva su più di tremila chilometri e comprendeva quelli che oggi sono l'Ecuador meridionale, tutto il Perù, tutta la Bolivia e la parte settentrionale del Cile. Gran parte dell'impero era situata sugli altopiani andini, con Cuzco al centro del regno. Gli inca costruirono circa 30 mila chilometri di strade e un raffinato sistema di canali di irrigazione per bagnare i loro appezzamenti agricoli accuratamente terrazzati.

La società inca era organizzata con precisione. Alla testa vi era l'inca supremo, un discendente diretto del Sole. L'inca supremo era un sovrano assoluto: era capo dello Stato, comandante dell'esercito e autorità in materia di imposte e di leggi. Insomma era «la fonte da cui tutto scorre» e il suo titolo veniva trasmesso da una generazione all'altra in modo che il nobile lignaggio rimanesse puro e geneticamente intatto. Secondo il racconto incaico della creazione, il creatore Viracocha inviò due suoi figli (Manco Capac e Mama Oello) «a riunire gli indigeni in comunità e insegnare loro le arti della vita civile».[6] Questi due figli, fratello e sorella, divennero marito e moglie in modo da conservare la purezza della stirpe del creatore. L'inca supremo doveva portare avanti questa tradizione sposando la propria sorella carnale. Sebbene tenesse concubine, solo la progenie della sorella poteva costituire il successivo inca supremo. Il titolo veniva trasmesso dal padre al figlio maschio maggiore della regina inca. Era tutta un'operazione genetica attentamente controllata, poiché la regina era scelta fra le migliori sorelle dell'inca supremo.

Anche i membri della nobiltà inca erano discendenti del Sole. Tutte le posizioni più elevate nella società, fra cui i sacerdoti, gli ufficiali dell'esercito e i funzionari di corte e di governo, erano della stessa casta nobile.[7]

Come gli aztechi più a nord, gli inca avevano conquistato molte tribù sulla via sanguinosa verso la costruzione di un impero. Gli inca assegnavano all'oro un elevato valore, ma non era un valore monetario. Per loro questo metallo era il sudore di Inti, il Sole, ed era usato con riverenza nell'arte e nell'architettura.

Tutto questo faceva parte dello sfondo su cui si svolse la scena di un bizzarro scontro di civiltà nell'anno 1529. L'oro degli inca era un canto di sirene per l'esploratore e *conquista-*

dor Francisco Pizarro, che era nato in miseria, e lo allettò a svolgere in Perù lo stesso ruolo che Cortés aveva svolto in Messico. Al pari di Cortés, Pizarro sembrò avere la provvidenza dalla sua parte.

Non molto tempo prima dell'arrivo degli spagnoli, l'inca Huayna Capac volle dividere il suo impero in due, assegnando ai suoi due figli, Atahualpa e Huascar, parti uguali su cui governare. Si rivelò una decisione fatale. Nessuno dei due fratelli voleva dividere l'impero e spartire il dominio, per cui scoppiò fra loro una guerra civile. Atahualpa emerse vincitore e ascese al trono. Ma la faida fraterna e la guerra civile risultante avevano indebolito quell'impero relativamente stabile nel momento più infausto della storia. L'impero inca fece presto la fine di quello azteco.

Un'origine simile

Gli inca ritenevano che la loro città capitale di Cuzco fosse «l'ombelico del mondo» e i cittadini comuni si consideravano figli del Sole. Ma il dio Sole, Inti, era in realtà collocato a un rango inferiore rispetto a Viracocha, il creatore e maestro delle arti della civiltà. Confrontando le origini incaiche con quelle degli aztechi e dei sumeri, possiamo domandarci se Viracocha fosse un dio immateriale vivente in un paradiso inaccessibile oppure (come Quetzalcoatl e gli Anunnaki) un essere umano fra la gente.

La storia di come nacque il mondo incaico si allinea con il resoconto biblico della Genesi:

> Il mondo fu creato da Viracocha presso il lago Titicaca. Dopo il grande diluvio e il ritiro delle caotiche acque alluvionali, Viracocha discese sulla terra e creò le piante, gli animali e gli uomini sulla terra spoglia; costruì la città di Tiahuanaco e nominò i quattro sovrani del mondo.[8]

Possiamo definire meglio l'identità di Viracocha? Le cronache, o testimonianze orali, degli inca descrivono i cittadini di Tiahuanaco chiamandoli Viracocha, i quali «avevano la pelle chiara e indossavano lunghe vesti bianche». Viracocha viene anche descritto al singolare come «un uomo dalla pelle chiara, la barba bianca, abbigliato con una veste lunga e sandali, con un bastone in mano e un coguaro disteso ai suoi piedi».[9]

Sebbene vi siano resoconti diversi, tutti concordano nel dire che Viracocha costruì Tiahuanaco, trasmise al popolo la cultura e poi (proprio come Quetzalcoatl) partì promettendo di ritornare un giorno.[10]

Il racconto incaico delle origini è rivelatore:

> Molto tempo fa, quando il mondo era colmo di selvaggi, di infelicità e di miseria, un fratello e una sorella (marito e moglie), Manco Capac e Mama Oello [i figli di Viracocha], lasciarono il lago Titicaca. Inti, il dio Sole, li aveva mandati a istruire i popoli circostanti e aveva dato loro un bastone d'oro per saggiare il terreno per la coltivazione e poi insediarsi in un luogo adatto.
>
> Una volta trovato tale luogo, dovevano fondare lo Stato, insegnare alla popolazione a vivere una vita decorosa e incoraggiare l'adorazione del dio Sole. Il viaggio richiese molto tempo. Alla fine, nella valle di Cuzco il bastone d'oro scomparve nel terreno, ed essi poterono incominciare la loro missione. Manco Capac insegnò al popolo la coltivazione e l'irrigazione del terreno e l'artigianato, mentre Mama Oello insegnò alle donne a filare, a tessere e a cucire.[11]

Manco Capac (uno dei quattro sovrani del mondo) divenne il supervisore del mondo dell'Orsa Maggiore, ossia del «mondo dell'orizzonte settentrionale».[12] È interessante notare che la descrizione del bastone d'oro fornito a Manco Capak e a Mama Oello è simile a quella di una sorta di strumento per il campionamento del terreno.[13]

Qui ci troviamo di fronte allo stesso insieme di temi che abbiamo incontrato nelle storie della creazione di sumeri e aztechi. Gli inca non affermavano di avere inventato la loro civiltà ma la attribuivano invece a un dio e ai suoi figli, che molto tempo prima erano vissuti in mezzo a loro e avevano insegnato molte tecniche. Tutti questi resoconti lasciano supporre che tali visitatori fossero esseri fisici con conoscenza e potenza superiori, al pari dei «figli di Dio» e dei Nephilim della Genesi. Vi è un sorprendente numero di coincidenze perché queste siano puramente l'esito del caso.

Come in altre culture fra le prime civiltà della Terra, troviamo piramidi e strutture monolitiche in quelle del Sudamerica. L'antico complesso di templi di Machu Picchu è considerato una rovina incaica. La sua ubicazione (appollaiato su una cresta impervia sulle Ande a nord-ovest di Cuzco) ci induce a domandarci, come già in altri casi, come avessero fatto gli inca a trasportare i blocchi di pietra di 10 o 15 tonnellate usati per edificarlo. Sebbene gli inca avessero costruito un elaborato sistema viario con pietre di dimensioni molto inferiori, non possedevano veicoli a ruote, e gli archeologi ammettono di nuovo di non essere in grado di capire il procedimento o le tecniche utilizzati.[14]

Ci imbattiamo in domande analoghe a Sacsayhuaman, un altro sito incaico. Lì, blocchi di 100 tonnellate furono tagliati dalla roccia madre, scalpellati in forme strane ma esattamente poligonali e fatti combaciare perché durassero, a quanto pare, fino alla fine del tempo. Come fecero gli inca a realizzare queste imprese enormi?

Vengono in mente i Viracocha della leggenda. Viene in mente il dio Sole egizio Ra, accanto a tutti i «figli del Sole» che vivevano lungo il Nilo, nelle giungle del Messico e sugli altopiani del Perù. Gli dèi, a quanto pare, edificarono tali strutture in queste prime civiltà, forse per rammentarci che sono stati qui e che ritorneranno come promesso.

12.
Il lago Titicaca, quartier generale di Viracocha

Il lago Titicaca, al confine tra Perù e Bolivia, è la patria spirituale del Sudamerica, e dalle sue acque sono sorti molti miti. Uno afferma che il lago sia il luogo in cui Viracocha creò il primo popolo. Un altro sostiene che Viracocha e i suoi figli siano usciti dal lago per iniziare la loro opera di civilizzazione del popolo. Tutti concordano nel dire che Viracocha visse sul lago Titicaca.

Situato a un'altitudine di 3800 metri, lungo 210 chilometri e largo 100, il Titicaca è il più alto lago navigabile del mondo. Stranamente la sponda del lago è disseminata di milioni di conchiglie marine fossili. Non ci si aspetterebbe di trovare antichi esempi di vita marina dispersi a una tale altitudine, ma i geologi ipotizzano che il Titicaca sia stato spinto all'insù dal mare durante un periodo di sollevamento che creò il continente sudamericano circa 100 milioni di anni fa. È difficile immaginare la forza poderosa che sospinse il lago dal livello del mare fino a quasi 4 chilometri di altezza, nella rarefatta aria andina, ma le testimonianze sono inconfondibili. Le diverse specie marine che il lago ancora alimenta sono ulteriore testimonianza della sua origine oceanica.

Il lago si trova sull'Altiplano, il più grande bacino idrografico del Sudamerica, formatosi nel punto in cui le due catene montuose delle Ande sono maggiormente lontane fra loro. Durante il Pleistocene il lago ricopriva gran parte del bacino, un'area di 800 chilometri da nord a sud e di 100 chilometri da est a ovest, e il livello dell'acqua era molto al di sopra della superficie attuale del Titicaca. Nell'epoca moderna si è ritirato da quei livelli massimi e ha fluttuato attorno ai 750 metri.

Le rovine della città incaica di Tiahuanaco sono ubicate circa 20 chilometri a sud del lago e una trentina di metri al di sopra della sponda attuale. Purtroppo possiamo soltanto immaginare che aspetto avesse questo luogo durante la sua epoca di splendore. Dalle rovine monolitiche e da altre testimonianze raccolte dai ricercatori, sembra che fosse un luogo incantevole. L'intero complesso era allineato secondo i punti cardinali ed era rivolto verso il Sole nascente all'equinozio. Un canale artificiale circondava il centro della città. La struttura più significativa, l'Akapana, si componeva di sette terrazzi che si innalzavano per 15 metri, e ciascuno misurava 180 metri di lato, le dimensioni di due campi di calcio. I muri dei terrazzi erano costruiti in muratura con commettiture di precisione senza bisogno di malta, e il terrazzo più elevato era coperto di ghiaia verde e sormontato da edifici. Nel terrazzo superiore era incluso un cortile incassato che misurava circa 45 metri su ciascun lato. Si ritiene che i canali interni in pietra tagliata servissero da scolo per la struttura, ma il loro scopo è oggetto di dibattito.

Una seconda massiccia piattaforma, il Kalasaya (una costruzione di 120 per 110 metri con un cortile centrale incassato) è ubicata accanto all'Akapana. Era una piramide a gradoni sul modello delle ziggurat, un tumulo di terra rivestito di blocchi di andesite tanto impressionante che gli spagnoli venivano in visita solo per ammirarla stupefatti e meravigliati. Tuttavia, dopo l'epoca della conquista, il Kalasaya cominciò a essere usato come cava, e il 90 per cento delle pietre di rivestimento originarie sono state da allora rimosse. Le pietre più facilmente trasportabili furono saccheggiate e usate per costruire nelle vicinanze una chiesa e un ponte. Di fronte al Kalasaya era situato un ulteriore cortile incassato.

Non rimane molto della città, tranne le rovine di un'allettante raccolta di strutture monolitiche: la Porta del Sole, ingresso al Kalasaya; la scalinata e il cortile incassato; diverse statue antropomorfe (che assomigliano agli atlanti di Tula nel Messico settentrionale); e una varietà di manufatti più piccoli.

I costruttori di Tiahuanaco dovevano percorrere più di 80 chilometri per ricavare da formazioni vulcaniche naturali l'andesite da loro utilizzata. Veniva anche usata arenaria estratta a una quindicina di chilometri dal luogo. Come manipolavano e trascinavano su tali distanze quei blocchi enormi? Se le antiche tribù del Perù costruirono effettivamente Tiahuanaco e altri siti come Machu Picchu e Sacsayhuaman usando utensili primitivi (come affermano gli archeologi), allora i loro metodi dovrebbero essere facili da replicare.

Analogamente alla simulazione proposta nel capitolo 7 riguardo alla lavorazione della pietra necessaria per la costruzione della piramide di Cheope, una sperimentazione soddisfacente dei possibili metodi usati per costruire le antichità peruviane consisterebbe nell'estrarre un blocco di 60 tonnellate (molto più piccolo delle pietre più grandi di Tiahuanaco) dalla cava situata a 80 chilometri di distanza e nel trasportarlo a Tiahuanaco usando gli stessi metodi ipotizzati dagli archeologi. Una volta sul posto, il blocco deve venire sollevato, possibilmente fino all'altezza dell'architrave della Porta del Sole, e portato in posizione. Dati i risultati di imprese molto meno impegnative nel passato, sembra pressoché impossibile che questo venga realizzato.

Ricercatori indipendenti hanno da tempo messo in dubbio sia l'opinione ortodossa secondo cui gli inca costruirono Tiahuanaco, sia la data recente attribuita alla costruzione del sito. E che dire dei mostruosi blocchi da costruzione (per uno dei quali si valuta un peso di oltre 400 tonnellate) situati 200 metri a sud-ovest del Kalasaya? Questi megaliti fanno parte di un sito chiamato Puma Punka. Vi sono diverse teorie riguardo al ruolo svolto da questo sito nel complesso generale. Gli scienziati ortodossi ritengono che i blocchi siano stati trasportati sul posto e mai effettivamente usati, ma lo studioso peruviano Arthur Posnansky, che studiò il sito per 50 anni, trovò durante i suoi scavi testimonianze definitive sul fatto che Puma Punka fosse un molo. Dopo decenni di ricerche, Posnansky si convinse che Tiahuanaco fosse stata costruita come porto quando il livello del lago era molto più elevato.[1]

In effetti molte caratteristiche di Tiahuanaco indicano che fosse un porto. «Ampie costruzioni portuali, moli e dighe (e perfino carichi di pietra estratta dalle cave abbandonati in punti al di sotto dell'antico livello dell'acqua) non lasciano dubbi sul fatto che debba essere stato così», osserva lo studioso Graham Hancock nel suo eccellente libro *Fingerprints of the Gods* [ed. it. *Impronte degli dei*].[2]

Posnansky valutò che Tiahuanaco servì da porto 17 mila anni fa, basando questa cifra sull'allineamento celeste del sito. Possiamo correlarla ai risultati di uno studio del clima del lago Titicaca su base geologica, presentati in un comunicato stampa del 25 gennaio 2001 della Stanford University e sul numero di *Science* del 26 gennaio 2001.[3] Secondo lo studio (che fu il primo a eseguire carotaggi profondi sul fondo del lago) il Sudamerica tropicale negli ultimi 25 mila anni è andato incontro a cicli alternati di forti precipitazioni e siccità, il che ha fatto alternativamente tracimare e recedere il livello del lago Titicaca. Secondo questo studio: «Il lago Titicaca durante l'ultima glaciazione era un lago profondo, dolce e continuamente tracimante, a indicazione del fatto che l'Altiplano della Bolivia e del Perù fosse molto più umido rispetto a oggi».[4]

Poi, circa 15 mila anni fa, l'Altiplano subì un grosso cambiamento. Incominciò una lunga epoca secca che durò duemila anni, e il livello del lago scese in maniera significativa. Seguì un periodo umido fra i 13 mila e gli 11 mila anni fa. Dopo quell'epoca si verificarono diversi cicli umidi e secchi alternati finché vi fu un periodo estremamente secco fra i 5 mila e i 6 mila anni fa, «durante il quale il Titicaca scese di circa 75 metri al di sotto del suo livello attuale».[5]

Possiamo vedere che la stima di Posnansky non è molto distante: il lago era ai suoi livelli massimi al termine della glaciazione 15 mila anni fa, quando in realtà costituiva piuttosto un mare interno. Lungo 800 chilometri, avrebbe avuto bisogno di un porto. Quando il lago sprofondò fino al suo livello minimo, circa 5 mila anni fa, Tiahuanaco avrebbe cessato di essere un porto perché sarebbe stata a più di 30 chilometri dalla riva.

La scienza moderna ha presentato un quadro piuttosto confuso del passato di Tiahuanaco. Gli archeologi inizialmente asserirono che fosse stata costruita dagli inca nel XV secolo, ma cambiarono opinione quando si raccolsero altre testimonianze. Secondo alcuni scienziati odierni la città venne edificata da una cultura chiamata Tiwanuko, che ne creò la civiltà attorno al 1000 a.C.; altri affermano che fu costruita 3000 anni fa.

Ma 3000 anni fa il lago si stava riprendendo da un'importante siccità, che aveva posto Tiahuanaco ancora più lontano dalla riva di quanto non sia oggi. Perché i suoi costruttori avrebbero collocato la città tanto lontano dalla sponda del lago? Perfino la sua costruzione sarebbe stata più difficile senza la possibilità di traghettare enormi blocchi di pietra fin sul posto. Dopo l'ultimo ciclo di siccità fra i 5000 e i 4500 anni fa, il Titicaca riprese a salire; la parte meridionale ha tracimato numerose volte ma il lago non è mai stato vicino ai suoi livelli massimi.

Secondo gli archeologi la civiltà che costruì Tiahuanaco crollò in un periodo compreso fra l'800 e il 1000 d.C. e la città e le immediate vicinanze furono praticamente abbandonate.

Se ciò è vero, è una strana coincidenza che anche la civiltà maya sia crollata nello stesso periodo. Sembra che le popolazioni di entrambe le civiltà si siano disperse e mai più riorganizzate. La costruzione di monumenti di grandi dimensioni e l'agricoltura non furono mai riprese.

Le leggende delle tribù locali affermano che prima della loro esistenza vi fosse una civiltà precedente estintasi a causa di una catastrofe misteriosa. Secondo questo mito, più o meno nello stesso periodo comparve una cometa o un asteroide fra le costellazioni di Orione e del Toro. Sono state trovate rocce che recano raffigurazioni della cometa. Molti ricercatori in visita alle incredibili rovine di Tiahuanaco osservano come queste diano l'impressione di essere state distrutte da qualche grande evento catastrofico.[6]

Ma i misteri continuano: accanto al mito che attribuisce a Viracocha la costruzione e il popolamento di Tiahuanaco e ai figli di Viracocha l'insegnamento dei modi della civiltà alle tribù primitive, vi è una leggenda che viene raccontata dalla popolazione vivente attorno al lago Titicaca fin dall'epoca della conquista spagnola circa cinquecento anni fa. È stata tramandata di generazione in generazione e afferma che nelle profondità del Titicaca vi sia un'antica città sommersa. Una recente scoperta riferita dalla Bbc, «Gli archeologi sondano il lago del mistero», potrebbe proprio dimostrare la fondatezza storica di questo racconto:

> La Paz, Bolivia, 24 agosto – Un'ancora di pietra e ossa di animali sono fra i primi reperti che gli scienziati affermano di avere trovato sotto il lago sudamericano di Titicaca in quello che è considerato un gigantesco tempio vecchio di 1000 anni. Dopo 18 giorni di immersioni sotto le acque limpide del Titicaca, martedì scorso gli scienziati hanno detto di avere scoperto un tempio lungo 200 metri e largo 50, un terrazzo per la coltivazione, una strada preincaica e un muro di sostegno di 800 metri.[7]

Il sito sommerso è situato 20 metri sotto la superficie. Questo grande complesso templare deve essere stato costruito quando il livello del lago era molto inferiore rispetto a oggi. Il sito rimase sopra il lago per migliaia di anni ma poi il nuovo ciclo umido, che prosegue ancor oggi, lo sopraffece.

Altri reperti hanno sconcertato gli scienziati. Mentre i subacquei scoprivano le rovine sotto il lago Titicaca, un'altra équipe archeologica era impegnata a scavare nell'Isola del Sole e nell'Isola della Luna, due delle 41 isole che si innalzano sulle acque limpide del lago. Gli studiosi esclamarono che le rovine da loro portate alla luce avrebbero rivaleggiato in futuro con Machu Picchu quanto a interesse turistico.

Ma con tali variazioni del livello dell'acqua, come poterono sopravvivere le antiche popolazioni che costruirono tali centri e monumenti? Nei tempi moderni l'Altiplano è soggetto a siccità gravi e prolungate, intervallate da stagioni di piogge intense e disastrose che causano inondazioni. L'aria è rarefatta e non trattiene molta umidità né calore. Le temperature giornaliere mostrano ampie fluttuazioni e le gelate possono avvenire in qualunque momento dell'anno, rendendo l'agricoltura una lotta continua. Anche grandine e vento colpiscono le coltivazioni, e possono crescere soltanto cereali e tuberi altamente adattati, robusti e di breve stagione. Secondo gli agronomi, appena il 20 per cento delle coltivazioni alimentari andine viene oggi coltivato al di sopra dei 3000 metri.[8] Più o meno come accadeva al fiume Tigri nei tempi antichi, il lago Titicaca oggi sembra un luogo aspro e impervio attorno a cui edificare una civiltà.

Migliaia di anni fa, però, quando il lago aveva le dimensioni di un mare interno, creava un microclima probabilmente più mite. Nel corso degli anni vari scienziati e altri osservatori hanno notato una serie di strane creste sul terreno dovunque si fosse abbassato il livello del lago. Gli studi sul terreno recentemente esposto hanno rivelato che in effetti quelle forme increspate erano i resti di campi sopraelevati.

Sono stati finora identificati circa 14 mila ettari di campi sopraelevati, una superficie sufficiente a sostenere una popolazione dai 100 mila ai 120 mila abitanti sul sito urbano di Tiahuanaco e di circa 300 mila in totale in tre villaggi circostanti.[9]

L'agricoltura in campi sopraelevati è estremamente efficiente, ma su tale scala è anche ad alta intensità di manodopera e di gestione. Una superficie così vasta in coltivazione avrebbe richiesto molti braccianti e grandi volumi d'acqua. Gli archeologi hanno identificato un complesso sistema di irrigazione attorno a Tiahuanaco, comprendente terreni paludosi, dighe, acquedotti, strade rialzate e canali, che veniva usato per conservare l'acqua e fornirla a un raffinato complesso agricolo. Nel 500 d.C. il territorio circostante ad alcune parti del lago erano ormai in gran parte artificiali.

Gli scienziati hanno evidenziato come la tecnologia dei campi sopraelevati con l'uso di piattaforme di terra rialzate circondate da fossi e canali sia una soluzione ingegnosa. Le piattaforme di coltivazione si compongono di terra di riporto dei fossi, il che crea una struttura del suolo arricchita (un antico precursore del metodo francese moderno di agricoltura intensiva biodinamica con piantatura in aiuole sopraelevate). Le piattaforme permanenti a filari poco distanziati accrescono i rendimenti e riducono la competizione delle erbacce, e i sedimenti dei canali hanno un elevato contenuto di azoto, componente essenziale dei fertilizzanti.

Gli agronomi hanno ricostruito alcuni di tali appezzamenti e le coltivazioni risultanti hanno prodotto rendimenti più elevati rispetto alle pratiche convenzionali moderne. I campi sopraelevati si sono inoltre dimostrati dei naturali conservatori di calore. Alcuni esperimenti hanno indicato che questo tipo di agricoltura può ridurre i danni alle colture da una mortalità del 100 per cento ad appena il 10 per cento. L'intero progetto agro-idrologico dimostra un elevato livello di conoscenza della botanica e della pedologia nonché un'eccellente padronanza dei principi di ingegneria. Come poteva un simile sistema complesso venire scoperto e sviluppato da una popolazione che appena incominciava a usare l'agricoltura?[10]

I campi sopraelevati fossili portati alla luce dal calo del livello dell'acqua, unitamente al complesso templare di recente scoperta, dimostrano che nella zona accanto al Titicaca viveva una popolazione sia in un'epoca in cui il livello del lago era molto al di sotto di quello odierno sia in un periodo molto più tardo, quando tale popolazione andò incontro alle inondazioni che sommersero i loro templi e i loro campi.

Un altro mistero che circonda questo antico popolo riguarda il mito di Mama Oello che percorreva la campagna e saggiava periodicamente il terreno con il suo bastone d'oro. Ricerche recenti hanno gettato nuova luce su questo antico racconto. Secondo gli agronomi, gli antichi elaborarono metodi per disintossicare le poche specie che crescevano a questa elevata altitudine: «Nella più remota antichità erano state condotte da qualcuno in questa regione analisi straordinariamente raffinate delle composizioni chimiche di molti tuberi e piante velenosi di alta quota».[11] Sembra che questa razza preincaica sapesse disintossicare le piante nocive e trasformarle in «vegetali nutritivi, innocui e commestibili».

Al pari del mais, la patata ebbe origine in questa parte del mondo, prosperando vicino al lago Titicaca, e fu esportata nel Vecchio Mondo dopo la conquista. La pianta della patata, però, appartiene alla famiglia delle Solanacee, che sono generalmente velenose, e ad alta quota il tubero pure contiene alcaloidi tossici. A quanto pare la popolazione preincaica probabilmente scoprì che le patate sopravvivevano all'alta quota, ma vide che la maggior parte di questi tuberi si rivelava tossica.

Risolse questo problema liofilizzando la patata e riducendola in polvere, una pratica ancor oggi seguita dagli agricoltori locali, i quali sostengono di poter conservare le patate sotto questa forma anche per 6 anni. Ma gli scienziati hanno scoperto che per combinazione il processo di liofilizzazione asporta gli alcaloidi nocivi del tubero. Gli antichi predecessori di questi agricoltori lo scoprirono forse per caso?

Queste scoperte singolarmente e collettivamente attestano un livello di tecnologia ben al di là di quello delle tribù primitive e chiariscono che il lago Titicaca era abitato da una civiltà preincaica progredita. I miti che narrano di come gli dèi o Viracocha (la razza della genesi) avessero insegnato al popolo primitivo locale le arti di architettura, agricoltura e astronomia sembrano corroborati dalle scoperte di archeologi, agronomi e geologi che da tempo cercano qui delle risposte. Come vedremo nel prossimo capitolo, la raffinata conoscenza dei maya lascia supporre collegamenti con esseri molto superiori in fatto di conoscenze.

13.
Padroni del tempo e del luogo

Misteri geodetici

Se si cerca sul mappamondo il 90° meridiano ovest e lo si percorre col dito, partendo dal circolo polare artico, si traccia una linea attraverso il Canada e il lago Superiore fino alla foce del fiume Mississippi, e poi al di là del golfo del Messico fino allo Yucatán e dritto al cuore di quella che un tempo fu la civiltà maya. Proseguendo attraverso il Messico e il Guatemala, questa linea collega molti dei principali siti maya, a dimostrazione del loro allineamento geodetico.

Da un bel po' di tempo i ricercatori documentano gli allineamenti astronomici di antichi siti archeologici e megalitici di tutto il mondo. Ma la scoperta del loro allineamento geodetico è stata più recente. La geodesia rappresenta la teoria e la pratica del rilevamento per determinare la posizione di punti specifici sulla superficie terrestre. Si distingue dal rilevamento topografico piano per il fatto che esamina aree le cui dimensioni sono tanto grandi che bisogna tenere conto della curvatura della Terra. La geodesia geometrica comporta la creazione di un modello matematico della Terra, mentre la geodesia fisica studia il campo gravitazionale terrestre. Agli studi geodetici fanno riferimento molti settori di attività pratica, fra cui l'individuazione di risorse minerarie, la riduzione degli effetti delle calamità naturali, la cartografia e lo studio della propagazione dell'energia gravitazionale ed elettromagnetica sulla Terra. La scoperta del preciso allineamento dei siti maya lungo il 90° meridiano è significativa perché dimostra che i maya erano consapevoli della curvatura terrestre e conoscevano le formule avanzate utilizzate in geodesia.

Un ramo specifico della geodesia, l'archeogeodesia, concerne lo studio dell'ubicazione dei monumenti preistorici e di altri manufatti antichi rispetto ai fenomeni geodinamici, nonché la possibile rappresentazione, da parte di tali monumenti, di particolari caratteristiche della Terra. La scienza dell'archeogeodesia andò incontro a un forte sviluppo nel XVIII secolo, quando l'équipe di studiosi di Napoleone Bonaparte esaminò le proprietà della piramide di Cheope a Giza.

Uno dei compiti principali del gruppo riguardò il rilevamento topografico di alcune zone dell'Egitto e la predisposizione di carte geografiche dettagliate del paese. Quando i topografi scoprirono che la piramide di Cheope era perfettamente allineata col nord geografico, decisero di utilizzare il meridiano passante per il suo vertice come base geodetica per tutte le altre misurazioni e gli orientamenti. Quando furono portate a termine le prime carte geografiche, l'équipe rimase sorpresa nello scoprire che il meridiano della piramide di Cheope tagliava precisamente a metà il delta del Nilo e che le diagonali tracciate dal vertice della piramide agli angoli nord-est e nord-ovest, se prolungate, formavano un triangolo che racchiudeva l'intera area del delta.[1]

Inoltre scoprirono che la piramide era collocata quasi con precisione sull'intersezione fra i 30° di latitudine nord e i 30° di longitudine est, con un fattore di errore trascurabile. Questi calcoli e configurazioni significavano che la piramide di Cheope serviva da precisa stazione geodetica. Da allora sono stati scoperti in tutto il mondo molti orientamenti e allineamenti geodetici e astronomici su e fra siti antichi.

L'antica civiltà maya si estendeva su un'area che comprendeva il Messico meridionale, il Guatemala, il Belize e l'Honduras settentrionale. Un'analisi dettagliata della regione in relazione alla massa continentale dell'America settentrionale e meridionale rivela un fatto sorprendente: l'area della civiltà maya si trova quasi precisamente al centro di questa enorme massa geografica.

Il rilevamento indica che la longitudine 90° ovest divide quasi in due parti uguali questa zona geografica e che la latitudine 20° nord si estende attraverso lo Yucatán, mentre la latitudine 15° nord attraversa il Guatemala meridionale. Effettuando un orientamento a partire dall'intersezione fra la latitudine 15° nord e la longitudine 90° ovest, questa zona geografica si estende verso nord sul 90° meridiano fino all'isola di Devon, in Canada (alla latitudine 75° nord, all'incirca la massima estensione settentrionale del Nordamerica) e a sud fino alla Terra del Fuoco (alla latitudine di 55° sud, all'incirca la massima estensione meridionale del Sudamerica). L'area est-ovest si estende dalla longitudine 150° ovest (utilizzando come punto di riferimento l'isola di Tahiti nell'oceano Pacifico) alla longitudine 30° ovest (utilizzando come punto di riferimento le isole Azzorre nell'oceano Atlantico). Questa è una configurazione geodetica molto importante (si veda la Figura 2).

Un'altra caratteristica fondamentale della geodesia maya risiede nell'allineamento preciso (con una deviazione trascurabile) di molti dei principali centri cerimoniali maya lungo l'asse nord-sud del 90° meridiano. Un elenco di importanti siti maya ubicati lungo questo meridiano comprende Dzibilchaltún, Uxmal, Sayil, Xpujil, Becán, Chicaná, Calakmul, Uaxactún e Tikal. Sarebbe difficile progettare un simile orientamento preciso senza conoscenze geografiche e geofisiche dettagliate. Nella moderna analisi geodetica si realizzerebbe con il rilevamento di due punti, chiamati stazioni, separati da molti chilometri. Verrebbero poi determinate con mezzi astronomici la latitudine e la longitudine di ciascun punto, e si deriverebbero le coordinate geografiche esatte. La collocazione precisa dei siti maya indica che questi furono stabiliti mediante rilevamento e triangolazione, il che implica la conoscenza della forma sferica della Terra nonché dei continenti e degli oceani (si veda la Figura 3).

Frans Blom, ben noto archeologo danese, effettuò nel 1924 un rilevamento topografico del sito maya di Uaxactún e dedusse che la piazza più orientale, il gruppo E, probabilmente fungeva da osservatorio solare.[2] Il gruppo E, allineato con i punti cardinali, è situato su una piattaforma artificiale sopraelevata di 200 metri per 100 metri. Un tumulo terrazzato e allungato sul margine orientale è sormontato da tre strutture rivolte a ovest. A cinquanta metri verso ovest vi è la piramide E-VII, una struttura che a quanto pare non era sormontata da alcun edificio. Osservati da E-VII, i tre tumuli orientali e le loro strutture contrassegnano gli estremi e il punto centrale della posizione di levata del Sole relativamente all'orizzonte. Nel 1989 Anthony Aveni e Horst Hartung eseguirono misurazioni accurate degli allineamenti e trovarono una corrispondenza soddisfacente con queste tre posizioni, il che li indusse a congetturare che la piramide E-VII fosse probabilmente usata come osservatorio del solstizio.

Ma se i risultati dell'archeoastronomia, come questi di Uaxactún, servono a dimostrare che i nostri antenati sapevano più di quanto noi tradizionalmente avessimo loro attribuito, è difficile credere che i monumenti e le piramidi a gradoni non fossero altro che orologi celesti. Questa opinione appare indicativa della tendenza occidentale a ridurre tutto a un modello meccanicistico.

Aveni e Hartung notarono inoltre che l'allineamento del gruppo E lungo l'asse nord-sud punti quasi esattamente verso il centro di Tikal, il cuore dell'antico regno maya.[3] Altri

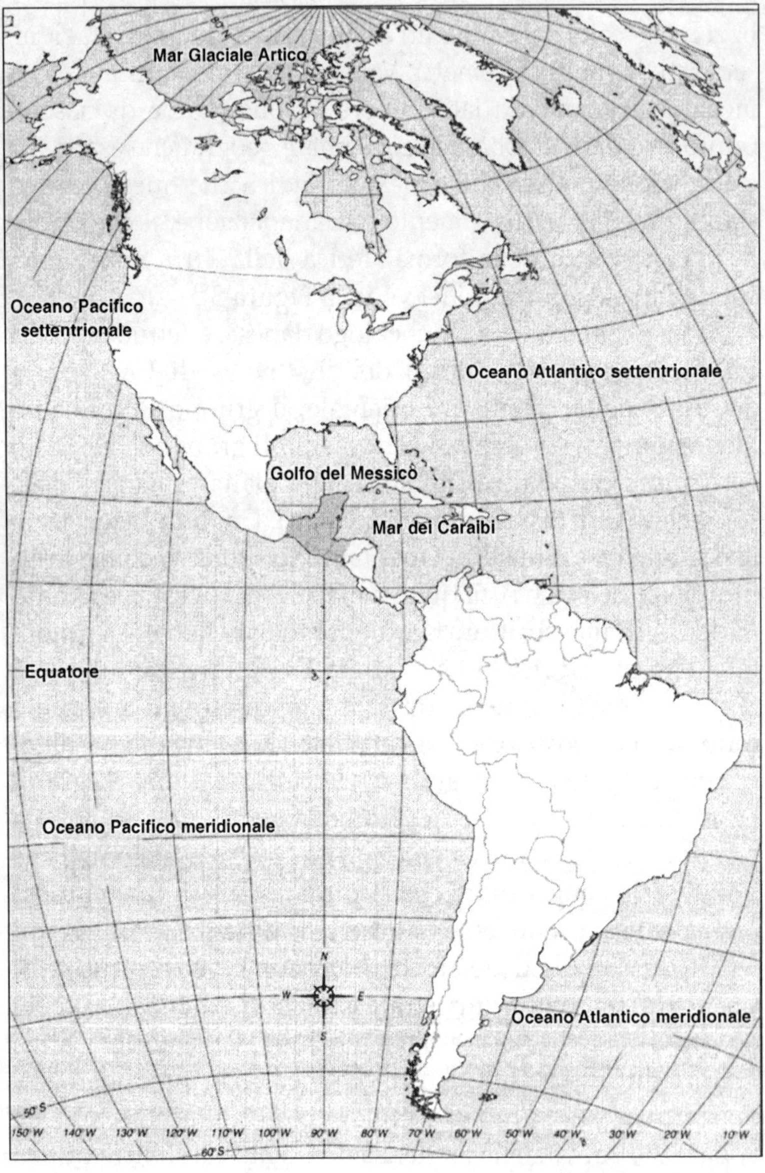

Figura 2 - *L'area ombreggiata in America centrale indica la regione della civiltà maya, che era ubicata precisamente al centro della massa continentale Nordamerica-Sudamerica: un'importante configurazione geodetica.*

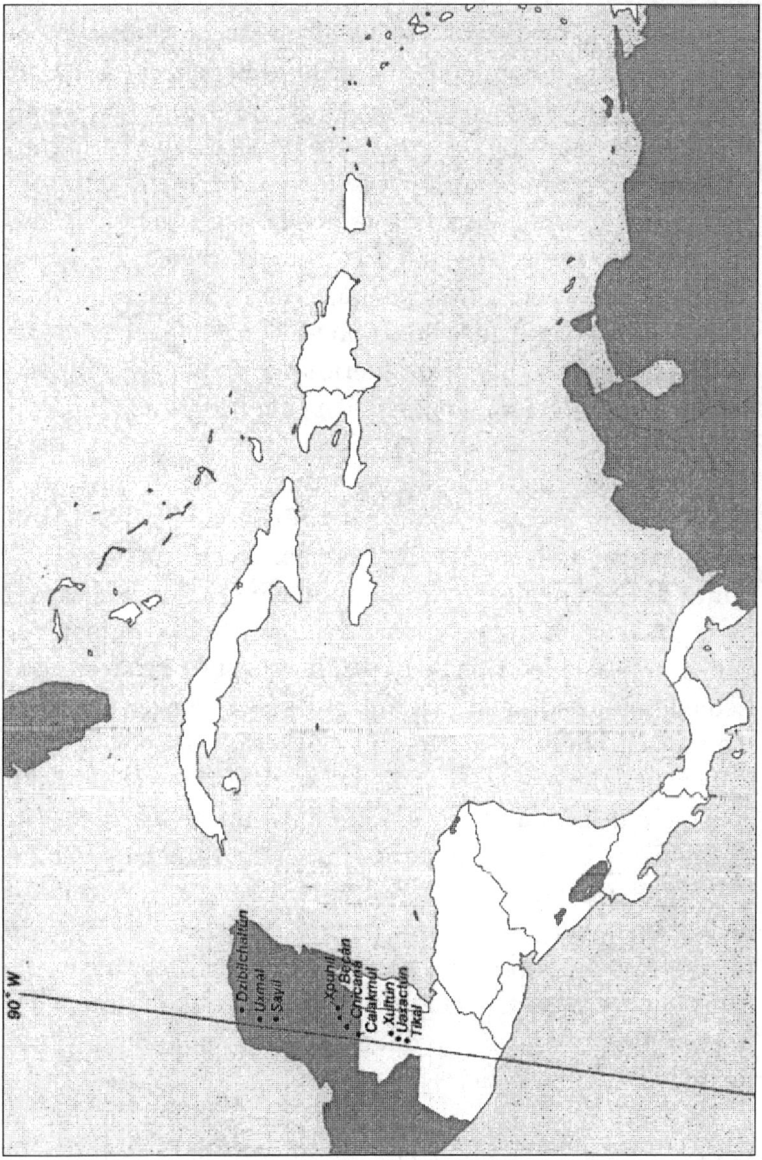

Figura 3 - *Il preciso allineamento dei siti archeologici maya lungo la longitudine 90° ovest.*

ricercatori hanno riferito che dei 19 siti scoperti altrove nel regno maya 13 assomigliano al gruppo E. Sebbene ulteriori studi di Aveni e Hartung abbiano dedotto che nessuno degli altri complessi analoghi al gruppo E possa essere classificato come effettivo osservatorio e che forse svolgevano un ruolo maggiormente simbolico, questa deduzione non tiene conto del loro allineamento geodetico. Sembra logico ipotizzare che gli schemi geometrici risultanti dalle intersezioni fra i diversi assi abbiano qualche scopo utile. L'allineamento esatto di tali strutture lungo un meridiano principale potrebbe indicare un progetto ingegneristico comprendente un orientamento e una funzione aerei.

Con questo allineamento geografico di molti loro siti, i maya sembrano avere realizzato ciò che gli egizi avevano ottenuto con la piramide di Cheope: creare un massiccio punto di riferimento geodetico in quello che è «l'ombelico», ossia il centro geografico, della massa continentale dell'America settentrionale e meridionale, una prodezza che richiede una padronanza raffinata di conoscenze precise in materia astronomica, matematica e geografica.

Sebbene la scienza occidentale abbia tradizionalmente considerato le piramidi e le altre strutture maya come siti cerimoniali, le strane strutture simili ad antenne ritenute linee di displuvio di tetti a Palenque, Tikal e altrove potrebbero avere svolto una funzione molto diversa, così come le piattaforme o terrazze e le piramidi stesse. Prima di congetturare quale potesse essere tale scopo, dobbiamo prendere nota dell'enigma di lunga data costituito dal sistema viario dei maya, chiamato *sacbeob*.

Perché i maya, che non possedevano animali da tiro né veicoli su ruote, si sarebbero dovuti prendere la briga di costruire strade lastricate attraverso la giungla quando un sentiero primitivo relativamente stretto sarebbe bastato per le esigenze di coloro che viaggiavano a piedi?[4] Ci sembra un'impresa già abbastanza difficile per gli inca costruire strade di pietra in tutto il loro impero, ma i maya si affannarono ancor più per livellare le strade e poi ricoprirle di cemento di calce, un compito che richiedeva una quantità straordinaria di manodopera e di manutenzione nell'ambiente della giungla. Molte di queste strade collegavano località come Uaxactún con le piramidi ed erano disposte in linea retta. Se i maestri dei nostri antenati giunsero effettivamente dal cosmo, è sensato che creassero punti di riferimento geodetici per guidare il loro andirivieni sulla Terra e per servire da piattaforme di atterraggio per le loro astronavi. Una linea di 90 chilometri lungo un asse nord-sud, lastricata di cemento di calce e dipinta di bianco, sarebbe stata chiaramente visibile a un'astronave in avvicinamento. Sappiamo già che la piramide di Cheope è visibile dal di fuori dell'atmosfera terrestre, fornendo un bersaglio individuabile per i veicoli in arrivo dallo spazio esterno. Questa tesi lascia supporre sia uno scopo assai pratico per queste strutture monumentali, sia una possibile fonte delle tecniche avanzate necessarie per costruirle.

Un settore importante di studi geodetici si dedica alla determinazione di dove collocare i trasmettitori radio, il che comporta lo studio della propagazione delle onde elettromagnetiche. L'accurato allineamento dei siti antichi, però, indica che questo aspetto della scienza potrebbe non essere tanto moderno quanto noi presumiamo. L'archeogeodesia rivela che i popoli antichi potrebbero avere utilizzato la loro conoscenza dei campi di energia e degli allineamenti geometrici per sfruttare le proprietà elettromagnetiche o gravitazionali della Terra. Potremmo domandarci se, oltre a guidare le astronavi in arrivo, gli antichi monumenti potessero far parte di una rete usata per trasmettere energia in modi che noi ancora non capiamo. Le raffinate conoscenze matematiche dimostrate dalle prime civiltà della Terra danno credito a questa idea.

ANTICHI ESPERTI DI MATEMATICA

La scienza della matematica riflette accuratamente la capacità di una civiltà di ridurre oggetti ed eventi a simboli astratti. Per quanto oggi ci possa apparire sorprendente, a quasi tutte le culture della storia umana mancava questa capacità. Una delle caratteristiche più importanti della matematica avanzata e un'innovazione importante del pensiero umano è il concetto di zero, di qualcosa che rappresenti il nulla, il che porta l'astrazione al livello più elevato e paradossale.

Il concetto di zero fu elaborato in maniera indipendente da tre culture: indiana orientale, maya e babilonese. Quasi tutte le culture antiche (e molte non tanto antiche) a malapena riuscivano ad andare al di là del contare sulle dita delle mani e dei piedi. Alcune non avevano nessun concetto di numero, mentre altre possedevano solo un sistema rudimentale in cui un numero cospicuo di oggetti, persone o attività veniva semplicemente definito «molti».

È curioso che il concetto di zero, e pertanto il sistema posizionale, non venne in mente ai romani (noti per essere ottimi ingegneri) né ai greci (noti per la loro padronanza della geometria). Ci basta provare a manipolare grandi numeri utilizzando lo scomodo sistema numerale romano per capire l'importanza di questo concetto. Col sistema romano, che non ha lo zero, si usano lettere per rappresentare i numeri. Lo svantaggio evidente di un tale sistema è che i numeri rappresentanti grandi quantità diventano piuttosto lunghi e sempre più complessi. Il sistema greco è altrettanto difficile da gestire. In effetti, per quanto consideriamo importanti queste due civiltà nella conformazione della nostra attuale cultura, noi non utilizziamo i loro sistemi matematici fondamentali.

Abbiamo invece preso molte caratteristiche dai sistemi numerici ben più antichi di maya e sumeri, ciascuno dei quali era ingegnosamente integrato con le carte astronomiche e i calendari della rispettiva cultura. Tanto i sumeri (che seguivano un sistema sessagesimale) quanto i maya inventarono il sistema di posizione ordinata in sequenza laterale, che noi usiamo ancora oggi, chiamandolo valore posizionale o notazione posizionale. In questo sistema è fondamentale la posizione di una cifra; per esempio, la differenza tra 1 e 1.000.000 è la differenza tra essere poveri ed essere ricchi. I maya (che usavano un sistema vigesimale) furono i primi a concepire l'uso sistematico di un simbolo per indicare lo zero nel sistema posizionale, simbolo che veniva usato per indicare l'assenza di valori in una qualunque delle posizioni ordinate. In questa evoluzione erano in vantaggio di almeno sette secoli rispetto all'Europa.

Il sistema numerico maya era l'essenza della semplicità e dell'eleganza, essendo composto da appena due simboli in confronto ai nostri nove. Un punto rappresentava l'1 e una barra il 5.

Nel nostro sistema posizionale o decimale un numero aumenta di potenze di 10 (1; 10; 100; 1000 eccetera) con l'aggiunta di uno zero e/o uno spostamento della virgola decimale lateralmente verso destra. Più o meno allo stesso modo, nel sistema vigesimale maya i numeri aumentano di potenze di 20 (1; 20; 400; 8000 eccetera), anche se i maya procedevano verticalmente, collocando in fondo alla colonna la posizione del numero più basso. Moltiplicavano un punto o una barra per 20 procedendo verso l'alto a seconda di dove si trovasse in relazione al numero più in basso ossia al valore posizionale minimo. Pertanto al livello più basso un punto vale 1 e una barra vale 5; salendo di un livello, si moltiplicano per 20, poi per 400, poi per 8000 e così via (diversamente dai nostri 10; 100; 1000 eccetera). Con questo sistema i mercanti maya potevano facilmente collocare una colonna verticale di ciottoli sul terreno oppure disegnare una fila di punti o linee per rappresentare numeri piccoli o grandi.

Il sistema sessagesimale, cioè in base 60, dei sumeri era potente perché il 60 si può dividere per 2, 3, 4, 5, 6, 10, 12, 15,

20 e 30, rendendo così facile la creazione di frazioni. Noi usiamo ancora il sessagesimale per calcolare il tempo, dividendo le ore in 60 minuti e i minuti in 60 secondi, e per calcolare gli angoli del nostro cerchio di 360 gradi (180 gradi = mezzo cerchio; 120 gradi = un terzo di cerchio; 60 gradi = un sesto di cerchio e così via).

Mentre il cerchio di 360 gradi è per noi un fatto consolidato da tempo, i sumeri cinquemila anni fa attribuivano la loro conoscenza di questo concetto ai loro dèi. E questa non era l'unica conoscenza matematica che ricevettero. Eleanor Robson, docente all'Istituto orientale dell'Università di Oxford, scrive quanto segue riguardo al raffinato sistema matematico dei sumeri e al loro desiderio che venisse tramandato all'interno della loro cultura:

> Le nostre testimonianze migliori provengono dalla Nippur del XVIII secolo [a.C.], dove le tabelle per la moltiplicazione e il reciproco [divisione], le tabelle di quadrati e radici quadrate, di cubi e radici cubiche, e le tabelle di unità metrologiche e dei loro equivalenti sessagesimali possono tutte essere collocate con sicurezza nel piano di studi elementare degli allievi scribi.[5]

Le tavolette cuneiformi indicano che i sumeri eseguivano complicati calcoli matematici usando angoli e radici quadrate migliaia di anni prima di Pitagora, il quale potrebbe semplicemente avere riscoperto la loro opera. In verità, molte delle invenzioni e delle idee filosofiche che attribuiamo ai greci e ai romani in effetti ebbero origine a Sumer e a Babilonia. I filosofi e scienziati greci e romani spesso facevano riferimenti indiretti a «fonti antiche» di informazione, raramente nominandole perché in qualche caso forse non ne conoscevano il nome.

Ci rimane da chiederci perché i maya e i sumeri avessero compiuto passi da gigante rispetto al resto del mondo antico nella loro conoscenza di numeri, formule e dati astronomici. E di nuovo ci rimane da chiederci come avessero acquisito tali conoscenze subito dopo l'età della pietra. Solo una razza progredita che fosse già in possesso di tali conoscenze avrebbe potuto insegnargliele, il che, come vedremo nel prossimo capitolo, è ciò che ci dicono gli antichi stessi.

14.
I PRIMI SOVRANI DIVINI: MITO O STORIA?

Che cos'è un mito? Secondo l'American Heritage Dictionary un mito è: «Un racconto tradizionale, normalmente antico, che parla di esseri soprannaturali, antenati o eroi e che funge da visione del mondo fondamentale di un popolo. Una finzione o mezza verità. Una storia, una persona o una cosa fittizie».[1]

Dal punto di vista di queste definizioni ampiamente accettate, è chiaro che i miti vanno separati dai fatti e distinti dai resoconti storici reali e dalle testimonianze accurate. È inoltre ovvio che definire «mito» un racconto riferito per vero da qualcuno equivale a lasciare intendere che il narratore stia mentendo oppure non sia in grado di discernere la differenza tra fatto e invenzione. Ma coloro che prontamente designano come mito i racconti possono avere una visione del mondo particolare che non consente di assegnare validità storica a certi racconti.

L'esistenza dell'antico Sumer fu per secoli considerata un mito, finché non venne scoperto e portato alla luce e si rivelò essere la culla della civiltà. Il diluvio universale è definito un mito, eppure questo racconto «mitico» (dell'umanità spazzata via da un grande diluvio) si ritrova in oltre 200 culture di tutto il mondo. Come potrebbero popoli tanto diversi raccontare la stessa storia?

Scopriamo che tre delle principali civiltà antiche della Terra condividono temi comuni nei loro miti di creazione. In ciascun caso gli dèi discesero dal cielo per creare gli esseri umani e per portare all'umanità i doni della civiltà. Dopo avere creato gli esseri umani a loro immagine, gli dèi istruirono quella razza embrionale su come vivere e istituirono una teocrazia basata sull'idea che il re discendesse dagli dèi o fosse stato nominato dagli dèi.

Garcilasso de la Vega, figlio di un *conquistador* spagnolo e di una principessa inca, chiese a suo zio, un anziano inca, di raccontargli la storia delle origini del suo popolo, fra cui come il lago Titicaca divenne la fonte della loro civiltà. Lo zio rispose:

> [...] tutta questa zona che tu vedi era ricoperta di foreste e boschetti, e gli uomini vivevano come bestie selvagge, senza religione né governo, né città, né case, senza coltivare la terra e senza coprirsi il corpo. [...] [Viracocha] inviò un figlio e una figlia a impartire loro precetti e leggi secondo cui vivere come uomini ragionevoli e civili, e a insegnare loro ad abitare in case e città, a coltivare il mais e altri prodotti, ad allevare greggi e usare i frutti della terra comportandosi da esseri razionali.[2]

Dèi, angeli o forze spirituali, se incorporei, non avrebbero potuto fare niente di tutto questo. Viracocha viene sempre descritto come un uomo che soggiornò tra il popolo e insegnò le arti della civiltà, più o meno come gli dèi vestirono Adamo ed Eva nel giardino dell'Eden e li inviarono a coltivare la terra.[3] Spostandoci verso nord dal Perù al Messico, troviamo che gli aztechi e i maya sostenevano una convinzione simile. Quetzalcoatl (Kukulcán), un uomo bianco barbuto con un lungo mantello e un seguito che arrivò «su una barca senza remi», portò loro i doni della civiltà.

I sumeri raccontano la stessa storia di fondo. La nostra civiltà occidentale moderna discende dall'antica civiltà sumerica, attraverso la diramazione dell'antica Grecia e di Roma. I resoconti sumerici dovrebbe suscitare in noi uno speciale interesse perché, come afferma lo studioso Zecharia Sitchin nel suo libro *The 12th Planet*: «Inoltre non vi è dubbio che gli "dèi antichi" fossero gli dèi di Sumer; testimonianze e narrazioni e genealogie e storie di dèi più antiche di quelle pertinenti agli dèi di Sumer non sono state trovate in nessun luogo».[4] Sitchin è un linguista esperto di molte lingue antiche, fra cui ebraico e sumerico. Ha tradotto più di seimila tavolette cuneiformi sumeriche, e secondo le sue traduzioni dei resoconti sumerici:

> Queste non erano divinità puramente locali. Erano dèi nazionali, in effetti erano dèi internazionali. Alcuni di essi erano presenti e attivi sulla Terra prima che vi fossero uomini. Infatti l'esistenza stessa dell'uomo era considerata un'impresa creatrice volontaria da parte di tali dèi.[5]

Nell'*Enuma Elish* sumerico troviamo quanto segue:

> Per la parte da lui avuta nella guerra, Quingu fu costretto a fornire il sangue per la creazione dell'uomo. [...] Divise gli Anunnaki e ne collocò 300 a sorvegliare il cielo, e 600 a dimorare in cielo e sulla terra. Fece loro creare Babilonia, costruendo il tempio di Esagalia e un'alta ziggurat.[6]

Sitchin osserva che tutti i resoconti sugli dèi intervenuti negli affari umani concordano nel dire che tali dèi erano umani. Troviamo il dio sumerico Enki che viaggia di luogo in luogo, eseguendo una varietà di compiti e nominando sovrintendenti:

> Enki nominò a capo di ciascuno di questi un dio o una dea. Quindi passò ad assegnare al dio dei mattoni Kabta la

responsabilità del piccone e dello stampo per i mattoni. Enki pose le fondamenta, costruì le case e le pose sotto la responsabilità di Mushdamma, il grande costruttore Enlil.[7]

Kabta, Enki ed Enlil sono forse spiriti, oppure sono esseri umani incaricati di sovrintendere ai lavori di progetti colossali? Dobbiamo tenere presente che i sumeri attribuiscono l'edificazione della loro civiltà a questi esseri, di cui si trova un'eco nei racconti biblici di dèi e angeli che discendono sulla Terra per intervenire e guidare gli affari degli esseri umani grazie ai loro grandi (perfino spaventosi) poteri che consentivano loro di distruggere intere città. Gli scettici e quasi tutti gli scienziati li considerano dei miti. Perfino credenti e studiosi della Bibbia evitano di prendere alla lettera queste narrazioni.

Gli dèi, gli angeli e i «figli di Dio» della Bibbia; gli Anunnaki sumerici; il Quetzalcoatl mesoamericano e il Viracocha degli inca erano tutti umani. Antropologi e mitologisti spiegano tali esseri come archetipi universali e i racconti dei loro atti come figure archetipiche. Ma sembra che solo quelle prime civiltà della Terra, quelle che costruirono città e monumenti di pietra, quelle che erano tanto progredite nei settori di agricoltura, tecnologia e matematica, abbiano storie dell'intervento di terzi (di aspetto umano) che crearono gli esseri umani e poi recarono loro le conoscenze necessarie per la civiltà, fra cui quelle della legge e dell'unità politica transtribale.

Invece le popolazioni indigene del Nordamerica vissero nella stessa maniera dall'epoca in cui gli antichi maya costruivano i loro templi e osservavano il cielo fino all'epoca in cui le incontrarono gli europei duemila anni dopo. Non costruirono strade né strutture monumentali; nei loro racconti non avevano né Viracocha né Quetzalcoatl, né esseri di aspetto umano che recassero loro la civiltà.

Forse gli studiosi moderni mettono in campo i loro pregiudizi e preconcetti culturali nelle loro interpretazioni delle antiche narrazioni dei sumeri e dei maya. Naturalmente non tutti i miti possono o devono essere presi alla lettera, ma si è rivelato produttivo ricercare i nuclei di verità che contengono, poiché possono riferire qualche fatto storico. Molte città perdute e antichi manufatti sarebbero ancora sepolti se qualcuno non avesse spiccato un simile salto.

E che dire delle descrizioni di questi visitatori umani eppure soprannaturali, dei riferimenti a come arrivarono e a ciò che fecero una volta qui? Potremmo scartarle in quanto ben poco precise nella loro descrizione dell'arrivo di una razza superiore da qualche punto del cosmo. Ma se davvero i progenitori dell'umanità provenivano da una civiltà avanzata, i nostri antenati umani certamente non avrebbero avuto che i metodi più rudimentali per descriverne l'arrivo, le capacità e le tecniche. Sappiamo questo dal contatto della nostra civiltà con tribù primitive di tutto il mondo. Non vi erano cavalli in quelle che oggi sono l'America settentrionale, centrale e meridionale quando Cortés sbarcò sulle coste del Messico. Così quando la sua cavalleria montò in groppa ai cavalli che aveva portato con sé, gli indigeni che per primi li osservarono descrissero cavallo e cavaliere come un'unica bestia, un mostro, parte cane gigantesco e parte essere umano. Analogamente, gli indigeni delle tribù nordamericane chiamarono i fucili «bastoni di fuoco» quando li incontrarono per la prima volta. Noi sappiamo che queste descrizioni erano imprecise, eppure, per quanto in maniera semplice, descrivono effettivamente una parte di verità.

Un altro esempio di questo punto di vista diverso eppure veritiero è il «culto dei rifornimenti» (*cargo cult*). Durante la seconda guerra mondiale gli Stati Uniti mantennero una base in Melanesia sull'isola di Vanuatu, che a intervalli regolari riceveva carichi di rifornimenti. Gli indigeni vedevano consegnare tali merci e poi osservavano gli strani rituali eseguiti da uomini vestiti con abiti che li facevano sembrare tutti uguali. Dopo avere osservato questi dettagli, cercarono di invocare gli dèi perché portassero loro un carico di rifornimenti. Crearono una loro base aerea finta e innalzarono una torre di controllo e un'antenna radio (un rampicante appeso a pali). Si vestirono con un'approssimazione delle uniformi dell'esercito americano e marciarono in formazione di addestramento. Durante il rituale i capi pronunciavano le espressioni che avevano sentito dire dagli uomini bianchi, come «ricevuto ... passo e chiudo ... pista d'atterraggio libera ... avanti». Quindi attendevano l'arrivo di alimenti e vestiario.

Il libro di Ezechiele dell'Antico Testamento viene spesso citato per corroborare la tesi secondo cui antichi astronauti visitarono la Terra. I versetti citati sono di solito quelli nei quali Ezechiele vede nei cieli «ruote l'una dentro l'altra», in cui si vedono riferimenti all'astronave dei visitatori. Ma vi sono altri brani che possono essere citati a sostegno: nella sua prima visione Ezechiele vide quattro creature che «presentavano sembianza umana» (Ezechiele 1, 5). Ancora più descrittivo è Ezechiele 1, 26: «E sul firmamento, che era al di sopra delle loro teste, apparve come una pietra di zaffiro, in forma di trono, e su questa specie di trono, in alto, una figura in sembianze d'uomo».

Di un'altra visione Ezechiele dice così:

> Guardai, ed ecco una figura dall'aspetto d'uomo: da quelli che sembravano i suoi fianchi in giù era fuoco, e dai lombi in su appariva come uno splendore simile al brillar dell'elettro. Egli stese una forma di mano, m'afferrò per i capelli, e lo spirito mi sollevò fra terra e cielo (Ezechiele 8, 2-3).

Adesso che abbiamo aerei a reazione, moduli spaziali e nozioni di elettromagnetismo, ci può sfuggire ciò che Ezechiele si sforzava di comunicare? Venne afferrato e sollevato da una forza ignota. È interessante notare che quanti affermano di essere stati rapiti dagli Ufo descrivono un'esperienza simile: un fascio di energia li paralizza, e poi loro si trovano a librarsi in aria fino all'astronave. Forse fu qualche genere di forza elettromagnetica invisibile a sollevare Ezechiele, una forza che lui poteva descrivere solo usando la parola *mano* unitamente alla parola *spirito*.

Come potremmo intendere ciò che lui vede, basandoci sulla sua descrizione? Potrebbe darsi che dal suo punto di osservazione a terra Ezechiele stia guardando dentro un'astronave e veda un uomo in piedi davanti a una sorta di console. L'interno dell'astronave brilla, al pari dell'esterno. Lui vede l'uomo fino alla cintola e poi il suo corpo scompare, forse dietro un pannello di comando ricoperto di luci (che avrebbe conferito l'aspetto di «fuoco»). La descrizione di «brillar dell'elettro» che avvolge l'uomo corrisponde alle descrizioni di metallo incandescente fornite oggi da coloro che narrano i loro incontri con gli Ufo.

Le descrizioni di Ezechiele proseguono: parla delle ruote nel cielo che frusciano come «un vento tempestoso» e come «una gran nube intorno alla quale splendeva un fuoco da cui guizzavano bagliori» (Ezechiele 1, 4). È facile vedere come questa possa essere la descrizione di un veicolo in cielo che si avvicina a grande velocità. Le ruote e la loro struttura «splendevano come crisolito» (Ezechiele 1, 16), un modo vivido di descrivere una superficie metallica assai liscia e lucente. E «la loro circonferenza era assai grande, ed i cerchioni di tutt'e quattro erano costellati di occhi tutto all'intorno» (Ezechiele 1, 18). Da queste parole possiamo vedere un oggetto metallico circolare con una fila di oblò illuminati («occhi» rotondi). Ezechiele passa a descrivere quella che potrebbe essere una fonte di energia: «In mezzo a quegli esseri si vedevano come dei carboni ardenti a guisa di fiaccole, che si aggiravano in mezzo a loro, scintillando e sprigionando faville» (Ezechiele 1, 13). «Carboni ardenti», «fiaccole» e «faville» sono tutto ciò che il profeta avesse nel suo vocabolario per descrivere una luce che non proveniva dal

Sole, dalla Luna o dalle stelle. Ezechiele vede una luce intensa che prorompe in maniera intermittente con impulsi simili a faville. Quale potrebbe esserne la fonte?

Tutto il suo racconto è affascinante. In effetti potrebbe essere il miglior testimone ad attestare la vera natura degli «dèi» e del loro livello avanzato di tecnologia. È interessante notare che vi sono molti resoconti simili provenienti dall'India che narrano dei *vimana*, carri a forma di sigaro che volavano nei cieli della Terra nel lontano passato.

L'incontro di Ezechiele ebbe luogo presso il fiume Kebar, in realtà un canale navigabile costruito dai sumeri che era collegato all'Eufrate e scorreva vicino alla confluenza del Tigri. È un resoconto che non avrebbe sorpreso le «teste nere», le quali ci lasciarono molte storie di dèi che decollavano e atterravano. I sumeri affermavano che «la casa per discendere dal cielo» fosse stata costruita dagli dèi stessi (i quali «ne avevano fabbricato i pezzi»). Inoltre, «il suo cornicione era come il rame».[8] Con un'apparente confusione di termini, questi nostri antenati evidentemente si sforzavano di descrivere qualcosa al di là della loro gamma di esperienze. Comunque sono riusciti a comunicare che l'oggetto era metallico e saliva e scendeva dal cielo, dettagli apparentemente cruciali.

Ma nei resoconti dei sumeri e di Ezechiele non sono descritti solamente fenomeni di luce e metallo. Tornando all'Antico Testamento, Ezechiele ci parla di «un personaggio vestito di lino, che portava la borsa di scriba alla cintola», il quale è uno dei sei uomini incaricati da Dio di fare da castigatori della città, «ciascuno col proprio strumento micidiale in mano» (Ezechiele 9, 2). Fu l'uomo vestito di lino a essere inviato a segnare «una croce sulla fronte degli uomini che gemono e piangono per tutte le nefandezze che si commettono in mezzo ad essa» (Ezechiele 9, 4). Ezechiele è chiarissimo: quegli esseri sono uomini.

Secondo i racconti delle civiltà originarie della Terra, gli dèi dopo avere creato gli esseri umani insegnarono loro l'agricoltura e quindi impartirono loro regole e norme secondo cui vivere. Questa progressione è rispecchiata nel libro dell'Esodo. Nel capitolo 21 gli dèi incominciano a dare agli ebrei le loro leggi: «Chi percuote un uomo, da farlo morire, sia messo a morte» (Esodo 21, 12); «Per sei anni seminerai la tua terra e ne coglierai il frutto. Il settimo anno la lascerai in riposo, ne abbandonerai il prodotto [...]. Lo stesso farai della tua vigna e dei tuoi ulivi» (Esodo 23, 10-11). Il primo versetto citato contiene la legge che costituisce la base di una società civile: è dura e inflessibile, ma stabilisce un codice morale e indica il valore della vita. Il secondo versetto offre una sana pianificazione agricola: lasciare i campi a maggese è necessario per ristabilire la fertilità del terreno. Questa è una delle eredità lasciateci dalle antiche civiltà del Medio Oriente. Milioni di ettari di terreno agricolo un tempo produttivo sono ora sterili o si sono trasformati in deserto a causa di pratiche agricole inadeguate.

La cronaca della civiltà è una storia di mutamenti improvvisi nella società umana. È un racconto drammatico che distingue l'epoca antica dall'epoca nuova, con molte deviazioni in mezzo. Col progredire della civiltà, gli uomini ebbero esperienza di molti conflitti, guerre e conquiste. Nell'epoca antica non vi era un corpus di leggi organizzato, non vi erano decreti e vi erano poche regole; nell'epoca nuova le leggi vengono create da una potenza «divina» in possesso dell'autorità per promulgarle e applicarle.

In Genesi 3 gli dèi trasmettono ad Adamo il patto agricolo. Qualche tempo dopo, nel libro dell'Esodo, istruiscono Mosè e gli consegnano le leggi. Fra i due eventi vi fu il tempo per vari passi di sviluppo dell'umanità: l'uomo agricoltore sostituì l'uomo primitivo, e poi l'uomo civilizzato sostituì l'uomo agricoltore. Con la civiltà devono arrivare una complessa organizzazione sociale e un sistema di leggi, che devono andare di pari passo.

Nel complesso, i resoconti sumerici e biblici concordano: «Enlil scelse anche i re che dovevano regnare sull'umanità, non da sovrani ma da servi del dio incaricati di amministrare le leggi divine della giustizia».[9]

Col tempo, allora, le prime civiltà progredite della Terra ebbero all'improvviso re provenienti dal cielo che sedevano su troni terreni. La comparsa di queste primissime civiltà fu accompagnata da una radicale trasformazione sociale da un semplice sistema egualitario fino a un complesso sistema piramidale con un re divino al vertice. Possiamo domandarci perché una razza che per millenni era stata egualitaria dovesse all'improvviso elevare a condizione divina certi membri della tribù e perché tante fra le prime e successive civiltà seguirono questo stesso percorso di sviluppo sociale.

La civiltà degli inca nel Perù e quella degli aztechi nel Messico si svilupparono più tardi rispetto alle culture antiche, ma le loro forme imperiali di organizzazione sociale erano state evidentemente tramandate da molte generazioni. Il sovrano inca era considerato un discendente diretto del Sole. Lui e sua moglie, che era anche una sua sorella carnale, erano ritenuti discendere in linea genealogica diretta dagli dèi Manco Capac e Mama Oello, fratello e sorella, che Viracocha aveva inviato sulla Terra «per radunare gli indigeni in comunità e insegnare loro le arti della vita civile».[10] La cultura inca non perdonava l'incesto nella società in generale. Il motivo per cui alla famiglia reale inca fosse permesso di sposarsi fra consanguinei e di avere figli era assicurare la purezza del sangue nobile.

Al pari degli inca, i cinesi, i mesoamericani e gli egizi ritenevano tutti che i loro sovrani fossero discendenti del dio Sole. Gli egizi consideravano il faraone un'incarnazione della divinità che, come i regnanti inca, aveva autorità assoluta. I suoi ordini venivano obbediti ed eseguiti senza discussione. Perché gli inca e gli egizi dovevano condividere la stessa venerazione e convinzione riguardo al loro sovrano, e perché entrambe le culture dovevano collegare la divinità al Sole?[11] Potrebbero gli archetipi mitici, anziché l'impulso effettivo di un intervento esterno, essere stati alla radice di tutti questi sviluppi sociali, dall'acquisizione di leggi all'istituzione di un'organizzazione sociale gerarchica, fra cui il regno di un sovrano divino?

Mito o realtà?

Se accettiamo il genio dell'innovazione sumerica in matematica e agricoltura, nella capacità dei sumeri di costruire grandi monumenti, inventare la ruota e conoscere i pianeti del sistema solare, possiamo non tenere conto della loro storia della creazione e dell'acquisizione di tale genio? Possiamo porci la stessa domanda riguardo agli aztechi, agli inca, agli egizi e agli olmechi.

Abbiamo visto gli elementi dello schema emergente: storie di dèi che discendono dal cielo per creare gli uomini, la nascita dell'agricoltura e della civiltà, la costruzione di monumenti immensi, lo sviluppo di arti e scienze, l'istituzione di leggi e la riorganizzazione della società, con un re a governare su tutto. Potrebbe tutto questo essere un prodotto del mito? Nell'Occidente a prevalenza giudaico-cristiana, antropologi e storici considerano mitologici Quetzalcoatl, Enki, Ra e Viracocha, eppure accettano in grande misura come figura storica un uomo che nacque da un padre divino, compì miracoli, espose insegnamenti, impartì nuove leggi e ascese al cielo dopo la morte: Gesù di Nazareth.

15.
Lo status quo evoluzionistico?

Che ruolo ha il darwinismo?

Per 2 milioni di anni, uomini di tutte le razze e di tutti i gruppi etnici vissero in stretto rapporto con la natura come cacciatori-raccoglitori utilizzando utensili primitivi. In sostanza l'umanità raggiunse una sorta di stasi alla metà del tardo Paleolitico, quando gli uomini primitivi si erano diffusi in tutto il mondo, su ogni continente tranne l'Antartide. Questa omogeneità mondiale è testimoniata dagli scavi in siti paleolitici di tutto il globo. Quasi tutte le culture e le tribù vivevano esattamente allo stesso modo: cacciavano, pescavano e raccoglievano piante; imparavano ad accendere il fuoco; costruivano semplici ripari; producevano utensili; e cucivano abiti fatti di pelli di animali o materiali vegetali. Il cibo consisteva in piante selvatiche, frutta fresca e secca, pesce e carne. Prima del 10.000 a.C. nessun gruppo era molto più progredito del resto dell'umanità sulla Terra. Questa sorta di sviluppo uniforme è ciò che la teoria evoluzionistica prevede per qualunque specie, compreso *Homo sapiens*.

Questi uomini dell'età della pietra si spostavano in gruppi seminomadi attraverso territori consolidati, di quando in quando utilizzando come riparo grotte, cave adibite ad abitazione e strutture temporanee. I loro primi utensili erano fatti di pietra e poi di osso. Si usavano raschietti di pietra per lavorare le pelli e il legno. Aghi d'osso, arpioni uncinati e arnesi per scagliare le lance divennero piuttosto sofisticati circa 15 mila anni fa. L'età della pietra antica, tuttavia, si estende per la massima parte del Paleolitico, che durò milioni di anni.

Vi furono ben poche innovazioni dopo che gli esseri umani ebbero conquistato la padronanza del fuoco e inventato armi e utensili d'osso. Il progresso dai primi arnesi dell'età della pietra a quelli maggiormente sviluppati richiese centinaia di migliaia di anni. Lo stesso vale per lo sviluppo dell'organizzazione sociale e per la capacità di formulare e sintetizzare idee astratte da una varietà di esperienze. Per moltissimo tempo gli esseri umani compirono ben poco di quello che noi definiremmo progresso.

I sostenitori dell'evoluzione culturale (coloro che applicano la teoria darwiniana allo sviluppo della cultura umana) affermano che la civiltà sarebbe dovuta essere il passo successivo per tutti i popoli, ma la civiltà non nacque all'interno di ciascuna delle varie culture del mondo come progresso naturale. Invece si diffuse aggressivamente a partire da poche radici sopraffacendo i gruppi tecnicamente meno dotati. Possiamo fare risalire la civiltà ora esistente in gran parte del mondo all'Europa occidentale, dove venne incanalata attraverso la Grecia e Roma a partire dalle civiltà originarie dell'Egitto e della Mesopotamia.

Sappiamo che 20 mila anni fa tutti gli esseri umani fino ad allora (circa centomila generazioni) erano stati cacciatori-raccoglitori che vivevano in semplici unità tribali egualitarie. Per fare un confronto, solo 500 generazioni in totale si sono affidate all'agricoltura, e appena 10 generazioni sono vissute nella civiltà industriale. La maggior parte delle culture era ancora costituita da cacciatori-raccoglitori 3 mila anni fa, e una parte significativa della popolazione mondiale ancora non praticava l'agricoltura né viveva in civiltà nel XV secolo d.C. È importante notare che il 99,99 per cento del nostro patrimonio genetico risale all'epoca preneolitica. In sostanza i nostri geni si formarono prima dello sviluppo dell'agricoltura, il che condusse a certe conseguenze biologiche, sociali e culturali.

Quali mutamenti specifici ci condussero alla civiltà? Si può attribuire il merito a quattro sviluppi principali: l'agricoltura, la ruota, la scrittura e la metallurgia. In ciascun caso venne investita nel processo di scoperta una notevole attività concettuale: lo sviluppo del cervello, della coscienza. Questa attività concettuale è il precursore importantissimo dello sviluppo di qualunque tecnologia ed è il componente del processo che non viene quasi mai considerato o analizzato da studiosi, archeologi e antropologi.

Semplicemente non vi è modo di capire l'evoluzione culturale senza prima considerare gli eventi che modificarono la coscienza umana (il cervello) circa 40 mila anni fa, 10 mila anni fa e 6 mila anni fa. Per lo più abbiamo considerato gli sviluppi in questi tre punti specifici senza tentare di spiegare i balzi in avanti mentali che consentirono tali sviluppi; più o meno allo stesso modo in cui i darwinisti non considerano l'importanza dei passaggi intermedi nello sviluppo delle piante fanerogame a partire dalle piante crittogame.

Spesso descrivere un'innovazione quando c'è già stata non getta alcuna luce sul processo che ha condotto a tale innovazione. L'analisi di Robert Fellner è un'eccezione alla regola. Nel suo eccellente studio intitolato «Problemi e prospettive dell'evoluzione culturale» (seconda parte), affronta la questione di fondo:

> Nel presentare la scuola darwinista dell'evoluzione culturale ho menzionato divergenze interne a tale scuola; in effetti queste opinioni assai divergenti possono essere unificate soltanto sotto un unico titolo poiché tutte si fondano sull'i-

potesi che i meccanismi dell'evoluzione darwiniana (variazione indipendente, selezione naturale e conseguente riproduzione differenziata) siano concetti di potenza esplicativa nell'esaminare lo sviluppo culturale (Dunnell 1980; Rindos 1985). Questa ipotesi va messa seriamente in discussione.[1]

Questo è il nocciolo del problema che ci troviamo ad affrontare nel cercare di capire il nostro sviluppo storico guardando attraverso la lente del darwinismo. Questo non può spiegare il balzo in avanti da un modo di vita primitivo in un periodo di tempo tanto compresso. Né può individuare perché questi balzi furono compiuti solo all'interno di pochi gruppi, perché non tutti gli esseri umani li compirono contemporaneamente. I meccanismi darwiniani non possono spiegare questa sorta di radicale divergenza «evoluzionistica». Come dice Fellner:

> I concetti, come i geni in biologia, sono l'unità fondamentale che sta alla base di qualunque mutamento culturale osservabile. Noi non possiamo, dopo tutto, costruire un nuovo utensile senza essercelo prima immaginato; infatti, se gli eventi accidentali possono in rari casi condurre alla scoperta di tipi di utensili sconosciuti, il loro riconoscimento e il successivo sfruttamento richiedono quasi altrettanta riflessione, come se non vi fosse stato alcuno stimolo «esterno».[2]

Questo è un punto cruciale. Normalmente i tentativi di descrivere i progressi principali della tecnologia e dello sviluppo culturale alludono in parte al ruolo dell'accidente o del caso. La convinzione che il caso svolga un ruolo importante in simili scoperte equivale al darwinismo applicato alla storia umana. Ma questo fare affidamento sul darwinismo culturale costituisce uno degli ostacoli principali alla nostra comprensione degli enigmi e delle anomalie della storia.

Questi ultimi rappresentano informazioni che non rientrano in modelli teorici generalmente accettati. Se i dati non hanno senso quando vengono applicati a un modello, il modello deve venire modificato per fare spazio a queste informazioni oppure i dati devono essere ignorati o in qualche modo spiegati o resi conformi al modello. Nell'ambito dei modelli teorici accettati, la scienza non sa spiegare perché popoli specifici incominciarono a divergere radicalmente dal resto della cultura umana a certi intervalli, specialmente attorno al 4000 a.C., un periodo in cui la cultura della Mesopotamia era enormemente diversa da quella del resto del mondo. Nel 3000 a.C. le culture della valle dell'Indo, dell'Egitto e del Perù si differenziarono dal modo di vita più comune all'epoca. Nel 1500 a.C. queste culture e il resto dell'umanità avevano ormai avuto esperienza di schemi di sviluppo completamente separati. L'omogeneità dell'umanità era un ricordo del passato.

Se esaminiamo il livello di sviluppo del resto del mondo attorno al 3500 a.C., troviamo che dall'Europa settentrionale verso sud fino all'Africa meridionale (escludendo l'Egitto), verso est fino a gran parte della Cina, al Sudest asiatico, all'Australia e alla Nuova Guinea e verso ovest fino al Nordamerica e al Sudamerica (tranne il Perù) gli esseri umani vivevano sostanzialmente come avevano vissuto per decine di migliaia di anni. Erano ancora cacciatori-raccoglitori oppure stavano appena incominciando a compiere primitivi esperimenti di agricoltura.

Questo lungo periodo di relativa stabilità non lasciava in alcun modo prevedere la rivoluzione agricola che era incominciata nel 7000 a.C. Una volta nata, l'agricoltura si diffuse verso nord lentamente a partire dal Medio Oriente, così come fecero le invenzioni dei sumeri. La vera agricoltura su vasta scala con irrigazione controllata non ebbe origine separatamente in Europa o in Africa; e nemmeno la metallurgia o l'invenzione della ruota. La fonte era chiaramente il Medio Oriente, che si estendeva dal mar Morto alla Mezzaluna Fertile in Mesopotamia.

Una traiettoria analoga venne seguita in Mesoamerica e in Perù. Gli sviluppi avvennero in una zona geografica delimitata e si diffusero molto lentamente a partire da lì. Dal 3000 a.C. al 1500 a.C. gli olmechi del Messico e le culture di Chavín e della costa settentrionale del Perù svilupparono l'agricoltura a irrigazione;[3] probabilmente in Cina ebbe inizio la coltivazione del riso; e nella valle dell'Indo emerse una vasta civiltà. Il fatto che queste zone producessero importanti coltivazioni alimentari (che sono tuttora i principali prodotti agricoli mondiali) sembra una coincidenza significativa. L'agronomo e genetista russo Nikolaj Vasilov, che condusse studi approfonditi sulle origini dell'agricoltura, indicò tre di questi siti come centri agricoli primari: il Medio Oriente, la Cina e la Mesoamerica. Fu in queste stesse zone che ebbero origine tanti altri progressi tecnici: matematica, ingegneria civile, astronomia eccetera.

Il darwinismo però non sa spiegare questa serie di sviluppi. Come mai gli esseri umani si allontanarono non solo dalla norma dei cacciatori-raccoglitori per la loro specie, ma anche dalla norma dei primati, cioè di quegli animali che divergono da noi solo per una frazione del patrimonio genetico? In verità, per milioni di anni noi abbiamo deviato solo leggermente dai primati. Poi è successo qualcosa. Forse la supposizione che una civiltà progredita abbia avuto parte nello sviluppo delle prime culture umane della Terra può fornire una spiegazione.

Se la teoria dell'evoluzione può essere applicata allo sviluppo sociale, come hanno suggerito alcuni scienziati, allora tutte le culture umane del mondo avrebbero fatto nascere civiltà più o meno nello stesso periodo, poiché l'evoluzione non consente che esistano differenze radicali all'interno di una specie. Poiché fra i gruppi umani non vi è praticamente variabilità genetica (certamente nessuna che conferisca differenze significative in fatto di intelligenza o genio tecnico), non vi è base genetica o evoluzionistica perché i sumeri all'improvviso progredissero tanto rispetto alla popolazione di altre parti del mondo.

E che dire della teoria secondo cui le culture si sviluppano lentamente, un po' alla volta, nell'arco di lunghi periodi di tempo? Se applicata allo sviluppo delle prime civiltà della Terra, la teoria potrebbe essere interpretata così: in un campo si ritrova un gruppo di sette cacciatori-raccoglitori. Uno di loro, un tipo in gamba di cui tutti si fidano, ha avanzato l'idea di avviare una civiltà. Si rivolge a uno degli altri e gli dice: «Tu farai l'agricoltore»; e al secondo dice: «Tu farai il muratore»; al terzo dice: «Tu farai il contabile»; al quarto: «Tu ti dedicherai alla metallurgia»; al quinto: «Tu diventerai un bravo architetto»; e al sesto: «Tu farai lo scriba perché sei paziente e hai la mano ferma. Voglio che tu prenda appunti e conservi i documenti quando io ti avrò insegnato a eseguire quello che ho inventato e che ho chiamato scrittura. Vedete, io ho messo a punto tutti i progetti». Naturalmente tutti accolgono dapprima con entusiasmo le sue idee, ma poi si grattano la testa. Che cos'è un muratore, che cos'è la metallurgia, che cos'è un contabile? Ogni mestiere o professione richiede un corpus di conoscenze, un insieme sistematico di principi e pratiche accumulatosi in generazioni di tentativi, che va appreso e messo in pratica nuovamente nell'arco di un lungo periodo di tempo.

Se lo sviluppo della civiltà richiede tempo, allora come mai le culture di Sumer, dell'Egitto e di Harappa si oppongono a questa teoria, essendo cresciute tanto rapidamente e avendo manifestato una conoscenza completa di mestieri e professioni quando queste stesse civiltà erano appena all'inizio? Un gruppo di uomini non addestrati non avrebbe potuto intraprendere il compito di progettare e costruire edifici come la piramide di Cheope e le città di Mohenjo Daro e Tiahuanaco. Ci basta guardare alla comune ruota e all'aratro per vedere con quanta lentezza si sviluppino nella maggior parte delle culture le tecniche e gli utensili: dopo l'invenzione della ruota e dell'aratro, non vi furono quasi cambiamenti nei metodi agricoli per più di 4000 anni, e il loro uso prosegue oggi in alcune parti del mondo. Invece, in un periodo di tempo piuttosto breve 5 mila anni fa, il forte sviluppo creativo riguardò l'invenzione della ruota, della scrittura, dei sistemi matematici, dei metodi di architettura e ingegneria e la selezione e coltivazione di derrate alimentari che ancora oggi nutrono il mondo.

E che dire della teoria secondo cui gli esseri umani hanno un bisogno innato di divenire civilizzati, ossia di creare una società complessa e stratificata caratterizzata da tecnologia altamente sviluppata, estetica e sistemi di leggi e governo? Spostiamoci in avanti di 5500 anni dagli inizi della civiltà in Mesopotamia. Se questa teoria fosse corroborata dai fatti, dovremmo sicuramente aspettarci di trovare che il resto dell'umanità abbia seguito il cammino di sviluppo delle prime culture civilizzate della Terra. E certamente nel XVI secolo d.C. vedremmo ormai una distribuzione più omogenea di esseri umani «civilizzati».

Ma non era così. Vi sono biblioteche di diari personali, memorie e vari resoconti documentati di testimoni oculari del periodo coloniale a indicare che quasi tutte le culture umane del mondo non avevano seguito il cammino di civiltà sviluppatosi in epoche antiche, e quelle che l'avevano fatto, come le culture azteca e inca, non si erano sviluppate nel modo seguito dalle culture più potenti del mondo, le culture dell'Europa occidentale. I colonizzatori europei applicarono i termini *selvaggi* e *pagani* alle popolazioni indigene da loro incontrate, che in certi casi vivevano in maniera più primitiva di loro. Certamente non vi era indicazione che gli europei, i quali ritenevano di portare la civiltà a questi popoli, fossero in effetti superiori in qualche settore a parte la tecnica, e certamente non dimostrarono alcuna supremazia morale.

I resoconti storici che seguono non intendono implicare

che il contatto fra la civiltà europea e il mondo in gran parte «non civilizzato» fosse un incontro fra una razza superiore e varie razze inferiori. Vengono presentati per contraddire la teoria secondo cui l'umanità manifesta un impulso universale verso la civiltà come io l'ho definita in tutto questo libro, e per ipotizzare che l'impulso verso tale civilizzazione sia nato in realtà da una fonte esterna che agì sulla Mesopotamia, sull'Egitto e su altre culture antiche.

Aborigeni australiani: vivere nel tempo del sogno

Vi sono polemiche fra vari paesi europei riguardo a chi effettivamente «scoprì» il continente australiano. Una serie di carte geografiche francesi basate su originali portoghesi risalenti alla metà del XVI secolo mostrano una grande massa continentale chiamata Java de Granda, e un navigatore francese di nome de Gonneville asserì nel 1504 di avere scoperto l'Australia. Ma il primo europeo la cui affermazione di avere avvistato l'Australia e di esservi sbarcato possa essere dimostrata è il capitano marittimo olandese Willem Janszoon.

Gli europei avranno anche pensato di scoprire un territorio nuovo, ed era certamente nuovo per loro, ma in realtà arrivarono circa 40 mila anni dopo la sua prima scoperta. Non vi è dubbio che gli aborigeni furono la prima popolazione dell'Australia. Emigrati a quanto pare dall'Asia all'Australia attraverso istmi di terra circa 40 mila anni fa (anche se questo quadro cronologico è controverso), quando il livello dei mari era più basso, da allora sono sempre vissuti sul continente australiano.

Dopo l'ultima glaciazione il livello dei mari salì e l'oceano rioccupò gli istmi di terra, isolando gli aborigeni dal resto dell'umanità per circa 39 mila anni. Gli aborigeni portarono avanti le stesse tradizioni e modi di vivere del genere *Homo sapiens* di altre parti del mondo; erano cacciatori-raccoglitori come lo erano i loro affini in Europa, Asia, Africa, America del Nord e del Sud.

Nel 1770 il capitano inglese Cook salpò verso l'Australia. Quando ritornò al suo paese fornì sulla zona attorno alla Botany Bay resoconti favorevoli, che convinsero il governo britannico a tentare di colonizzarla. Nel suo primo resoconto Cook dice di avere costeggiato la zona presso Port Hacking e di avere notato un piccolo gruppo di indigeni che camminavano a passo spedito lungo la riva. A quanto pare non si resero conto dei «benefici» che gli stranieri in bella posa sulla nave lungo la costa portavano loro da lontane terre civilizzate:

> Gli indigeni compirono molti gesti minacciosi e brandirono le armi; due in particolare avevano un aspetto assai singolare, poiché i loro volti sembravano essere stati cosparsi di polvere bianca, e i corpi dipinti con ampie striature dello stesso colore, che passando obliquamente sul petto e sulla schiena avevano un aspetto non dissimile dalle cartucciere a tracolla portate dai nostri soldati; striature dello stesso genere erano dipinte anche sulle gambe e sulle cosce come larghe giarrettiere; ciascuno di questi uomini teneva in mano l'arma come una scimitarra.[4]

Cook e i suoi uomini sarebbero potuti essere viaggiatori nel tempo in visita al Paleolitico. Se lo fossero stati e avessero visitato la loro Europa 7000 anni prima, si sarebbero trovati di fronte a un comitato di accoglienza molto simile.

> Il luogo in cui la nave aveva gettato l'ancora era di fronte a un piccolo villaggio [...] vedemmo uscire dal bosco una donna anziana, seguita da tre bambini; era carica di legna da ardere, e ciascun bambino recava il suo piccolo fardello [...] la donna accese un fuoco. Ci parve straordinario che fra tutte le persone da noi finora viste nessuna avesse la mini-

ma parvenza di vestiario, e la donna anziana stessa era priva persino di una foglia di fico.[5]

Cook trovò che gli aborigeni erano ottimi cacciatori e pescatori nonché nemici dalla precisione micidiale con le loro lance lunghe 3 metri. Erano anche feroci e intrepidi. I due guerrieri che incontrarono per primi non diedero segno di ritirarsi, minacciando il gruppo di quaranta uomini di Cook: «Non potei che riconoscere il loro coraggio; e non volendo affatto che cominciassero le ostilità ordinai alla scialuppa di levare i remi».[6]

Per dimostrare agli indigeni la sua benevolenza e allo stesso tempo indurli a un atteggiamento amichevole, Cook parlamentò con loro tramite un linguaggio gestuale per una mezz'ora e poi ordinò ai marinai di spingere la scialuppa abbastanza vicino da poter gettare chiodi, perline e altri oggetti agli scettici aborigeni sulla spiaggia. Quando lui agitò la mano, gli risposero allo stesso modo, il che lo indusse a credere di essersi guadagnato un certo grado di fiducia da parte loro. Decise di portare la scialuppa a riva, ma aveva interpretato male i loro segnali. I guerrieri aborigeni li assalirono e Cook si sentì costretto a sparare col suo moschetto in mezzo agli aggressori:

> Alla detonazione, il più giovane lasciò cadere un fascio di lance sulla roccia ma riprendendosi in un attimo le afferrò nuovamente in gran fretta. Fu quindi scagliata contro di noi una pietra, al che io ordinai di sparare con un moschetto caricato a pallettoni, che colpirono alle gambe il più anziano, e lui subito corse verso una delle case, distante un centinaio di metri. Speravo ora che lo scontro fosse terminato.[7]

Ma la lotta non era finita. L'uomo ferito ritornò per scagliare un'altra pietra e poi il suo compagno gettò una lancia. Cook ordinò un'altra scarica di pallettoni e l'alterco finalmente si concluse con il gruppetto di Cook che lasciò altri ninnoli sulla spiaggia e si ritirò verso la nave. È un resoconto sorprendente, denso di azione, che rivela quanto avesse in gioco Cook. Aveva navigato attorno al mondo per scoprire territori nuovi, solo per essere affrontato da indigeni ostili. Gli aborigeni, da parte loro, avevano altrettanto o forse più di cui preoccuparsi: non sapevano con chi avessero a che fare né da dove provenissero questi stranieri.

La narrazione è ancora più affascinante se ci rendiamo conto che in effetti documenta un incontro fra il passato remoto dell'umanità, gli aborigeni, e un nuovo ramo dell'albero della civiltà che era stato piantato in Mesopotamia tanto tempo prima. Anche se il capitano James Cook poteva fare risalire fino agli antichi Sumer ed Egitto, tramite gli imperi greco e romano, la civiltà che lui era tanto orgoglioso di rappresentare, in realtà lui ne conosceva soltanto l'incarnazione più recente: la sua cultura. All'epoca dei suoi viaggi le rovine delle civiltà precedenti non erano state ancora scoperte. Ciò rivela un segno caratteristico della civiltà occidentale: noi dimentichiamo molto rapidamente il nostro passato, la nostra vera storia, mentre ci spingiamo sempre più avanti, tracciando nuove vie.

Cook non sarà stato in grado di fare risalire la sua civiltà fino alle radici di Sumer e di Gerico, ma gli aborigeni conoscevano il proprio passato. Sapevano di essere vissuti sul loro territorio per moltissimo tempo, vedevano la linea retta che si estendeva molto lontano nel passato; la loro vita era rimasta uguale per innumerevoli generazioni. Per loro, il presente e il passato erano praticamente identici: il tempo del sogno. Loro erano tutt'uno con il territorio. Ne conoscevano le piante e gli animali nei più minuti dettagli e ne detenevano una conoscenza che era stata conquistata a fatica nel corso di molti millenni. Gli aborigeni erano una popolazione dell'età della pietra. Vivevano in ripari temporanei fatti di rami d'albero e corteccia. I loro utensili e le loro armi erano fatti di pietra o di legno. Avevano inventato uno strumento ingegnoso, il boomerang, ma usavano anche le normali lance, clave e asce di pietra. Le donne utilizzavano un bastone da scavo per raggiungere le radici, le larve e gli insetti, mentre gli uomini erano maestri cacciatori e usavano reti e fiocine per catturare i pesci.

Se Cook si meravigliava della loro condizione estremamente primitiva, e generazioni successive di coloni europei li avrebbero considerati una razza inferiore, gli aborigeni erano in realtà la tradizione principale dell'evoluzione culturale umana. Se non si fossero verificati quegli incredibili sviluppi nella Mezzaluna Fertile dal 5000 al 3000 a.C., Cook e il suo equipaggio probabilmente non sarebbero stati molto diversi. Anche se i colonizzatori si domandavano perché gli aborigeni non avessero sviluppato una civiltà, gli indigeni dell'Australia erano in realtà la norma. Invece gli europei si sarebbero potuti domandare perché loro stessi avessero deviato tanto dal punto di partenza evolutivo dell'umanità.

L'esito dell'incontro degli aborigeni con la civiltà occidentale fu tragico, ripetendo una scena che si era già svolta nel Nordamerica e nel Sudamerica e che si sarebbe ripetuta altrove con risultati analoghi.

Nuova Guinea: il territorio dimenticato dal tempo

Situata a nord dell'Australia, la Nuova Guinea è la seconda più grande isola del mondo, lunga 2300 chilometri e larga 700. È ancora relativamente sconosciuta all'Occidente ed era praticamente ignota fino alla prima parte del XX secolo. I botanici stanno ancora scoprendo nuove specie vegetali nelle sue fitte foreste pluviali. Isolato e misterioso, questo territorio è percorso da montagne impervie dalle cime innevate che circondano alte praterie erbose.

La varietà stessa della sua popolazione fa della Nuova Guinea un paese complesso. La popolazione indigena è composta da quasi mille tribù che parlano più di 700 lingue diverse, un numero che rappresenta quasi il 45 per cento delle lingue parlate nel mondo. Le tribù sono suddivise in tre gruppi razziali principali: negritos, papua e melanesiani. I negritos, che assomigliano alle tribù pigmee del Congo superiore in Africa, vivono sugli altopiani e hanno scarsi contatti con i papua e i melanesiani. Hanno un costume tradizionale che comprende elaborati copricapi piumati, e si perforano il naso con ornamenti d'osso.

Vari esploratori europei avevano ormai circumnavigato l'isola, tracciandone i contorni, nel XVII secolo. Sebbene alcune coraggiose spedizioni si fossero avventurate vicino alla costa, fu soltanto quando la Gran Bretagna prese a interessarsi seriamente alla colonizzazione dell'Australia che la Nuova Guinea ricevette un'attenzione significativa. I viaggi di esplorazione si moltiplicarono nel XIX secolo, ma pochi sbarcarono sull'isola e quelli che lo fecero giunsero a pentirsene piuttosto in fretta, poiché la popolazione indigena era estremamente feroce.

Soltanto nell'ultimo decennio del XIX secolo un certo numero di spedizioni sbarcò e incominciò a esplorare la Nuova Guinea. Quello che trovarono li sconvolse. Come narrato da alcuni dei primi esploratori dell'isola, gli indigeni erano «di carattere bellicoso e cannibalesco» e consideravano «un atto ostile il mettere piede nel loro particolare territorio». Questi non erano gli unici ostacoli con cui dovettero fare i conti i primi esploratori. Trovarono anche un clima paralizzante, fatto di umidità estrema e foreste pluviali paludose che ronzavano e brulicavano di fameliche zanzare e sanguisughe.

Ciò che era un ostacolo per loro è diventato una manna per gli antropologi moderni, offrendo loro l'occasione di esaminare antiche culture umane che evidentemente vivevano nello stesso ambiente, indisturbate da influssi esterni, da molte generazioni. All'inizio del XX secolo la popolazione indigena dell'isola viveva un passo più indietro rispetto agli aborigeni australiani del XVII secolo in termini di sviluppo culturale: erano cacciatori-raccoglitori e semplici orticoltori, coltivavano alcune piante selvatiche, fra cui igname, noci di cocco e taro, ma non le avevano ancora domesticate. Avevano domesticato il maiale ma cacciavano anche quelli selvatici, e gli abitanti della costa catturavano pesci con ami e lance. Non vi era alcuna indicazione però che fossero semplicemente attardati nello sviluppo di una civiltà; perfino nel XX secolo vivevano come avevano sempre vissuto.

Le Americhe

Vi erano secondo le stime dai 50 ai 90 milioni di persone nell'America settentrionale e meridionale nel XVI secolo quando gli europei stabilirono i primi contatti (la popolazione mondiale all'epoca era di circa 400 milioni) e il ritratto della composizione culturale del Nuovo Mondo era complesso. Il Messico aveva già visto l'ascesa e la caduta di molte civiltà progredite. Gli aztechi dominavano nel XV secolo e all'inizio del XVI, quando arrivò Cortés. Le civiltà olmeca, maya e tolteca a quell'epoca erano già in rovina. Anche il Perù aveva visto prosperare e perire una serie di civiltà dal 3000 al 1500 a.C., quando giunsero al potere gli inca.

Tuttavia la maggior parte delle tribù sparse sul vasto continente sudamericano, comprendente l'attuale Paraguay, il Venezuela e l'intera lunghezza della costa, nonché l'intero bacino dell'Amazzonia, erano semplici cacciatori-raccoglitori. Vi erano anche molte tribù primitive in America centrale e in zone isolate del Messico, anche se le tribù del Messico generalmente praticavano la coltura del mais oltre alla caccia e alla raccolta.

A nord dell'attuale Messico vi erano circa 10 milioni di persone. Sebbene quasi tutte le tribù (vi erano centinaia di culture separate che parlavano decine di lingue diverse) all'epoca dell'arrivo e dell'insediamento degli europei vivessero come i loro antenati, la coltivazione di mais, fagioli e zucche si era diffusa dal Messico verso nord fino al popolo Pueblo degli attuali Stati Uniti sudoccidentali. Sulle pianure del Nordamerica le tribù cacciavano i bisonti, vivevano in tepee, portavano abiti fatti con pelli di bisonte e cacciavano con arco e frecce. Le tribù delle culture dei territori boscosi orientali costruivano abitazioni comuni, cacciavano cervi e conigli e con le loro pelli si fabbricavano abiti, e raccoglievano bacche e frutta secca. Le tribù del Nordovest costruivano capanne di legno, pescavano salmoni e trote e intagliavano totem. Nell'Estremo Ovest e nelle regioni non montuose di California, Nevada e Utah la popolazione viveva in capanne di forma ellittica, raccoglieva ghiande e pinoli e, lungo la costa e presso fiumi, torrenti e laghi, pescava e raccoglieva conchiglie. Tutte queste culture erano complesse, costituite da pratiche e credenze specifiche, ma ciascuna seguiva il modo di vita degli antenati, che era uguale da migliaia di anni.

L'Amazzonia: figli della foresta pluviale

«L'ente brasiliano per gli indios, Funia, ha lanciato una spedizione per cercare tribù isolate viventi nella giungla amazzonica ed eseguire un rilevamento topografico del loro territorio».[8] Questa notizia, sebbene possa apparire antiquata, fu riferita dal notiziario della Bbc il 27 marzo 2001.

Noi viviamo in un mondo di incongruenze e di discontinuità radicali. Mentre le nazioni tecnologicamente avanzate inviano sonde su Marte e con la bioingegneria creano nuove specie di piante, piccoli gruppi di persone sul nostro pianeta riescono ancora a vivere nell'età della pietra, una dicotomia che faremmo meglio a preservare, poiché l'estinzione delle tribù che abitano nella regione amazzonica da innumerevoli generazioni il più delle volte va di pari passo con la perdita della foresta pluviale e dei loro altri ecosistemi tradizionali.

Vi erano oltre 500 tribù differenti nella zona che oggi è il Brasile quando i portoghesi vi sbarcarono nel 1500. Le stime della popolazione all'epoca variano da alcuni milioni fino a 10 milioni. Soltanto nel XX secolo, però, 87 tribù amazzoniche sono scomparse dalla faccia della Terra. Oggi vi sono soltanto circa 320 mila indigeni che vivono nella regione in 170 tribù. Proseguendo una linea ininterrotta che si estende all'indietro per migliaia di generazioni, portano avanti le tradizioni e i modi di vivere dei loro antenati paleolitici. Come gli aborigeni dell'Australia, sono sopravvissuti per millenni acquisendo una conoscenza intima delle piante, degli animali, dei fiumi e delle caratteristiche climatiche che costituiscono il loro mondo e il loro ambiente.

Se verrà mantenuta la promessa della funzionaria del Funia Manoela Mescia Costa, forse il loro modo di vivere potrà continuare per generazioni a venire: «Lo scopo non è entrare in contatto con loro; sono rimasti isolati e devono rimanere così».[9]

L'Africa: il continente nero

Il continente africano è un mosaico vasto e complesso di popoli, religioni e tradizioni. L'Africa racchiude circa tremila unità tribali diverse che sono raggruppate in affiliazioni più ampie basate sulla lingua, sulle usanze e sulla geografia. Per la maggior parte il continente è diviso dal deserto del Sahara. L'Africa settentrionale appartiene piuttosto al mondo mediterraneo e la religione principale lì oggi è l'Islam. Storicamente gli influssi dell'antica civiltà progredita dell'Egitto si diffusero verso sud toccando alcune zone del continente lungo le coste. Alcune delle culture dell'Africa sub-sahariana, tropicale, sono i pigmei, i bantu, i negritos e i !Kung (boscimani).

Durante i secoli in cui gli europei esploravano e colonizzavano il Nuovo Mondo, invasero anche l'Africa, dove trovarono guerrieri alti e feroci negli Zulu e nei Masai, che si prendevano cura del bestiame non per ucciderlo e mangiarne la carne ma per bere periodicamente il sangue degli animali, e i !Kung e gli ottentotti, che vivevano nella parte più meridionale del continente.

Le tribù africane che emigrarono da nord penetrando nell'Africa meridionale mille anni prima dell'arrivo degli europei scoprirono che altri emigranti le avevano precedute. Ma diversamente dalla popolazione dalla pelle molto scura originaria del sud, questi emigranti più antichi avevano la pelle con una sfumatura giallastra. Erano molto piccoli ed esili, con una statura media di circa 150 centimetri, e parlavano una lingua insolita che comprendeva i clic. I nuovi venuti da nord scoprirono che i membri di questa tribù (da loro chiamati boscimani) erano abili cacciatori e molto esperti nel riconoscere quali piante raccogliere e mangiare.

Queste tribù settentrionali e meridionali coesistettero pacificamente per secoli, finché arrivarono i coloni bianchi e cominciarono a sparare e a scacciare la selvaggina da cui dipendevano tali tribù. Per rappresaglia i boscimani razziarono il bestiame dei coloni bianchi, e presto coloni e indigeni furono in guerra. Nel 1802 scoppiò una carestia che fece volgere le tribù l'una contro l'altra. Questi conflitti su due fronti decimarono i boscimani, e i sopravvissuti della tribù fuggirono verso le remote regioni del deserto del Kalahari.

Lì impararono a ricavare acqua dalle radici di diverse piante e dal deserto stesso risucchiandola dalle sabbie mediante giunchi cavi. Impararono inoltre a identificare 300 tipi diversi di piante dall'aspetto, dall'odore, dalla consistenza, dalla struttura superficiale e dal sapore. I boscimani continuarono a cacciare; i membri delle poche e sparse tribù che rimangono, come i !Kung, sono cacciatori furtivi e ineguagliabili. Sanno arrivare senza farsi notare nelle vicinanze di una mandria al pascolo e spedire frecce avvelenate nel cuore delle loro prede.

La tribù Hadzabe, che vive lungo le remote sponde del lago Eyashi, è una tipica comunità di cacciatori-raccoglitori che conduce una vita nomade primitiva. Poiché è costantemente in movimento, non ha necessità di ripari permanenti. Durante la stagione delle piogge cerca riparo in grotte. Mentre gli uomini vanno a caccia, le donne cercano frutti selvatici e radici. Vivono come hanno vissuto centomila generazioni di loro antenati; come vivevano un tempo tutti i nostri antenati.

Serve una teoria nuova

Molti dei popoli indigeni che gli europei incontrarono in tutto il mondo perirono in guerra oppure furono ridotti in schiavitù o morirono di fame e malattie portate nel loro ambiente dai coloni. La civiltà occidentale è entrata in contatto con culture indigene di tutto il globo per 500 anni e l'esito è sempre stato lo stesso: le tribù indigene perdono; il loro modo di vita si sfascia.

Quasi senza eccezione queste culture non hanno accolto a braccia aperte la civiltà occidentale. Dato il trattamento (e la mancanza di rispetto) che hanno ricevuto per mano degli europei, non possiamo meravigliarcene. Gli esploratori e i coloni invasori ritenevano di essere emissari di una civiltà superiore e in ciascun caso di contatto consideravano gli indigeni dei selvaggi arretrati. Questo atteggiamento veniva sfruttato per giustificare un trattamento aspro, spesso brutale. L'ironia, naturalmente, è che quel modo di vita apparentemente estraneo, «selvaggio», era proprio il tipo di esistenza seguito dagli antenati degli europei prima dell'arrivo di qualche influsso esterno che ne modificò l'andamento.

Queste culture sono importanti per molte ragioni, non da ultimo per il fatto che ci forniscono uno sguardo prezioso sul nostro passato e rivelano il drammatico contrasto fra quelle culture che millenni fa per prime e rapidamente svilupparono civiltà straordinarie e quelle che esistevano su gran parte del pianeta nella stessa epoca. Come illustrano queste culture primitive sopravvissute, e contrariamente alla teoria consolidata, senza un intervento o un contatto esterno noi non abbiamo alcuna necessità interiore di modificare il nostro modo di vita in direzione della civiltà.

Così le poche civiltà antiche dal rapido sviluppo (della cui natura progredita abbiamo prove archeologiche) non si adattano ai nostri modelli teorici. Forse allora è il momento di cambiare modello. Chi o che cosa accese un fuoco sotto queste culture? Forse adesso è il momento di prendere per vere le spiegazioni dei nostri antichi antenati: queste culture furono avvicinate e stimolate da una razza progredita; le culture del resto del mondo no.

Se guardiamo una carta geografica del mondo e ripensiamo all'era glaciale, è possibile congetturare perché possano essere state scelte queste culture specifiche. Vi erano acqua abbondante e pianure alluvionali estremamente fertili in Mesopotamia, Egitto, Cina e nella valle dell'Indo. La costa del golfo del Messico era fertile e umida. Il clima in questi luoghi si era riscaldato, e tutto ciò che serviva era la conoscenza tecnica per fare fiorire queste culture.

16.
ANTICHI ENIGMI: LA DOMESTICAZIONE DI PIANTE E CANI

L'ENIGMA DELLA DOMESTICAZIONE DELLE PIANTE

Agricoltura e civiltà vanno di pari passo. Insieme rappresentano un distacco di 180 gradi dalla norma umana, che è la forma di organizzazione sociale e di sussistenza dei cacciatori-raccoglitori. Secondo lo studioso Jack Challem: «Ciò che siamo – ed eravamo – può essere dedotto dai dati paleontologici (per lo più ossa e coproliti) e dalle abitudini osservate nelle tribù di cacciatori-raccoglitori sopravvissute fino al XX secolo».[1] Ominidi, preominidi, *Homo sapiens neanderthalensis* (tutti gli antenati degli uomini moderni) sopravvissero per milioni di anni vivendo in relativa armonia con la natura, raccogliendo piante e cacciando in tribù nomadi o seminomadi.

I semi di cereali e legumi, che sono ingredienti fondamentali dell'alimentazione occidentale fin dall'inizio della rivoluzione agricola, non facevano parte dell'alimentazione dei nostri antichi antenati. In effetti vengono consumati dagli esseri umani solo da una piccola frazione del tempo trascorso da quando esistono specie di ominidi o esseri umani. L'agricoltura esiste da appena diecimila anni circa, e la civiltà da metà di tale periodo. Da un punto di vista matematico, l'umanità ha trascorso in effetti il 99,99 per cento del suo tempo in condizioni primitive, preagricole. Infatti una gran parte della popolazione mondiale non si è convertita all'agricoltura e non ha adottato una civiltà fino all'ultimo millennio, e molte culture primitive l'hanno fatto solo dopo il contatto con civiltà esterne. Agricoltura e civiltà sono esperimenti ancora in corso nel crogiolo delle possibilità di sopravvivenza a lungo termine.

Tutto ciò indica la probabilità che agricoltura e civiltà fossero concentrate per un certo periodo in quei luoghi in cui la civiltà comparve per la prima volta. Esaminare la storia e cercare di stabilire le origini esatte dell'agricoltura e delle varie coltivazioni è pertanto parte integrante dell'accertare se la teoria dell'intervento esterno sia corretta. Ciò che appare subito evidente da ogni esame dell'origine delle coltivazioni principali è che esse sono associate a quattro delle principali civiltà antiche: il Messico, il Perù e la Mezzaluna Fertile, dove ebbero origine il mais, le patate e il frumento; e la Cina, dove forse ebbe origine il riso. Anche molte coltivazioni secondarie, come orzo, soia, lenticchie, piselli, fagioli, peperoni, zucche, cacao, cotone ed erba medica (usata come foraggio per animali) provennero da questi quattro centri di civiltà.

La prima domanda pertinente da formulare è perché i cacciatori-raccoglitori si dedicarono all'agricoltura. La teoria da tempo consolidata era che dall'agricoltura provenissero vantaggi per la sopravvivenza e poiché l'attività agricola comportava la specializzazione e la divisione del lavoro in definitiva creò un maggiore tempo libero. Ma studi recenti hanno dimostrato che la teoria era imprecisa. I !Kung del Kalahari conservano ancora un modo di vita da cacciatori-raccoglitori e gli studi hanno scoperto che essi non subiscono e non hanno mai subìto una privazione nutritiva, trascorrono meno anziché più tempo a procurarsi il cibo, conoscono le piante e hanno scelto consapevolmente di non coltivarle.

Perché allora alcuni cacciatori-raccoglitori si sarebbero dovuti dedicare alla coltivazione delle piante e alla completa modifica del modo di vita della loro tribù senza alcuna garanzia che così facendo avrebbero migliorato le loro possibilità di sopravvivenza? Sono state avanzate quattro teorie principali e tutte si basano sull'idea che il passaggio all'agricoltura fosse una necessità e non una scelta.

1. Secondo alcuni antropologi un mutamento climatico in Medio Oriente condusse a siccità e inaridimento, il che fece radunare la popolazione nelle oasi, stimolando così la necessità di un aumento della produzione alimentare e un modo di vita meno nomade.
2. Un'altra scuola ritiene che la forza propulsiva fosse semplicemente un aumento della popolazione.
3. Alcuni scienziati ipotizzano che i villaggi di pescatori avessero abbondanza di cibo, il che avrebbe condotto a una vita più sedentaria e alla sperimentazione dell'agricoltura.
4. È stato congetturato che esseri umani e piante abbiano sviluppato una sorta di rapporto simbiotico: gli uomini selezionarono artificialmente delle specie vegetali da coltivare e ne divennero dipendenti per il cibo, e le piante divennero dipendenti dagli uomini per la propagazione.

Nessuna di tali ipotesi ha ricevuto un'accettazione universale e nessuna può essere dimostrata. Inoltre, nessuna affronta il motivo per cui l'agricoltura sia comparsa inizialmente in località molto distanti fra loro geograficamente e il motivo per cui essa si sia sviluppata in congiunzione con l'improvvisa comparsa di una civiltà avanzata.

Come si è detto nel capitolo 15, la teoria dell'evoluzione come è stata applicata alle origini dell'agricoltura e della civiltà si fonda sull'ipotesi che vi sia uno schema universale inevitabile dello sviluppo dell'umanità da cacciatori-raccoglitori ad agricoltori a esseri civilizzati. Ma le testimonianze storiche non corroborano questa ipotesi. L'agricoltura e la civiltà si diffusero dai primi punti di sviluppo verso altre zone in tempi diversi e con uno schema di distribuzione irregolare. Inoltre i meccanismi naturali che motivarono gli uomini a creare l'agricoltura e la civiltà non sono stati chiaramente delineati né giustificati nei termini dei meccanismi evolutivi primari di mutazione e adattamento. In effetti l'agricoltura e la civiltà vanno quasi completamente contro i meccanismi darwiniani generalmente accettati. Se esaminiamo le testimonianze, troviamo che la cultura umana nel suo insieme non si sviluppò con un processo lento e graduale di trasformazione dal primitivo al complesso. Invece ciò che troviamo è un'esplosione di sviluppo, un balzo in avanti compresso in appena una frazione dell'esistenza dell'umanità in quanto specie, un modo di essere radicalmente mutato e una strategia di sopravvivenza completamente nuova basata sulla trasformazione umana di piante e animali inimmaginabile per gli esseri umani del Paleolitico.

Tutti i meccanismi dell'agricoltura si basano su processi artificiali: gli uomini selezionano le piante e gli animali che vogliono coltivare o domesticare perché queste specie soddisfano requisiti specifici. La distinzione fondamentale fra le piante e gli animali domesticati e i loro antenati selvatici è che vengono selezionati e sviluppati dagli uomini perché sono o possono essere adattati alle condizioni e alle cure che gli uomini possono fornire loro. Il lavoro che gli uomini investono a questo scopo ha come risultato un impegno costante, per molte generazioni, che si fonda su un livello elevato e continuo di pianificazione, intenzionalità e dominio sulla natura che non era mai stato manifestato durante la lunga esistenza preistorica dell'umanità.

Questa situazione crea una catena di conseguenze per piante e animali domesticati e per gli esseri umani. Al pari di tutti gli altri animali, noi siamo assolutamente legati alle piante, poiché solo le piante sanno trasformare l'energia solare, tramite la fotosintesi, in sostanze nutritive utilizzabili, costituendo la base della catena alimentare. La Bibbia ci dice: «Ogni carne è come l'erba». Perfino le proteine animali consumate dai carnivori in definitiva provengono dalle piante, poiché gli animali di cui noi ci cibiamo normalmente sono vegetariani.

Vi sono nel mondo circa 250 mila specie di piante fanerogame, e noi ne usiamo 10 come piante coltivabili per ricavarne il grosso dell'alimentazione umana. È interessante notare che molte di queste 10 specie provengono da appena due famiglie vegetali, le Graminacee (che comprendono i cereali come frumento, mais, avena, orzo e riso) e le Leguminose (come i fagioli), che sono fra le principali piante coltivate nel mondo fin dagli inizi dell'agricoltura. Sebbene stia infuriando un'aspra polemica fra i sostenitori degli organismi geneticamente modificati (Ogm) e gli oppositori degli Ogm, la nostra storia della manomissione genetica di piante e animali risale a migliaia di anni fa fino a queste prime coltivazioni, anche se i metodi utilizzati erano molto più tradizionali rispetto a quelli usati oggi. Col tempo abbiamo modificato radicalmente molte piante e animali, al punto che oggi sono meno simili ai loro antenati selvatici e costituiscono piuttosto specie separate senza parentela con quelle originarie. Oggi i cereali e i frutti selvatici hanno un aspetto molto diverso dai loro equivalenti coltivati per la commercializzazione, e il loro sapore non è per niente simile a quello delle varietà commerciali. In effetti è spesso impossibile trovare perfino l'antenato originario di una coltivazione moderna.[2] Come siamo arrivati fin qui?

Il processo principale usato dall'umanità per domesticare piante e animali è l'allevamento selettivo, che è in realtà un processo di riorganizzazione ereditaria. Secondo le ipotesi accettate, noi abbiamo selezionato caratteristiche specifiche che ci piacevano. Ma la selezione artificiale è completamente diversa dalla selezione naturale. Quest'ultima crea sistemi biologici stabilizzati che garantiscono lo sviluppo di un fenotipo selvatico normale, un organismo che racchiude una vasta diversità di caratteristiche le quali gli conferiscono un preadattamento a un'ampia varietà di situazioni ambientali, garantendo così la sopravvivenza della specie. La selezione artificiale fa proprio il contrario. Scompone proprio quei sistemi stabilizzati, creando così combinazioni di geni che non possono sopravvivere in natura.

Per rendere una specie vegetale gradevole al palato, di elevata qualità nutritiva, facile da raccogliere, in grado di sopravvivere alla coltivazione e adattabile alla competizione con altre piante, di solito noi modifichiamo in maniera significativa la pianta rispetto alle sue abitudini naturali. Gli agricoltori non vogliono piante alte ed esili, per cui i genetisti delle piante hanno selezionato e allevato mutazioni nane. I rami di solito non incrementano la resa, per cui gli agricoltori hanno selezionato varietà che non producono rami. La natura vuole che spighe e baccelli si rompano facilmente per la più completa dispersione dei semi, ma spighe e baccelli delicati possono influire negativamente su varie cose, dall'efficienza del raccolto e della lavorazione alla facilità di trasporto e alla conservabilità, per cui noi abbiamo selezionato frutti, cereali e verdure più resistenti. Nelle piante sono normalmente presenti delle tossine per combattere gli insetti nocivi, ma noi con la selezione abbiamo eliminato le tossine per rendere commestibili o saporite le piante, e poi le irroriamo di pesticidi per proteggerle durante la crescita. Insomma noi rendiamo inadatte le piante, utilizzando il processo antievolutivo della selezione artificiale.

Intraprendere questo processo, naturalmente, richiede tempo. Non avviene in una sola stagione, e nemmeno in una decina di stagioni. Il primo passo è cercare gli individui anomali, mutazioni che manifestino caratteristiche desiderabili. Poi bisogna selezionare i semi delle piante più sane e vitali, da piantare l'anno seguente, quando il procedimento va ripetuto, e di nuovo l'anno successivo, finché le caratteristiche desiderate compaiono regolarmente: un seme più grande, un frutto più grosso, un maggior numero di foglie, un sapore migliore e così via. Tutto ciò si ottiene mediante un'osservazione disciplinata in un arco di tempo prolungato. I primi esseri umani potevano sapere come eseguire questo procedimento?

È stato detto che quando gli uomini domesticarono le piante, le piante a loro volta domesticarono gli uomini. Noi diamo per scontata l'invenzione dell'agricoltura, ma per i popoli antichi del mondo il cambiamento da una vita nomade da cacciatori-raccoglitori a una vita sedentaria da agricoltori non fu solo una rivoluzione completa, ma anche un enorme azzardo il cui esito è ancora da definire. Noi abbiamo «scommesso sulla coltivazione», per così dire, sull'agricoltura, che in questa fase di sviluppo è un'impresa industriale altamente meccanizzata, legata a interventi artificiali. Ma perfino all'epoca della sua nascita, in quella manciata di antiche zone popolate, tale cambiamento equivaleva a un completo sovvertimento dell'esistenza umana.

I cacciatori-raccoglitori vivevano in una cultura tribale egualitaria che si spostava qua e là nel territorio di residenza alla ricerca di cibo. I concetti di proprietà privata, di tendenza ad accumulare e di ricchezza personale non esistevano. La necessità di organizzare una vasta forza lavoro non esisteva. La guerra era su piccola scala e limitata a conflitti con tribù locali. Tutto questo mutò quando gli uomini si stanziarono attorno alle loro coltivazioni. Piccole famiglie o gruppi all'interno di popolazioni più ampie contrassegnarono per sé territori fissi. Incominciarono a elaborare progetti per questi appezzamenti di proprietà privata, ad acquisire beni da usare, a lavorare per guadagnare denaro con cui acquistare ciò di cui avevano bisogno per coltivare le piante o curare le proprietà personali. Queste zone selezionate divennero qualcosa da rivendicare, da possedere, da proteggere e da difendere combattendo, il che alla fine condusse a conflitti, disaccordi e, in breve tempo, a eserciti permanenti. E tutto ciò avvenne in un quadro cronologico molto compresso in confronto all'esistenza totale dell'umanità in quanto specie.

Perché gli esseri umani si dedicarono a un cambiamento tanto radicale? Quale promessa poteva essere racchiusa in un tale azzardo e in un tale allontanamento dalle granaglie selvatiche che si potevano cogliere liberamente? Si può osservare che le versioni selvatiche di frumento, riso e mais erano molto più piccole delle versioni domesticate ed erano pertanto estremamente difficili da raccogliere. Non vi sarebbe stata giustificazione per gli antichi esseri umani di investire il tempo e la fatica necessari per raccogliere questi cereali. Ma non vi sono testimonianze, in realtà, a indicare che i nostri antenati si fossero mai affidati a questi cereali selvatici. La loro alimentazione di base si componeva di carni magre, una limitata quantità di carni grasse, e vegetali e frutti selvatici, «ma, significativamente, non cereali, legumi, latticini e nemmeno le carcasse ricche di grasso dei moderni animali domesticati».[3] Sappiamo che nessuna specie di primati consuma semi di Graminacee nell'ambito della sua alimentazione regolare e che gli esseri umani del Paleolitico non ne consumavano prima dell'8000 a.C. In effetti noi non siamo e non siamo mai stati adattati a digerire tali granaglie se non vengono lavorate;[4] ci mancano gli enzimi necessari per ricavare energia dal tipo di fibre naturali che predominano nei cereali selvatici, a meno che questi non vengano macinati e cotti.

I nostri remoti antenati, allora, non mangiavano quello che non potevano digerire, e non avevano la tecnologia per rendere digeribili e pertanto commestibili i cereali. Ciò non fornisce alcun aiuto per capire come mai gli esseri umani all'improvviso decisero di coltivare quello che in precedenza non avevano mai mangiato. Perché avrebbero dovuto scegliere di addomesticare le Graminacee? Come potevano gli antichi esseri umani essere certi che lo sforzo li avrebbe ripagati? E perché avrebbero dovuto rinunciare all'unico modo di vita che gli esseri umani avessero mai conosciuto in cambio di un azzardo? Tutto ciò rappresenta un balzo verticale nel modo di pensare. È facile ragionare all'indietro partendo dai fatti, adesso che sappiamo di genetica delle piante e allevamento, ma è un'impresa ardua cominciare dall'inizio (ipotizzando che i nostri antenati abbiano fatto così).

Forse l'aspetto più sconcertante dell'improvvisa svolta dell'umanità verso l'agricoltura e la civiltà è che non vi sono testimonianze dei passaggi intermedi di villaggi agricoli diffusi che sperimentassero la domesticazione di piante e animali. Un balzo dalla cultura di cacciatori-raccoglitori alla vita agricola dei sumeri, nello spazio di alcune migliaia di anni, senza alcun precedente su piccola scala e senza testimonianze che i prodotti coltivati risultanti potessero costituire il sostentamento degli esseri umani, sembra un balzo piuttosto miracoloso.

Vi sono diverse teorie che cercano di spiegare perché i nostri antenati modificarono il loro modo di vita e come appresero l'arte dell'agricoltura. La teoria del cumulo di rifiuti si fonda sul concetto che l'osservazione casuale di una catasta di immondizie con piante che germogliavano tra i rifiuti possa avere spronato i nostri antenati al cambiamento. Ma una tale osservazione appare difficilmente una motivazione sufficiente per modificare in maniera rapida e completa un modo di vita antichissimo. Altre teorie si incentrano sull'idea di comodità (le piante potevano essere coltivate accanto al luogo di residenza); sull'idea che una maggiore familiarità con le piante si traducesse in definitiva nella facilità di coltivarle, il che in realtà corrobora una conversione lenta, anziché rapida, all'agricoltura; e sulla connessione fra credenze religiose e agricoltura, il che non sembra sufficiente per una simile conversione totale delle culture.

Indipendentemente dal perché o dal come gli esseri

umani intrapresero la rapida marcia verso la civiltà, sono i punti esatti di origine degli antenati delle quattro principali colture mondiali (frumento, mais, riso e patate) che forse raccontano la parte più importante della storia, poiché fu sulle fondamenta di queste colture che si costruirono le nostre prime civiltà. Possiamo pensare che la scienza abbia la risposta giusta riguardo a dove ebbero inizio queste piante, ma come ogni altra cosa pertinente allo sviluppo di queste antiche civiltà le risposte non sono facilmente disponibili.

Si possono tuttavia avanzare ipotesi: «Mutamenti climatici nella Mezzaluna Fertile circa 10 mila anni fa [condussero] alla diffusione di cereali selvatici, uno dei quali era il predecessore del moderno frumento. Da quell'epoca molte mutazioni genetiche, in parte casuali, in parte volute, hanno condotto a una pianta molto diversa».[5] Ma ciò non significa che si possa identificare la specie vegetale iniziale di tali colture. «Il grano duro è un ibrido che nacque spontaneamente fra un'erba ancora non identificata e il farro [un tipo di frumento]. [...] Il grano tenero è la specie di frumento più coltivata e una delle poche colture per cui non si siano identificate forme selvatiche».[6] Questa specie erbacea selvatica e il primo frumento non sono stati individuati con precisione. Il frumento selvatico ha un guscio protettivo, mentre i semi del frumento domesticato sono spogli e rimangono attaccati allo stelo. Si presume che il primo sia stato trasformato nel secondo tramite mutazioni accidentali tra il farro e altre Graminacee selvatiche nella Mezzaluna Fertile. Non vi è alcuna risposta riguardo al perché i nostri antenati dovessero avere notato questo sviluppo impercettibile e agito di conseguenza.

Gli scienziati ritengono che i sumeri, i primi a sfornare il pane, coltivassero differenti varietà di frumento e Graminacee selvatiche per selezione casuale; durante il raccolto, selezionavano naturalmente le mutazioni (per quanto poche) che evidenziavano semi spogli saldamente attaccati allo stelo (al contrario del frumento selvatico). Di nuovo ci troviamo di fronte all'idea che ogni passo verso la civiltà fosse un caso «miracoloso». Sono necessarie migliaia di generazioni di selezione genetica casuale da parte della natura perché certe mutazioni compaiano più di frequente. Eppure il periodo, l'epoca o la località in cui potrebbe avere avuto luogo sulla Terra un simile processo graduale e assai prolungato non si trova da nessuna parte e non vi è spiegazione per questo miracolo botanico-genetico. È come se fosse un processo non di selezione naturale accidentale ma piuttosto di manipolazione artificiale.[7]

Come per il frumento, l'origine del riso coltivato è incerta e da tempo è oggetto di studio e di dibattito. La pianta è tanto antica e viene coltivata su un'area tanto vasta (dall'India alla Cina al Giappone) che l'epoca e la località precise del suo primo sviluppo potrebbero non venire mai stabilite.

Il mais o granoturco, *Zea mays*, è una delle due colture alimentari principali ad avere avuto origine nelle Americhe. Gli scavi archeologici e geologici, corroborati dalla datazione col radiocarbonio di pannocchie di mais trovate in grotte, indicano che un tipo di mais primitivo veniva usato come alimento in Messico almeno 7 mila anni fa e in seguito si diffuse verso nord e verso sud nelle Americhe. Tuttavia non sono state trovate forme selvatiche di mais.

Diversamente dal frumento, il mais è una pianta altamente specializzata ed è per lo più inadatta a una riproduzione naturale efficiente. Sebbene la pannocchia sia stata coltivata specialmente per produrre elevate rese di chicchi, la pianta non ha alcun meccanismo per diffondere i chicchi senza l'intervento umano. Gli indigeni americani a poco a poco trasformarono quella che era la pianta selvatica originaria nella pianta chiamata mais, una pianta di cui non si conoscono le origini, ossia un prodotto della cultura artificiale: una pianta fabbricata dall'uomo!

Infine passiamo all'umile patata, la più importante coltura non cerealicola del mondo. La patata appartiene alla famiglia delle Solanacee ed è strettamente imparentata con pomodori, peperoni e tabacco. Gli indigeni delle Ande sudamericane scoprirono il tubero attorno al lago Titicaca e in qualche modo (miracolosamente) constatarono che era commestibile anche se a quell'altitudine sia la pianta sia il tubero sono tossici. Dalle testimonianze archeologiche e dalla datazione col radiocarbonio è stato stabilito che la patata veniva coltivata a partire dall'8000 a.C., il che la rende contemporanea di frumento, mais e riso domesticati.

Queste quattro colture nutrono più persone al mondo di tutte le altre colture messe assieme e occupano il 70 per cento della terra coltivata totale in produzione. Il fatto che non sappiamo trovare i precursori di frumento, mais e riso sembra indicare che i nostri antenati avessero una dote straordinaria per la coltivazione complessa di specie vegetali che in precedenza avevano ignorato. È interessante notare che lo strabiliante successo di queste tre colture, assieme alla patata, può essere riconosciuto dal fatto che, sebbene la rivoluzione agricola sia in corso da 10 mila anni, gli esseri umani non hanno sviluppato nessun'altra coltura alimentare importante. Dobbiamo meravigliarci di una simile innovazione in un lasso di tempo tanto breve da parte di uomini appena emersi da culture primitive di cacciatori-raccoglitori.

Eppure le testimonianze delle antiche civiltà sono chiarissime riguardo all'origine delle colture e dell'agricoltura: furono gli dèi a insegnarle. Nella Genesi gli dèi collocano Adamo nel giardino dell'Eden perché lo coltivi, e in vari punti delle scritture istruiscono regolarmente gli israeliti riguardo alle pratiche agricole opportune. La prima società veramente agricola di Sumer usava per indicare l'agricoltore (*engar*), l'aratro (*apin*) e il solco (*absin*) termini che non erano di origine sumerica ma dai sumeri stessi venivano attribuiti a Enki e a Enlil: «L'agricoltura e la domesticazione degli animali erano doni elargiti all'umanità da Enlil e da Enki, rispettivamente».[8] Enlil diffuse per la prima volta i cereali «sulle colline» della Mezzaluna Fertile e rese possibile la coltivazione sulle montagne tenendo a bada le acque alluvionali. Il nome del terreno montuoso a est di Sumer (che secondo gli scienziati è la fonte di molte colture) era E.LAM, che significa «casa dove germinò la vegetazione».

Le civiltà messicane attribuivano l'arrivo del mais a Quetzalcoatl e al suo seguito, che vissero con loro per un decennio. Dopo avere creato gli uomini antichi col mais macinato, in seguito Quetzalcoatl insegnò loro le arti della coltivazione. Analogamente i peruviani affermano che fu Viracocha, un uomo dalle stesse sembianze di Quetzalcoatl, a trasmettere alla popolazione il beneficio dell'agricoltura sul lago Titicaca tramite sua figlia Mama Oella. La patata fu sviluppata sul lago Titicaca, sede di Tiahuanaco, che molti considerano la prima città della Terra.

Il riso è intimamente associato a molte culture asiatiche ed è la base della loro alimentazione e di alcune loro economie. I Kachin della Birmania settentrionale dicono di essere stati mandati lì dal centro della Terra dopo avere ricevuto chicchi di riso da piantare nel mondo perfetto in cui sarebbero dovuti vivere. Secondo l'antica religione giapponese Shinto, l'imperatore del Giappone è l'incarnazione vivente di Ninigo-nomikoto, il dio della pianta del riso. In India e in tutti paesi indù si dice che il dio Vishnu fece sì che la Terra desse alla luce il riso, e il dio Indra insegnò al popolo a coltivarlo.

Nella tradizione giudaico-cristiana il pane è il fondamento della vita, e per i cristiani diventa letteralmente o simbolicamente il corpo di Cristo, figlio di Dio.

Ciò che diviene evidente è che i cereali e la patata, la base dell'agricoltura e della vita nella nostra epoca di civiltà umana così come nei tempi antichi, hanno origini misteriose ed enigmatiche, eppure vi sono testimonianze secondo cui, come raccontano gli antichi, gli dèi effettivamente trasmisero agli esseri umani il dono di trasformare le piante in sostentamento.

La misteriosa origine del «migliore amico dell'uomo»

Tutti i cani discendono dalla mutazione dei lupi, i prodotti, assumendo il punto di vista ortodosso, di uno dei tanti esperimenti genetici avviati dall'umanità nell'antichità più oscura. I lupi furono i primi animali selvatici a venire allevati e trasformati in una sottospecie, creata in maniera presumibilmente artificiale dagli uomini allo stesso tempo del mais e di altre piante domesticate.

La domesticazione del lupo (*Canis lupus*) con la creazione di varie razze canine (*Canis lupus familiaris*) è probabilmente il migliore esempio della manipolazione genetica a lungo termine di un'altra specie. I lupi erano un tempo i carnivori più numerosi e diffusi sul pianeta, occupavano molte nicchie ecologiche e predavano molte specie diverse, come conigli, cervi, alci e bisonti.

Alcune razze di cani (per esempio i pastori tedeschi, gli akita e i samoiedi) assomigliano tanto ai lupi che non è difficile per noi accettare che siano discendenti diretti del *Canis* selvatico. Molte persone, però, hanno difficoltà a credere che tutti i cani siano discendenti genetici dei lupi. Per lungo tempo si pensò che razze canine diverse si fossero evolute da specie differenti, come i coyote, gli sciacalli e le iene.[9] Ma secondo la più ampia ricerca genetica sulle antiche origini dei cani, «nessuna sequenza di cane differiva da qualunque sequenza di lupo per più di 12 sostituzioni e 2 inserzioni. Questi risultati corroborano chiaramente la discendenza dei cani dai lupi».[10]

Per un certo tempo si ritenne che i cani fossero una specie diversa dai lupi, ma l'attuale ricerca genetica ha dimostrato in maniera definitiva che i lupi sono gli antenati del «migliore amico dell'uomo». Possono perfino incrociarsi liberamente con i cani e produrre discendenti fertili, anche se dall'aspetto non si indovinerebbe mai che un bassotto e un lupo abbiano lo stesso

Dna. Come per le piante, la domesticazione e l'allevamento di animali sono processi complessi che sono l'esito di un bel po' di tempo e di fatica da parte degli esseri umani: un bassotto è il prodotto di molte migliaia di anni di riorganizzazione umana del patrimonio genetico ereditario del lupo.

Purtroppo non è possibile ripercorrere all'indietro in linea ininterrotta il processo di domesticazione,[11] ed è per questo che sorgono in proposito tanti interrogativi. Per esempio, vediamo cani di razza pura come i saluky raffigurati in opere d'arte di egizi e sumeri. Ma come poteva l'uomo essere giunto a cani di razza oltre 5 mila anni fa? Per cominciare a rispondere a questa domanda, dobbiamo fare un passo indietro nel tempo fino al primo addomesticamento dei lupi. Per allevare cani, i nostri antenati dovettero partire dall'idea audace di azzardarsi a portare un lupo nella tribù. Naturalmente l'intenzione non sarebbe stata di fare del lupo un animale da compagnia. In effetti l'idea di cani come animali da compagnia non emerse fino al XIX secolo. In precedenza i cani lavoravano per vivere e prendevano il nome dal loro scopo: cani da caccia, cani da guardia, cani pastori e così via.

Ma noi non sappiamo come i nostri antenati domarono i lupi e stabilirono un rapporto con loro. Il procedimento si è perduto nell'antichità e gli scienziati e gli allevatori di cani possono soltanto avanzare supposizioni fondate. Il processo di addomesticamento non sarebbe potuto procedere con facilità o rapidità, poiché i lupi possono solo essere domati, non addomesticati. Sebbene il domare sia il primo passo verso l'addomesticamento, i lupi stessi non possono andare oltre. I loro istinti selvatici non possono mai essere completamente eliminati; un lupo può anche scagliarsi contro il suo padrone.

Anche se noi non conosciamo il procedimento esatto che seguirono, possiamo immaginare come i nostri antenati sarebbero potuti procedere per domare il lupo. Potrebbero prima avere osservato i lupi selvatici per molti anni, studiando il loro comportamento in branco. I lupi sono cacciatori sociali i cui branchi sono organizzati secondo una rigida gerarchia. Gli antichi esseri umani potrebbero avere notato la somiglianza fra se stessi e i lupi in quanto animali rigidamente sociali. A un certo punto potrebbero avere sottratto al branco diversi cuccioli (un gioco pericoloso) per allevarli.

Il progetto potrebbe essere stato di usare tali cuccioli come primi cani da caccia. Ma come avrebbero potuto insegnare ai lupi a collaborare? E se fossero riusciti a indurre i lupi a cacciare per loro e i lupi avessero ucciso un cervo, come avrebbero gli uomini indotto gli animali a condividere il cibo? È lontanamente possibile che i membri della tribù avessero adottato i lupi da cuccioli e si fossero comportati da lupi loro stessi fin dal primo contatto con gli animali, causando un proprio imprinting sui cuccioli come capibranco alfa. Ma seppure teoricamente possibile, ciò avrebbe richiesto un grado di intelligenza che noi non abbiamo mai attribuito agli esseri umani del Paleolitico.

Ipotizziamo che avessero superato questo ostacolo e stabilito con i lupi un rapporto da membri dominanti del branco; questo sarebbe stato solo l'inizio. Sarebbe stato necessario che i lupi vivessero in stretta associazione con gli esseri umani per lungo tempo prima che nascesse un mutante. Non soltanto è impossibile immaginare che qualunque tribù riuscisse a gestire un grosso branco per un tempo prolungato, ma sarebbe anche stata necessaria una mutazione per l'emergere del primo cane, poiché anche se cani e lupi sono uguali a livello di Dna, sono molto diversi in termini di caratteristiche ereditarie. I lupi mutano livrea, i cani no. I lupi figliano solo una volta all'anno; i cani possono figliare a volontà. I lupi hanno orecchi eretti; gli orecchi dei cani sono cadenti o appiattiti. I lupi non hanno la coda incurvata all'insù dei cani. Un lupo ha diversi tipi di pelliccia e il doppio di forza stritolante nelle mascelle (105 chilogrammi per centimetro quadrato) rispetto a un pastore tedesco perché il muso è più lungo e i denti sono più grandi di quelli del cane. La differenziazione doveva incominciare in qualche modo e (secondo il darwinismo e più o meno alla maniera dei cereali selvatici) come se non con una mutazione? I lupi dovevano mutare e venire allevati selettivamente per servire gli esseri umani.

Archeologi e paleontologi sfruttano le dimensioni per distinguere i cani dai lupi tra i resti subfossili. È ovvio che i cani venissero allevati per essere più piccoli. Ma come facevano i nostri antenati a sapere che un lupo poteva mutare in un cane il quale avrebbe avuto soltanto quei tratti di lupo (dimensioni inferiori e una natura fedele, affettuosa e obbediente) da loro desiderati? La scienza può ancora una volta ricorrere alla teoria del «miracolo casuale». Ma come mai il caso produce risultati che sono esattamente quelli che gli esseri umani trovano particolarmente utili e benefici? Per i cani, come per frumento e mais, sembra che il caso abbia prodotto i risultati di un progetto intenzionale. Malgrado il fatto che i lupi allo stato selvatico non abbiano prodotto una sottospecie con mutazioni canine nei milioni di anni della loro evoluzione come specie separata, ci rimane da ipotizzare che l'abbiano fatto spontaneamente quando gli esseri umani decisero di domarli, e questo con la limitazione di figliare solo una volta l'anno.

Un altro aspetto del mistero è come il primo cane alla fine abbia dato origine alle molte razze canine del mondo. Se dobbiamo credere che gli esseri umani siano stati responsabili di queste ulteriori trasformazioni, allora dobbiamo ricordare ancora una volta che gli uomini dell'età della pietra non avevano alcuna esperienza precedente con alcun tipo di allevamento di piante o di animali.

Il cane più antico tra le testimonianze archeologiche risale a 14 mila anni fa. Ma i resti che risalgono a quell'epoca sono pochi e ben distanziati. Sono stati trovati più cani sepolti con esseri umani morti circa 12 mila anni fa, il che sta a indicare che alla fine dell'era glaciale il rapporto uomo-cane cominciava a consolidarsi. Soltanto fra il 7000 e il 6000 a.C., tuttavia, questo rapporto risulta chiaramente consolidato nelle testimonianze archeologiche. Le ossa di cani diventano comuni negli accampamenti del tardo Neolitico.

Verso il 5000 a.C. vi sono ormai indizi di popolazioni di cani che differiscono tra loro. Resti di saluky, un membro della famiglia dei levrieri, sono stati portati alla luce in siti archeologici sumerici. I sumeri tenevano questi cani per la caccia e usavano la loro immagine su sigilli e sculture. Anche l'arte, le pitture tombali e le statue egizie raffigurano i saluky, che a quanto pare gli egizi riverivano. Il saluky era il cane imperiale dell'Egitto ed era chiamato El Hor, «il nobile». Tombe egizie risalenti al 2100 a.C. contengono l'immagine del saluky, e questi cani venivano spesso mummificati e sepolti con i loro padroni. Fra le altre razze ritratte su manufatti egizi vi sono i mastini, i pointer, i basenji, i terrier e un segugio chiamato cane dei faraoni. Altri cani rappresentati nell'arte antica comprendono il molosso, razza capostipite del mastino e del gigantesco cane da guerra di Sumer, Babilonia e Fenicia; e il kuvasz, ancora uno dei cani da fattoria preferiti nell'Europa orientale. Quanto sono diversi tutti dal lupo per aspetto, temperamento e capacità! È sorprendente che le loro mutazioni possano essere sopravvissute ai rigori del branco di lupi, o che le femmine di lupo, le quali istintivamente si accoppiano con i maschi alfa, si siano accoppiate con maschi che manifestavano le mutazioni genetiche da cui sono derivate tali differenze.

Un enigma ancora più grande risiede nel fatto che i cani incominciano a comparire nelle testimonianze neolitiche solo quando questi vari tipi di cani pregiati (chiaramente allevati) appaiono per la prima volta nei resti delle feconde civiltà di Sumer ed Egitto. Da dove arrivarono le razze pure? I cani nelle tombe neolitiche certamente non sono saluky né basenji. E come vennero alla luce questi cani di razza pura (di aspetto tanto diverso da un lupo) nell'arco di appena poche migliaia di anni?

Dall'altra parte del mondo, nell'antico Messico, si sono trovate statuine di cani risalenti a circa 8 mila anni fa; resti fossilizzati di cani sono stati scoperti in vari scavi; e, per una combinazione affascinante e allettante, in siti sepolcrali mesoamericani si sono trovati manufatti che raffigurano cani su oggetti a ruote. Si tratta o di figure di cani a corpo intero montate su quattro ruote a disco collegate ad assali di legno oppure di cani il cui corpo diventa una sorta di slittino. Il mistero di questi oggetti scaturisce dalla convinzione che le antiche civiltà delle Americhe non conoscessero la ruota. Un tempo si pensava che questi cani su ruote fossero giocattoli per bambini, ma gli studiosi si sono resi conto che la loro inclusione in siti sepolcrali ne indica un'importanza più seria. Per gli antichi mesoamericani la ruota simboleggiava il ciclo della vita, della morte e della rinascita. Al pari dell'oro, né la ruota né le sue rappresentazioni venivano usate per scopi pratici. Il cane aveva anche un significato simbolico. Nel Messico era simbolo del Sole notturno, il che rendeva il cane un compagno prezioso per i defunti, i quali secondo la cosmologia messicana nell'aldilà dovevano viaggiare verso i nove livelli degli inferi.

Analoghi oggetti funerari religiosi su ruote sono stati trovati in Mesopotamia e in Egitto, Assiria, Grecia e a Roma, dove il cane svolgeva un ruolo molto importante nei riti funebri come guida per i defunti negli inferi. Anche se l'origine del «migliore amico dell'uomo» è avvolta nel mistero, sembra appropriato che nei tempi antichi venisse riverito in quanto accompagnatore e guida degli esseri umani nell'aldilà.

Anelli mancanti e scarsità di tempo

Le testimonianze genetiche, archeologiche e culturali disponibili dimostrano che vi sono vari anelli mancanti fra i cacciatori-raccoglitori tribali e la loro trasformazione in agricoltori, e troppo poco del tempo necessario per lo sviluppo delle specie di Graminacee coltivate dalle prime civiltà del mondo. Lo stesso vale per lo sviluppo dei lupi verso la varietà di cani domesticati chiaramente allevati da tali culture.

Gli studi sull'alimentazione (e le nostre stesse esperienze) indicano che ancora oggi il sistema digestivo umano non è in grado di elaborare i cereali di cui ci nutriamo, se non sono ben cotti. In effetti il nostro organismo dal punto di vista della digestione è ancora adattato alle carni magre e ai vegetali a foglia di cui si sono nutrite 100 mila generazioni di cacciatori-raccoglitori.

Dobbiamo adesso affrontare il modo in cui i nostri antenati acquisirono le conoscenze avanzate in fatto di agronomia, genetica e tecnica necessarie per selezionare e coltivare certe Graminacee selvatiche e allevare i lupi per trarne rispettivamente colture alimentari e cani domesticati. Nella Bibbia gli dèi (una razza superiore di uomini) intervengono per trasformare Adamo in un agricoltore o coltivatore della terra, e in tutto l'Antico Testamento questi dèi forniscono agli israeliti istruzioni specifiche su come coltivare le messi.

In realtà nessuno degli antichi popoli a cui gli scienziati attribuiscono il merito dello sviluppo delle colture moderne e dei cani domesticati lasciò alcuna testimonianza di come avesse realizzato queste prodezze in un periodo di tempo tanto breve, a parte riconoscere i doni degli dèi intervenuti per trasmettere queste conoscenze. È una conclusione logica, data la raffinatezza dei procedimenti necessari per realizzare queste prodezze genetiche, che i nostri antenati abbiano ricevuto tali informazioni da coloro che già le possedevano.

17.
La metallurgia: grazie al fuoco

I metalli sono per la nostra civiltà quasi altrettanto importanti quanto l'agricoltura, ma spiegare come gli antichi esseri umani stabilirono i collegamenti che li condussero a individuare i minerali, vederne la potenziale utilità e acquisirli è ancora più difficile che spiegare come fecero grandi passi avanti nella coltivazione delle piante. Nel caso dell'agricoltura potremmo almeno ipotizzare che questi antichi esseri umani avessero esperienza con il regno vegetale e una certa conoscenza del suo modo di operare. La metallurgia era un territorio interamente nuovo. Gli antropologi immaginano che la scoperta della metallurgia fosse il risultato del contatto accidentale fra minerale e fuoco.

Abbiamo visto che il quadro dipinto dai sostenitori dell'evoluzione culturale darwiniana conduce alla conclusione che la nostra civiltà fu creata da una serie di scoperte accidentali. Potrebbe essere così anche per la scoperta e l'uso dei metalli da parte degli antichi? Nella sua critica all'evoluzione culturale, Robert Fellner ci rammenta: «Ogni azione consapevole (ed è la consapevolezza a fare la differenza tra una cultura [...] e un gruppo di animali che si comporta istintivamente) deve essere basata sul pensiero, in altri termini su concetti».[1] Secondo il parere di Fellner, allora, ogni passaggio innovativo richiede una riflessione per affrontare nuove sfide e problemi. Non è sufficiente affidarsi al concetto di scoperte accidentali per spiegare per esempio le origini dell'agricoltura perché la vera innovazione duratura richiede valutazione, analisi, pianificazione e un lungo percorso di tentativi ed errori. Così come non vi sono testimonianze del lento sviluppo da semi di Graminacee selvatiche a cereali domesticati, non vi è un percorso rintracciabile dalla scoperta di pepite d'oro liberamente disponibili ai processi metallurgici.

Le prime testimonianze dell'uso di oro da parte di esseri umani dell'età della pietra sono legate a siti che risalgono al 6000 a.C. circa. Ma l'oro è un metallo tenero e malleabile che può essere lavorato con utensili semplici. Si può trovare in forma pura in pepite, anche se perfino i più antichi manufatti d'oro, come gioielli, braccialetti e anelli, sono raramente puri; per la maggior parte contengono una quantità significativa d'argento. Gli antichi chiamavano *elettro* questa lega.

Anche il rame sembra essere stato in uso nel 6000 a.C. Poiché è un metallo più pratico dell'oro, il suo ruolo nello sviluppo della civiltà è maggiormente significativo; fu il metallo a essere usato per primo per utensili e armi. Il rame esistente in forma naturale veniva in origine raccolto e lavorato, anche se «nell'antico Vicino Oriente le riserve di rame naturale si esaurirono rapidamente, e i minatori dovettero fare ricorso ai minerali».[2]

Inizialmente gli antropologi asserirono che il rame era stato probabilmente scoperto lasciando cadere per caso nei fuochi degli accampamenti il minerale malachite, che contiene rame. In questa ipotesi vi è però un problema: le temperature dei fuochi di accampamento raggiungono un massimo di 600-650 °C, mentre la riduzione del rame dalla malachite avviene a un minimo di 800 °C. In altri termini, l'estrazione del rame richiede una fornace che possa raggiungere questa alta temperatura controllata. È improbabile allora, se non impossibile, che gli uomini dell'età della pietra abbiano scoperto accidentalmente il rame nei fuochi dei loro accampamenti. Non avrebbero potuto immaginarne la riduzione da malachite o minerali solforati (che nell'insieme contengono il 90 per cento di tutto il rame disponibile) prima dell'invenzione della fornace.

Anche se la metallurgia ebbe inizio come scoperta accidentale, l'applicazione pratica (fabbricare per esempio il primo utensile con il metallo fuso) avrebbe comunque richiesto un processo di riflessione lungo e rigoroso comprendente un certo numero di operazioni concettuali e un elevato livello di pensiero astratto. I nostri antenati cacciatori-raccoglitori non manifestarono mai un tale livello di capacità. In effetti, fino a 6 mila anni fa avevano soltanto compiuto le riflessioni necessarie per usare la pietra e l'osso per gli utensili e le pelli per l'abbigliamento. Eppure all'improvviso, durante il Neolitico, circa 5 mila anni fa, comparvero quelle poche civiltà altamente sviluppate, che fra i loro sviluppi includevano il «miracolo» tecnico di lavorare i metalli, nella stessa epoca in cui popolazioni distanti meno di 800 chilometri vivevano ancora in maniera primitiva. I raffinati manufatti ritrovati a Sumer e in Egitto evidenziano una fantasia artistica, un'abilità tecnica e una forza concettuale straordinarie. Nel 3000 a.C. le arti della fabbricazione di gioielli, della pittura e della scultura erano già pienamente sviluppate in Egitto e in Mesopotamia.

L'antico uso di argento, stagno e bronzo presenta un quadro simile a quello dell'emergere del rame in queste civiltà. L'argento, per esempio, è più duro dell'oro ed è anche più raro. Al pari dell'oro, l'argento puro veniva usato per ornamenti e gioielli e come misura di ricchezza. La galena (minerale di piombo) contiene sempre una piccola quantità di argento. Ma più di 4500 anni fa a Sumer si scoprì che se il piombo veniva ossidato e trasformato in cenere, rimaneva una gocciolina di argento. Ciò condusse alla scoperta del procedimento di coppellazione, che comporta l'aggiunta di cenere d'osso all'ossido di piombo. Secondo gli storici, un antico fabbro dovette accorgersi che questi ingredienti potevano essere messi assieme, conducendo all'assorbimento dell'ossido di piombo da parte della cenere e alla possibilità di separare e lavorare una grande quantità di argento. Questa divenne la modalità normale di produzione dell'argento dal 2500 a.C.

I sumeri si resero conto (o vennero a sapere) inoltre che se si mescolavano assieme minerali differenti nel procedimento di fusione, si poteva fabbricare un tipo diverso di rame, che fluiva più agevolmente, era più resistente dopo la modellatura ed era facile da fondere. Pertanto possiamo attribuire loro il merito della creazione della prima lega (il bronzo) che richiedeva una miscela di stagno e rame troppo precisa per essere una scoperta puramente casuale. Si è scoperto che una lama di scure del 2500 a.C. conteneva l'11 per cento di stagno e l'89 per cento di rame. Ma lo stagno, diversamente dall'oro o dal rame, non si trova in natura. Esiste sotto forma di ossido stannico, che è duro, pesante e inerte. È necessaria la fusione per separare lo stagno, e pertanto il procedimento per recuperare lo stagno dovette precedere la creazione del bronzo: una strada piuttosto contorta e complicata da percorrere, e certamente una strada che avrebbe richiesto ingegni continuamente impegnati nell'innovazione e nella sperimentazione intenzionale. E poiché la fusione è l'unico modo per modellare il bronzo, i sumeri fabbricarono perfino stampi unificati per lingotti che distribuivano alle loro città. Un rigore, una creatività e una concentrazione del genere certamente vanno a costituire una prodezza strabiliante per un popolo che così poco tempo prima era immerso nell'età della pietra. Le sue capacità creative erano a quanto pare tanto potenti che nel 750 a.C. è ormai testimoniata la scoperta di tutti e sette i metalli dell'antichità (oro, elettro, rame, argento, stagno, bronzo e mercurio). Il mercurio fu l'ultimo a essere scoperto, ma gli altri sei erano stati individuati già entro il

2000 a.C. Dopo il mercurio non si scoprì alcun metallo supplementare per quasi duemila anni, fino a quando nel XIII secolo Alberto Magno scoprì l'arsenico. Da questa scoperta dovettero passare altri 300 anni perché l'antimonio divenisse il nono metallo a essere scoperto.

Le varie civiltà che crebbero e prosperarono nei molti anni dopo l'ascesa dei sumeri ebbero la vita molto più facile, poiché ereditarono tutti i principi, gli utensili e i metodi del popolo dei sumeri, eppure non si compirono scoperte significative per quasi tre millenni! In *A History of Metals* l'autore L. Aitchison è evidentemente impressionato quando osserva che nel 3700 a.C. i mesopotamici stavano ormai fondando la loro nuova società sulla lavorazione dei metalli: «È chiarissimo che i sumeri assegnassero un valore molto elevato alla metallurgia».[3] E facevano bene, perché essa divenne la base per utensili avanzati, macchinari e armi. Aitchison deduce (con ammirazione per il sorprendente livello di raffinatezza dei sumeri) che i processi metallurgici «devono essere inevitabilmente attribuiti al genio tecnico dei sumeri».[4]

Ma che cosa hanno da dire i sumeri stessi riguardo ai loro rari talenti e doti per la lavorazione magistrale di vari metalli? Le loro tavolette sono chiarissime riguardo al modo in cui essi appresero tali tecniche: gli dèi trasmisero loro tali conoscenze e fecero loro da maestri, proprio come gli dèi (la razza della genesi) tracciarono le planimetrie dei templi e delle ziggurat. Il primo passo era segnare l'orientamento dell'edificio e collocare la prima pietra di fondazione. Poi, come raccontano le tavolette, si eseguiva una cerimonia: «Il re [...] "il Retto Pastore", "costruì il tempio luccicante di metallo", apportando rame, oro e argento da terre lontane. "Costruì l'Eninnu con la pietra, lo rese luccicante con i gioielli; col rame mescolato allo stagno lo tenne saldo"».[5]

Da questo versetto sembra che qualche oggetto fabbricato in bronzo tenesse in posizione la struttura e che rame, oro e argento abbellissero il tempio. Lo scriba della tavoletta chiarisce che un Sanug Simug, un «fabbro sacerdotale», lavorò alla facciata del tempio: «Con due palmi di pietra lucida rivestì la muratura; con diorite e un palmo di pietra lucida [...]». Qui e nel versetto precedente «pietra lucida» è in realtà un riferimento al metallo. Il fabbro sacerdotale era un mastro artigiano che evidentemente conosceva ogni sfaccettatura della sua arte complessa.

Le tavolette sumeriche sono fitte di riferimenti agli Anunnaki, gli dèi artefici che presiedevano a varie attività, dalla fabbricazione dei mattoni alla costruzione dei templi alla lavorazione dei metalli. Ancora una volta dobbiamo interpretare il termine dèi. È forse possibile che coloro che consideriamo eroi mitologici dei sumeri fossero in realtà i loro maestri e supervisori extraterrestri che avevano acquisito le loro conoscenze e i loro progressi sul loro pianeta d'origine?

Questa possibilità è sottolineata da diversi fattori. Primo, i nomi dei mestieri utilizzati dai sumeri in relazione alle attività metallurgiche – *simug* (fabbro ferraio) e *tibira* (ramaio e fabbricatore di metalli) – non sono parole di origine sumerica.[6] Secondo i linguisti vi sarebbe stato un sostrato linguistico da cui i sumeri avrebbero preso a prestito tali parole, ma questa protolingua non è stata identificata. Secondo, quali primi lavoratori di metalli al mondo, da quale cultura umana i sumeri avrebbero potuto prendere a prestito tali termini? Infine, in Mesopotamia mancavano i minerali metallici. I sumeri non avrebbero potuto scoprire accidentalmente la metallurgia senza secoli di contatto e sperimentazione con minerali grezzi. Tali pratiche e tecniche devono essere state importate da qualche altra parte, e coloro che aiutarono i sumeri dovevano essere più progrediti, più sviluppati e consapevoli dell'impatto dei doni da loro conferiti.

18.
Il gioco della datazione

Quando comparvero i primi ominidi? In quale punto del tempo ebbero origine gli esseri umani? Qual è l'età della piramide di Cheope? Qual è l'età delle rovine sul lago Titicaca? Quando emerse la civiltà olmeca? E queste e altre date e cronologie calcolate per la preistoria sono precise?

Le date attribuite a vari fossili e alla prima comparsa degli esseri umani e della civiltà sono sempre soggette a cambiamenti a mano a mano che vengono alla luce nuovi reperti e che vecchie tecniche di datazione un tempo considerate attendibili si rivelano non proprio accurate. Inoltre, cosa ben più problematica è la pratica di spostare date e cronologie per motivi politici o per via delle pressioni volte a fare in modo che i nuovi dati si conformino a sequenze cronologiche e concetti preesistenti.

Il procedimento di datazione e creazione di cronologie deve essere guardato con un certo grado di scetticismo, come illustra ciò che avvenne quando un recente ritrovamento in Australia minacciò di mandare all'aria il concetto antropologico di «origine africana». Era un caso classico di nuova datazione che produceva risultati non conformi a una teoria consolidata.

«L'uomo del Mungo è più vecchio del previsto», recitava il titolo di un articolo sul giornale australiano *The Age*:

> Una nuova analisi dei resti scheletrici ritrovati 25 anni fa sul lago Mungo nel Nuovo Galles del Sud indica che possano risalire anche a 68 mila anni fa, il che li renderebbe di 28 mila anni più vecchi delle precedenti stime scientifiche. La datazione modificata dei resti da parte degli scienziati dell'Australian National University riscrive la storia dell'occupazione dell'Australia e ha profonde implicazioni per il dibattito mondiale sulle origini dell'uomo moderno.[1]

L'articolo passava a spiegare che per eseguire la nuova datazione erano state usate tre nuove tecniche. La notizia di questa datazione modificata scatenò una tempesta di polemiche fra i sostenitori del multiregionalismo, secondo i quali gli esseri umani moderni migrarono da diverse parti dell'Asia, e i fautori del modello di «uscita dall'Africa», che colloca le nostre origini in tale continente. Quest'ultima teoria afferma che l'Australia venne popolata da *Homo sapiens* moderno 40 mila anni fa.

È interessante notare che la nuova datazione dei resti del Mungo fu seguita da nuovi risultati di ricerche in Africa che sospinsero indietro fino a oltre 70 mila anni fa la data della comparsa delle attività umane moderne in quella zona. Un articolo sul *New York Times* del 2 dicembre 2001 affermava che «nuove scoperte a Blombos Cave, 300 chilometri a est di Città del Capo, stanno rovesciando le convinzioni da tempo consolidate».[2] Tali convinzioni facevano risalire le più antiche testimonianze del comportamento umano moderno all'Europa di circa 40 mila anni fa. L'articolo si concludeva con l'affermazione secondo cui la prima comparsa degli esseri umani moderni andrebbe ricondotta all'Africa. Pertanto l'uomo del Mungo fu rapidamente rimesso al suo posto.

Il fatto è che ora quasi ogni data o sequenza cronologica riguardante le origini umane e i manufatti principali è contestata. Diversi anni fa una delle tecniche più recenti, chiamata termoluminescenza, venne usata per datare sedimenti in due siti in Turchia, Jinmum e Durin Yurakh, e i risultati sconvolsero la comunità archeologica. L'opinione consolidata prevedeva date nelle vicinanze dei 30 mila anni, ma le date che emersero collocavano i campioni a un'età di 250 mila anni o più! Le ruote dell'insoddisfazione convenzionale si misero a girare rapidamente: quelle date inattese (e indesiderate) furono messe da parte e fu chiesta a gran voce una seconda serie di test. Sembra non sia insolito mettere in dubbio la tecnica quando i suoi risultati sono imprevisti o mettono sottosopra ipotesi da tempo consolidate.

Il più scandaloso caso del genere (per lo meno fra quelli che sono stati resi pubblici) riguarda Virginia Steen-McIntyre, una geologa che negli anni Settanta lavorava per l'Ente di rilevamento geologico degli Stati Uniti e che fu inviata in Messico a eseguire prove di datazione su campioni di utensili in pietra di livello progredito recuperati in un sito chiamato Hueyatlaco, vicino a Puebla. Gli utensili rivelavano un livello di raffinatezza associato agli esseri umani moderni, il che spingeva l'antropologa responsabile del progetto, Cynthia Irwin-Williams, ad aspettarsi che gli utensili in pietra avessero meno di 25 mila anni, una datazione fondata sulla teoria secondo cui gli esseri umani moderni attraversarono lo stretto di Bering ed entrarono nel Nordamerica circa 25 mila anni fa al massimo. Gli scienziati più prudenti fissavano la data al termine dell'era glaciale, ossia 12 mila anni fa.

La Steen-McIntyre eseguì le prove e perfino effettuò dei riscontri sui risultati utilizzando quattro metodi diversi: decadimento dell'uranio, tefrocronologia, tracce di fissione e stratigrafia. Consegnò i risultati all'antropologa, che rimase sconvolta. Le date ottenute mediante la più recente tecnologia disponibile all'epoca indicavano che i manufatti avevano più di 200 mila anni, quasi 10 volte più di quanto previsto! Per Cynthia Irwin-Williams questo risultato era semplicemente sbagliato per almeno due motivi cruciali: gli esseri umani moderni non erano in Messico tanto tempo fa (secondo la teoria dello stretto di Bering) e non incominciarono a fabbricare simili strumenti fino a 50 mila anni fa (secondo le testimonianze disponibili).

La Irwin-Williams era insoddisfatta; voleva che le date venissero collocate a meno di 25 mila anni fa, ma la Steen-McIntyre si rifiutò di modificare i risultati. In seguito trovò difficile pubblicare la sua relazione e inoltre fu ridicolizzata dai colleghi, che la definivano una cacciatrice di pubblicità. Ma le ricadute non finirono lì. La studiosa perse anche un incarico di insegnamento che aveva in un'università americana. Nel 1981 la Steen-McIntyre scrisse una lettera a Estella Leopold, condirettore della rivista *Quaternary Research*: «Il problema che vedo è molto più grosso di Hueyatlaco. Riguarda la manipolazione del pensiero scientifico mediante la soppressione dei "dati enigmatici", dati che si oppongono al modo di pensare prevalente».[3]

Forse abbiamo buoni motivi per mettere in dubbio la precisione delle date e delle sequenze cronologiche stabilite dagli scienziati ortodossi. Vi sono molti casi simili a questo (alcuni perfino più inquietanti) e altri motivi per domandarsi perché le teorie, le date e le sequenze cronologiche prevalenti vengano custodite tanto gelosamente.

Alla fine degli anni Settanta io trascorsi un anno a compiere ricerche sulla civiltà olmeca in Messico. Lì notai sulla parete del museo di Villahermosa una sequenza cronologica che collocava l'inizio della civiltà olmeca attorno al 3000 a.C. Quella data da allora è stata modificata nel 1500 a.C., una drastica riduzione di 1500 anni. Mi domandai perché: la vecchia data era forse in conflitto con una nuova teoria? Quale che sia il motivo, il cambiamento corrobora l'idea secondo cui tutte le date e le sequenze cronologiche sono soggette a revisione in qualunque momento, o perché i metodi utilizzati per stabilirle si sono rivelati imprecisi oppure perché le date originariamente attribuite sono in conflitto con convinzioni ortodosse.

Nel 1996 la televisione americana Nbc trasmise un programma intitolato *The Mysterious Origins of Man* [Le misteriose origini dell'uomo]. Conteneva numerose idee tabù e fatti anomali che la comunità scientifica preferiva tenere nel cassetto. Parte del materiale era basato sul libro *Forbidden Archaeology* [ed. it. *Archeologia proibita*] di Michael Cremo. Secondo l'autore: «Dissi ai produttori di mettersi in contatto con funzionari dell'Università della California a Berkeley per avere il permesso di filmare i manufatti lì conservati. Il permesso fu negato».[4] I produttori portarono a termine il programma utilizzando invece fotografie del materiale, ma la storia non finì qui. Il programma fu ben accolto dal pubblico e la Nbc decise di trasmetterlo di nuovo. Gli scienziati però si risentirono. Piccatasi per il successo del programma e incolleritasi per il suo contenuto, la comunità scientifica passò all'azione cercando di bloccare la seconda trasmissione.[5] Poiché i suoi sforzi non riuscirono a smuovere la Nbc, portò la battaglia al Comitato di controllo sulle comunicazioni. La dottoressa Allison Palmer, presidente dell'Istituto di studi sul Cambriano, scrisse una lettera all'ente federale: «Come minimo alla Nbc dovrebbe essere imposto di presentare sostanziose scuse in prima serata al pubblico dei telespettatori per un periodo di tempo sufficiente affinché il pubblico riceva chiaramente il messaggio di essere stato ingannato».[6]

Ci rimane da credere che almeno alcuni membri della comunità scientifica non ritengano gli americani in grado di distinguere i fatti dalle invenzioni; pertanto non dovremmo venire a contatto con idee che contraddicono le teorie accettate dalla comunità scientifica. In realtà questo episodio sottolinea l'atteggiamento paternalistico di alcuni membri della comunità scientifica nonché il loro mancato rispetto per la libertà di opinione.

Potremmo domandarci se cronologie e sequenze storico-temporali soggette a revisione abbiano qualche valore. Perché stabilire una data «fissa» prima che tale data sia considerata giusta con assoluta certezza? Questo interrogativo nasce specialmente nel contesto di notizie come la seguente, data dalla Bbc nel 2001 e intitolata «Uno studio sulla datazione comporta un "ripensamento della storia umana"»: «Potrebbe rendersi necessaria una completa riscrittura della storia degli esseri umani moderni dopo un'innovazione nelle tecniche di datazione archeologica. Scienziati britannici e americani hanno scoperto che la datazione con radiocarbonio, usata per fornire un'indicazione di massima sull'età di un oggetto, può essere sbagliata».[7]

Cento anni fa il fisico francese Henri Becquerel scoprì la velocità del decadimento radioattivo naturale dell'uranio. Poco dopo questa scoperta un chimico americano, Bertram Borden Boltwood, stabilì di poter usare il decadimento prevedibile degli elementi radioattivi per calcolare il tempo. Applicò la sua nuova tecnica all'età della Terra, che valutò a 2,2 miliardi di anni. Questo fu uno choc per la comunità scientifica e per il pubblico, che da tempo ritenevano la Terra molto più giovane. Alla fine del secolo scorso l'età della Terra era ormai più che raddoppiata a circa 4,5 miliardi di anni. Io non la inciderei sulla pietra, però; fra altri cento anni potrebbe venire modificata di nuovo.

Nell'ultimo secolo quasi non è passata una settimana senza che una scoperta importante sulla storia della vita sulla Terra provocasse titoli a caratteri cubitali. Fino alla metà del XX secolo i paleontologi avevano scoperto solo pochi fossili di ominidi. Gli anelli mancanti erano molti e la sequenza cronologica dell'origine della specie risaliva a 2 milioni di anni fa. Proprio mentre incominciava il nuovo millennio fu annunciata l'ultima scoperta riguardo alla data di origine dei mammiferi. «I ricercatori hanno descritto un fossile che sospinge all'indietro di 45 milioni di anni le origini di fondamentali caratteristiche dei mammiferi».[8]

In realtà gli esperti sapevano da tempo che la datazione col radiocarbonio è inesatta, ma non si erano resi conto di quanto potesse essere imprecisa fino alla pubblicazione di un recente studio in cui gli scienziati hanno calcolato l'età di antiche formazioni calcaree usando metodi di datazione col radiocarbonio e un metodo più recente e più accurato chiamato datazione con il metodo dell'uranio-piombo. Sono rimasti sorpresi nel constatare che le datazioni col radiocarbonio erano sbagliate di migliaia di anni e che i risultati sballavano ancora di più con l'esame di campioni più antichi. Gli oppositori della tecnica di datazione col radiocarbonio sostenevano da tempo che non fosse precisa e che molte rovine e manufatti fossero molto più antichi di quanto stimato dagli scienziati. A loro parere il metodo del radiocarbonio si basa sull'ipotesi errata che vi sia stato un livello stabile di carbonio radioattivo per tutta la storia della Terra. Lo studio ha dimostrato che l'ipotesi era davvero sbagliata e «nel lontano passato potrebbe esservene stato molto di più [di carbonio] di quanto si pensasse in precedenza».[9]

Prima della pubblicazione di tale studio (più o meno durante la stesura di questo libro) il metodo del radiocarbonio era stato la tecnica di datazione principale usata dagli archeologi per datare i manufatti trovati negli scavi. Gli effetti a cascata che inevitabilmente si ripercuoteranno sulla comunità scientifica devono ancora essere tradotti in modi di pensare modificati e sequenze cronologiche rivedute. Senza dubbio molte date e cronologie consolidate verranno sospinte ancora più all'indietro nel passato.

Ma le imprecisioni nella datazione col radiocarbonio costituiscono soltanto uno degli argomenti del dibattito fra la comunità scientifica ortodossa e gli scienziati alternativi. Molti di coloro che stanno al di fuori della comunità ortodossa ritengono che l'intera metodologia usata per stabilire le date di antiche rovine sia basata su ipotesi e presupposti che non possono essere dimostrati da nessun dato. Non è possibile attribuire una data a un blocco di basalto, calcare o granito usato per costruire la piramide di Cheope o a una catasta di terra utilizzata per costruire tumuli. Un geologo può stimare le età della roccia e della terra, ma tali stime saranno dell'ordine dei milioni di anni, il che non aiuta molto. Archeologi e antropologi per la datazione col radiocarbonio si affidano a materiali trovati in un particolare sito per stabilire il periodo complessivo in cui tale sito fu costruito e occupato.

Questo sembra un modo logico di affrontare il problema, ma i risultati saranno precisi in relazione all'età del sito nel suo insieme soltanto se i materiali trovati sul sito sono in correlazione con l'epoca in cui questo fu costruito. Come lo si può sapere con certezza? Usando come esempio Tiahuanaco, le uniche parti rimanenti della struttura originaria erano blocchi monolitici di andesite e calcare e un po' di ghiaia, ma questi offrivano poco che potesse essere usato per datare con precisione la struttura originaria e stabilire quando fosse stata occupata.

Il passo successivo, allora, era cercare di individuare villaggi vicini e lavorare su materiali trovati in tali siti. Ma più bisogna andare lontano dal sito originario per ottenere il genere di informazioni necessarie per datare quel sito, più debole è considerata la data risultante. Anche se il materiale trovato in un sito particolare può essere datato, non vi è prova incontrovertibile che la data corrisponda al momento in cui il sito fu costruito e occupato per la prima volta. I costruttori e gli occupanti originari, per esempio, potrebbero avere abbandonato il sito, il quale potrebbe essere stato usato da un gruppo di persone successivo a cui apparterrebbero i materiali da noi trovati. Noi sappiamo che gli olmechi abbandonarono effettivamente i loro siti dopo avere intenzionalmente distrutto edifici e monumenti sepolcrali e avere deturpato i manufatti. Ma non vi è modo per gli scienziati di dimostrare che i materiali trovati nei siti olmechi possano essere attribuiti a coloro che li costruirono. Nel migliore dei casi, i dati disponibili corroborano un'ipotesi di lavoro, un fondamento piuttosto tenue per una sequenza cronologica. Le date di fondazione dei siti olmechi (e pertanto della cultura olmeca nel suo insieme) non possono essere stabilite in termini definitivi: si ritiene che la cultura olmeca sia stata fondata nel 1500 a.C. e sia esistita fino al 300 a.C.

È possibile sostenere quasi ogni cosa e si possono sempre trovare testimonianze a sostegno di ciò che si desidera dimostrare. Storici e archeologi operano in maniera analoga agli avvocati, affidandosi spesso ad argomentazioni efficaci o abili per convincere la giuria. Questo naturalmente non è il modo in cui si presume proceda la scienza. La metodologia della scienza dovrebbe consistere nel mettere assieme fatti osservabili costruendo una teoria dimostrabile che possa essere confermata in maniera indipendente. Ma preconcetti e obiettivi e il desiderio di proteggerli possono rendere torbido il procedimento. Il preconcetto e l'obiettivo della scienza riguardo all'origine degli esseri umani e della civiltà sono legati alla teoria dell'evoluzione culturale, al darwinismo applicato allo sviluppo delle società umane.

Come abbiamo visto, però, vi sono molti enigmi e anomalie che non si inseriscono in questo modello accettato. Tiahuanaco, la piramide di Cheope e le molte altre rovine megalitiche associate alla valle dell'Indo, al Perù, al Messico, all'Egitto, alla Cina e alla Mezzaluna Fertile (insieme con testimonianze di tutto il mondo che illustrano le conoscenze avanzate delle antiche civiltà) rivelano giustificate lacune nella teoria dell'evoluzione culturale. Eppure è difficile opporsi a una teoria accettata e farsi ascoltare.

Il defunto archeologo Scotty MacNeish, considerato sia un dissidente sia uno scienziato di prim'ordine, scrisse 50 libri e pubblicò centinaia di articoli scientifici, e gli sono attribuite diverse scoperte importanti, come l'avere trovato dopo lunghe ricerche l'origine del mais domesticato in Messico. A suo parere la più antica presenza umana in Nordamerica risale a quasi 60 mila anni fa nel Nuovo Messico, ma poiché la sua teoria si oppone alla teoria ortodossa esistente probabilmente otterrà poco spazio sui mezzi di informazione.

Fintanto che la politica della scienza non cambia o la tecnologia non raggiunge un livello estremamente attendibile, il meglio che si possa fare è cercare di stabilire la corretta sequenza di eventi e trascurare ogni data esatta e ogni cronologia inflessibile. Sono tutte scritte sulla sabbia.

19.
LE ERE DI GHIACCIO

Siamo tutti discendenti dell'era glaciale. Sopravvivere a regimi climatici gelidi e ghiacciati per periodi prolungati è una delle imprese più serie che i nostri antenati dovettero affrontare. Appena breve tempo addietro sull'orologio geologico, gli orsi polari cacciavano foche a New York e i lupi artici seguivano le tracce del bue muschiato lungo il margine dei campi gelati nell'Illinois. Uomini vestiti di pesanti pelli di animali e sferzati da forti venti camminavano a fatica su paesaggi ghiacciati alla ricerca di cibo.

Le glaciazioni sono state una costante sulla Terra per milioni di anni, e durante gli ultimi 2 milioni di anni i nostri predecessori dovettero adattarvisi. Ripetutamente giunsero i ghiacci, diffondendo una spessa coltre gelida sul territorio. Nell'Artide e nell'Antartide e nei ghiacciai stretti attorno alle catene montuose più elevate possiamo cogliere l'aspetto e la sensazione di un'era glaciale. I ghiacciai del mondo sono in effetti dei residui della glaciazione, che era già in corso da 15 mila anni quando si verificò il più recente massimo glaciale, 18 mila anni fa. Ancora 12 mila anni fa buona parte della Terra era coperta da spesse coltri di ghiaccio, anche se la glaciazione stava finendo e i ghiacciai incominciavano a ritirarsi, un processo che è proseguito quasi ininterrottamente fino a oggi.[1]

La prima di una serie di ere glaciali subite dalla Terra ebbe inizio circa 340 mila anni fa, mentre la seconda era glaciale incominciò 270 mila anni fa e durò 40 mila anni. Fu seguita da un'altra che incominciò 160 mila anni fa e terminò 130 mila anni fa. Durante le ultime due ere glaciali si formarono istmi di terra con l'abbassamento del livello dei mari,[2] un evento spettacolare derivante dal fatto che sempre più acqua della Terra si gelava negli strati di ghiaccio in espansione. All'incirca dai 35 mila agli 11.500 anni fa il livello dei mari fu inferiore a oggi, e al culmine dell'avanzata dei ghiacciai il mare era di circa 120 metri più basso rispetto a oggi. Al termine della più recente era glaciale il mare era di 50 metri più basso di oggi, ma da allora si sta alzando continuamente.

Naturalmente la vita sulla Terra si è dovuta regolare e adattare in vari modi a questi cicli estremi nel corso dei millenni. *Homo sapiens neanderthalensis*, per esempio, era ben adattato al freddo, essendo sopravvissuto a numerose ere glaciali durante il suo soggiorno sulla Terra, che ebbe inizio 400 mila anni fa. In effetti, grazie in parte a tale sopravvivenza, la scienza negli ultimi anni ha riveduto in gran parte il ritratto dei Neanderthal: non erano uomini delle caverne completamente idioti come furono considerati al momento della loro scoperta.

All'incirca fra i 150 mila e i 125 mila anni fa gli esseri umani moderni incominciarono a soppiantare i Neanderthal in Africa e in Oceania. Un articolo pubblicato su *Nature* (4 maggio 2000) diceva così:

> L'ipotesi di «uscita dall'Africa» sostiene che gli esseri umani moderni si siano evoluti in Africa tra i 200 e 100 mila anni fa, migrando verso l'Eurasia in un'epoca successiva. [...] la scoperta di manufatti del Mesolitico in un terrazzo a scogliera emerso sulla costa del mar Rosso in Eritrea, che datiamo all'ultimo periodo interglaciale (circa 125 mila anni fa) [...] è la più antica testimonianza ben datata dell'adattamento

umano a un ambiente marino costiero che annuncia un'espansione della portata e della complessità del comportamento umano da un'estremità all'altra dell'Africa. Questa nuova strategia adattativa diffusa potrebbe in parte segnalare l'inizio del comportamento umano moderno, il che corrobora un'origine africana degli esseri umani moderni 125 mila anni fa.[3]

Recenti studi genetici hanno presentato testimonianze le quali sembrano indicare che gli esseri umani moderni, a quanto pare emigrati dall'Africa orientale, subirono a un certo punto una «strozzatura demografica» che ridusse drasticamente la popolazione umana:

> Precedenti studi sui materiali genetici chiamati Dna mitocondriale e microsatelliti corroboravano l'idea che un piccolo gruppo di esseri umani primitivi (da 5 mila a 20 mila) emigrarono dall'Africa orientale, si diffusero in tutto il mondo e rapidamente si espansero in termini di popolazione soppiantando altre popolazioni umane altrove in Africa 80 mila anni fa, in Asia 50 mila anni fa e in Europa 35 mila anni fa [...].
> Il nuovo studio però ha analizzato mutazioni chiamate Snp (polimorfismi del nucleotide singolo) nel Dna tratto dal nucleo di cellule umane studiate per il progetto genoma umano, il tentativo di mappare l'intero codice genetico umano. Ciò indica che vi fu una strozzatura nella popolazione umana (a quanto pare una netta riduzione del numero di persone) quando gli antenati degli esseri umani moderni colonizzarono l'Europa circa 40 mila anni fa.[4]

Sul *New York Times* del 7 dicembre 1999 Nicolas Wade scriveva: «[...] attingendo dati da 50 gruppi etnici di tutto il mondo, [lo studio] deduce che la popolazione ancestrale da cui provennero i primi emigranti poteva essere composta da appena duemila persone».[5] Un altro studio ha indicato che questo piccolo gruppo si diresse verso l'Asia. Quale che fosse la direzione seguita, questa popolazione non avrebbe avuto molto tempo per sistemarsi in qualunque nuovo ambiente perché la successiva era glaciale incominciò circa 5 mila anni dopo (circa 35 mila anni fa).

Il fatto importante ricavato da tutto ciò è che qualche importantissimo evento trasformativo si verificò circa 40 mila anni fa, poiché è in tale periodo che i Neanderthal si estinsero e gli esseri umani moderni divennero l'unica specie di *Homo sapiens* sulla Terra. Un gruppo di scienziati è convinto che attorno a quell'epoca abbia avuto luogo in *Homo sapiens* un importante cambiamento neurologico con base genetica, che indusse gli esseri umani moderni dal punto di vista comportamentale ad avviare un'innovazione rispecchiata in opere d'arte e utensili in pietra più progrediti. Ma quale fu l'evento neurologico e che cosa lo provocò? Potrebbe essere questo il momento in cui si verificò un importante intervento?

La popolazione umana moderna è molto omogenea. Fra un individuo e un altro i nostri geni differiscono solo dello 0,1 per cento, indipendentemente da razza, sesso o ascendenza etnica. A livello del Dna siamo tutti praticamente uguali. Secondo un articolo della rivista *Discover*: «Secondo alcuni antropologi questa omogeneità genetica è l'esito di una "strozzatura demografica": in una certa epoca del passato i nostri antenati andarono incontro a un evento che ridusse fortemente il nostro numero e pertanto la nostra variabilità genetica».[6] Quasi ogni cultura ha un mito che racconta in dettaglio uno o più di tali eventi o cataclismi che ridussero la popolazione mondiale a un residuo. La «strozzatura demografica» della Bibbia, per esempio, è il diluvio di cui Noè, sua moglie e la sua famiglia furono gli unici sopravvissuti.

Gli scienziati ritengono che la «strozzatura» per la popolazione della Terra abbia avuto luogo circa 40 mila anni fa.

Secondo l'archeologo Stan Ambrose, dell'Università dell'Illinois, l'evento che fece diminuire la popolazione della Terra fu una colossale eruzione vulcanica circa quattromila volte più potente dell'eruzione di Mount St. Helens. Circa 40 mila anni fa il monte Toba a Sumatra eruttò, seppellendo l'India sotto uno strato di cenere e, ritengono ora gli scienziati, provocando un inverno planetario di 6 anni che scatenò una miniglaciazione durata mille anni.

L'idea di un residuo di popolazione di duemila persone che 40 mila anni fa sopravvissero a un cataclisma mondiale e successivamente seguirono i percorsi migratori delineati sia nel modello di «uscita dall'Africa» sia nella teoria dell'istmo sullo stretto di Bering non sembra però sostenibile. Appare impossibile che un gruppo di uomini tanto piccolo originatosi in Africa 40 mila anni fa possa essersi diffuso in tutto il mondo in simile numero e con simile varietà culturale nel giro di 20 mila anni.

Inoltre, perché questo piccolo gruppo sarebbe dovuto uscire dall'Africa? E se effettivamente ne uscì, perché si sarebbe dovuto avventurare più lontano del successivo tratto di territorio ospitale in un mondo vasto e ignoto? Se questi uomini avessero viaggiato lontano, avrebbero prima o poi incontrato montagne insuperabili, mari infiniti e minacciosi animali predatori. Una dispersione tanto vasta avrebbe richiesto da parte di generazioni successive l'abbandono di quello che tutti gli antropologi hanno osservato essere un tratto eminente delle tribù umane: il conservatorismo.

L'ipotesi della migrazione dei nostri antenati dall'Africa solleva anche altri interrogativi. Sembra impossibile spiegare perché o come i nostri antenati dovessero emigrare dall'Africa durante la più recente era glaciale. Dobbiamo tenere presente che l'ultima glaciazione ebbe inizio 35 mila anni fa e si concluse appena 11.500 anni fa. Se gli esseri umani effettivamente incominciarono a lasciare l'Africa 40 mila anni fa, non avrebbero avuto (diversamente dai

Neanderthal) esperienza di un'era glaciale, poiché tranne le montagne più alte l'Africa fu poco influenzata dalle glaciazioni precedenti. Ipotizzando che si siano diffusi a nord verso l'Europa e la Cina e poi abbiano attraversato lo stretto di Bering per popolare le Americhe appena 20 mila anni fa (la data piuttosto controversa della prima comparsa degli esseri umani nelle Americhe è il 13.000 a.C.), avrebbero incontrato un ambiente gelido senza avere le capacità necessarie per sopravvivere a un freddo tanto intenso. Inoltre sembra improbabile che avessero la motivazione per allontanarsi da una regione maggiormente temperata per spostarsi in zone molto più fredde.

I geologi ora sanno che dopo l'ultima glaciazione un disgelo massiccio provocò gigantesche inondazioni nel Nordamerica, in Europa e in Asia quando incominciarono a sciogliersi gli strati di ghiaccio che ricoprivano il Nordamerica. Per capire le dimensioni dell'inondazione, possiamo esaminare la vasta regione vulcanica chiamata Channeled Scablands nello Stato di Washington, che si estende per centinaia di chilometri da Spokane verso ovest fino alla Catena delle Cascate. Questo territorio fu scavato dalle acque alluvionali postglaciali che si riversarono fuori da una diga naturale. Quando le acque si ritirarono, lasciarono tracce geologiche composte da strisce di ghiaia e sedimenti accatastati per oltre 250 metri di altezza, gole profonde scavate per decine di metri nel basamento roccioso, e macigni grandi come case disseminati sul territorio.

Importante per qualunque scenario che spieghi come gli esseri umani poterono sopravvivere all'ultima glaciazione è la comprensione del meccanismo che innesca e conclude le ere glaciali. La scienza soltanto di recente è riuscita a mettere a punto in maniera convincente questa spiegazione, e ciò che le ricerche hanno scoperto è piuttosto sorprendente: i carotaggi di ghiaccio effettuati su entrambi i poli e in Groenlandia indicano che la quantità di luce solare che raggiunge le regioni polari determina l'avvento delle glaciazioni.[7] Le ultime quattro ere glaciali sono state messe direttamente in relazione con questo fenomeno. I periodi interglaciali (le epoche calde fra le glaciazioni) si hanno quando le regioni polari ricevono più luce solare, e la quantità di luce solare ai poli fluttua secondo i cambiamenti dell'inclinazione assiale della Terra in congiunzione con la sua orbita attorno al Sole.

La nostra esperienza dello spostamento della Terra nello spazio è illusoria. Sembra che il nostro pianeta stia fermo ma in realtà noi sfrecciamo nella galassia a circa 28 chilometri al secondo! Mentre noi corriamo come bolidi nello spazio, la nostra astronave sferica oscilla leggermente attorno all'asse di rotazione (più o meno come farebbe una trottola) descrivendo un cono: la Terra è leggermente inclinata rispetto all'orizzontale, ossia al piano dell'orbita attorno al Sole, e tale inclinazione fluttua fra i 22,1 gradi quando è più vicina alla verticale e i 24,5 gradi quando l'inclinazione è massima. Si sposta fra questi due estremi con un ciclo di 41 mila anni ed è attualmente inclinata di 23,5 gradi rispetto alla verticale.

La Terra compie una rotazione completa attorno alla verticale ogni 26 mila anni percorrendo le sue orbite ellittiche attorno al Sole, un meccanismo chiamato precessione. Lo spostamento che ne risulta si è svelato in vari modi. Per esempio, il polo Nord oggi punta verso la stella polare, ma non è sempre stato così. La direzione verso cui punta cambia lentamente. Il polo puntava verso Vega circa 13 mila anni fa e punterà di nuovo verso Vega fra 13 mila anni. Lo spostamento può essere osservato dalla Terra anche notando i piccolissimi cambiamenti della posizione del Sole al momento degli equinozi, cambiamenti tanto lievi che senza le attrezzature moderne diventano evidenti solo nell'arco di centinaia di anni.

La scienza moderna ora sa che la rotazione della Terra attorno alla verticale nell'arco di circa 26 mila anni e il ciclo di inclinazione di circa 41 mila anni sono i meccanismi principali che causano l'inizio e la fine delle ere glaciali.

L'impatto di tali meccanismi sul clima della Terra è più facile da capire se si pensa all'alternarsi delle stagioni e a come la rotazione assiale della Terra le provochi. Nell'emisfero boreale l'estate arriva quando il polo Nord è inclinato al massimo verso il Sole e l'inverno arriva quando è inclinato dall'altra parte. Il processo che innesca e conclude le glaciazioni opera in maniera analoga, anche se è più complesso e si svolge su un periodo di tempo assai lungo. Può essere considerato un ciclo stagionale molto esteso. Quando l'inclinazione della Terra è meno pronunciata rispetto alla verticale, le estati si fanno più fresche e anno dopo anno si accumula ghiaccio ai poli.

Quando gli strati di ghiaccio cominciano ad accumularsi, creano un ciclo di rinforzo positivo. L'aumentato potere riflettente della superficie terrestre respinge verso lo spazio i raggi del Sole, causando un ulteriore raffreddamento. A mano a mano che gli strati di ghiaccio continuano a espandersi, la quantità di anidride carbonica nell'atmosfera si riduce, il che pure contribuisce al processo di raffreddamento. Negli ultimi 10 mila anni abbiamo registrato l'effetto opposto, un'epoca calda interglaciale caratterizzata da «effetto serra»: un livello crescente di anidride carbonica, ghiacciai in ritiro e livello dei mari in aumento.

Il periodo interglaciale in cui ancora ci troviamo ebbe inizio circa 18 mila anni fa (quando giunse al culmine l'ultima glaciazione). L'orbita della Terra è ellittica, per cui la Terra è più vicina al Sole in certi momenti dell'anno e più lontana in altri momenti. Il massimo avvicinamento al Sole, chiamato perielio, adesso si ha in gennaio, il che rende gli inverni dell'emisfero boreale leggermente più caldi di quanto fossero 18 mila anni fa. Il perielio si verificava in luglio circa 18 mila anni fa, il che rendeva più calda l'estate nell'Artide a quell'epoca.

Applicando di nuovo l'analogia stagionale all'alternanza di ere glaciali e periodi interglaciali, possiamo vedere che da circa 18 mila anni siamo nella fase primavera-estate delle stagioni equinoziali a lungo termine. Come sappiamo, però, le stagioni cambiano con infallibile regolarità secondo la posizione della Terra relativamente al Sole. Pertanto dovremmo essere vicini alle prime fasi della prossima glaciazione. Il fatto che non si sia ancora manifestata è probabilmente in relazione con l'azione sui meccanismi naturali dell'effetto serra causato dall'uomo.

Certamente nell'arrivare a conoscere un meccanismo tanto complesso come quello che ha causato l'alternanza di glaciazioni e periodi interglaciali negli ultimi 200 mila anni abbiamo dimostrato la profondità delle conoscenze astronomiche degli esseri umani moderni. Tali conoscenze sono il prodotto di migliaia di anni di civiltà. O no? Come vedremo nel capitolo seguente, vi sono testimonianze a indicare che i popoli antichi sapessero sul cielo tanto quanto noi. Sapevamo da tempo che gli antichi prestavano molta attenzione alle costellazioni e che il greco Ipparco aveva descritto accuratamente il ciclo di precessione. Ma Ipparco compì le sue osservazioni e confrontò i suoi risultati con testimonianze di osservazioni ancora più antiche compiute da studiosi alessandrini e babilonesi le cui conoscenze a loro volta derivavano da Sumer. Come fecero questi antichi popoli ad acquisire le loro conoscenze?

Come per gli altri progressi tecnici dei sumeri, queste conoscenze astronomiche e matematiche provennero dagli dèi, dalla razza della genesi che trasmise le sue conoscenze ai sumeri e ad altre culture antiche tramite l'insegnamento dell'astrologia e delle costellazioni e la collocazione delle prime civiltà della Terra attorno ai 30° di latitudine nord, una latitudine relativamente al sicuro dagli effetti delle glaciazioni. Questa collocazione ci conduce allo scopo a cui servivano tali conoscenze: avrebbero consentito agli antichi, o ai loro discendenti, di sopravvivere in futuro quando il ghiaccio avrebbe di nuovo ricoperto vaste zone della Terra.

20.

Le età dell'uomo: tempo lineare e tempo ciclico

La misurazione del tempo si basa sulla rotazione della Terra attorno al proprio asse e sulla sua rivoluzione attorno al Sole, due fenomeni ciclici. Noi usiamo il sistema sessagesimale sumerico per suddividere il giorno in 24 ore, in cui ogni ora è costituita da 60 minuti e ogni minuto da 60 secondi.

Noi nella società occidentale consideriamo lineare il tempo su grande scala, con un certo punto di partenza da cui progredisce fino a raggiungere, teoricamente, un certo punto finale. Anche se osserviamo cicli che si ripetono all'interno di questo grande arco di tempo (giorni, stagioni, anni e così via), nel complesso percepiamo che il tempo si sposta solo in avanti, in linea retta. I popoli delle antiche civiltà, però, vedevano il tempo e la storia in maniera molto diversa. Non solo il ciclo dei giorni si sommava dando i cicli dei mesi, delle stagioni e degli anni, ma vi erano anche altri cicli più lunghi, cicli di epoche in cui gli eventi si verificavano e si ripetevano. Vale la pena di esaminare questa visione ciclica del tempo molto più ampia per avere un'idea di come i popoli antichi mettessero in relazione i cicli lunghi con l'esperienza umana collettiva.

I poeti e i filosofi greci chiamavano questi cicli più ampi le cinque età dell'uomo, ciascuna delle quali si conclude con un grande cataclisma. Esiodo elenca queste età nelle sue *Opere e giorni*: l'età dell'oro, l'età dell'argento, l'età del bronzo, l'età degli eroi e l'età del ferro. Se usiamo il suo sistema di calcolo, noi siamo ancora nell'età del ferro.

Gli antichi testi vedici dell'India descrivono molti cicli che si svolgono in un periodo di tempo lunghissimo chiamato giorno di Brahma, che è pari a 4.320.000.000 di anni. Al suo interno vi sono cicli di durata molto più breve chiamati *yuga*, che sono suddivisi in grandi e piccoli *yuga*. I quattro grandi *yuga* corrispondono grosso modo allo schema greco. Il Satya Yuga è l'età dell'oro, il Treta Yuga equivale all'età dell'argento, il Dvapara Yuga è l'età del bronzo (rame) e il Kali Yuga è l'età del ferro.[1]

La credenza fondamentale alla base di entrambi gli schemi è che gli esseri umani regrediscono spiritualmente nel corso di una serie di epoche da uno zenit che è l'età dell'oro fino a un nadir che è l'età del ferro, quando prevale il materialismo egocentrico. È affascinante notare che lo scenario greco e quello indiano sembrano concordare riguardo alla descrizione e all'avvicendarsi delle epoche. Esiodo descrive l'età dell'oro come epoca in cui gli esseri umani erano felici e non conoscevano né l'avidità né la sofferenza. La terra provvedeva a tutte le loro necessità. I Veda descrivono il Satya Yuga come epoca ideale caratterizzata da virtù e saggezza e quasi priva di vizio e ignoranza.

Secondo i greci l'età dell'argento fu quella in cui gli uomini inventarono l'agricoltura e incominciarono a lavorare per procurarsi il cibo. Gli uomini di questa epoca erano potenti ma menzogneri e difettavano di forza d'animo, determinazione e carattere. L'umanità fece la conoscenza di privazioni, sofferenze e decadimento finché, secondo la leggenda greca,

Zeus si stancò delle continue lamentele e dei bisticci degli uomini dell'età dell'argento e decise di distruggerli. Possiamo accostare queste narrazioni agli eventi del secondo e del terzo capitolo della Genesi, quando ha fine il primo periodo nell'Eden e gli dèi scacciano Adamo dal giardino, ordinandogli di faticare nei campi per guadagnarsi il pane. La paragonabile età dell'argento indiana, Treta Yuga, è caratterizzata da una riduzione di un terzo delle buone qualità e virtù dell'età dell'oro. Fu il periodo in cui gli uomini inventarono i primi riti religiosi, i sacrifici animali e le cerimonie.

Esiodo illustra l'età del bronzo come epoca di civilizzazione, quando gli uomini erano forti, produttivi e molto aggressivi. Durante questa epoca nella storia della civiltà occidentale grandi progressi si succedevano rapidamente e si realizzavano bellissime città, templi e opere d'arte. Tuttavia per migliaia di anni scoppiarono spesso guerre fra le città-Stato in via di sviluppo e gli imperi. La parte equivalente dell'Antico Testamento è parimenti densa di resoconti di guerre tribali, litigi, zuffe e diffusione di pestilenze e piaghe. L'analogo periodo indiano Dvapara era un'epoca in cui aumentavano i desideri sensuali, incominciavano a comparire le malattie e nella civiltà umana si diffondeva l'ingiustizia.

È interessante notare che il sistema greco avrebbe in realtà quattro età principali se l'età del bronzo non fosse divisa in due, dove la seconda parte è chiamata età degli eroi. I popoli dell'età degli eroi erano ibridi, metà esseri umani e metà dèi. Compivano prodezze strabilianti e vivevano una vita fruttuosa e degna di onore. Ci rammentano i biblici «figli di Dio» che si accoppiarono con le «figlie degli uomini» e produssero discendenti straordinari: i giganti, o Nephilim, della Genesi.

Tanto i greci quanto gli indiani descrivono l'età del ferro (l'indiano Kali Yuga) come caratterizzata da materialismo e avidità. Kali viene tradotto letteralmente come «litigio e ipocrisia». In questa epoca il lavoro è degradato in fatica per scopi egoistici; e predominano la frode, l'inganno e l'odio. Se tutto ciò suona familiare è perché, secondo gli indiani, noi viviamo ancora in questa epoca, come abbiamo vissuto per migliaia di anni.

I CINQUE SOLI

Anche i popoli della Mesoamerica avevano un sistema che suddivideva l'esistenza umana in cinque epoche, da loro chiamate Soli. Il calendario azteco, o Pietra del Sole, è in realtà il migliore manufatto che abbiamo del sistema utilizzato dai maya e da altre antiche civiltà mesoamericane; anche se gli aztechi utilizzavano nomi diversi, la pietra raffigura i cinque Soli e le esatte proporzioni cronologiche usate dai maya: i calcoli numerici implicati sono identici per aztechi e maya, come sappiamo dalle cronache del vescovo di Landa. Dobbiamo ricordare che i *conquistadores*, dopo avere incontrato sia gli aztechi sia i maya e averli interrogati riguardo alle loro tradizioni, distrussero i templi aztechi e i codici maya.

Il calendario, un rilievo in basalto di 4 metri pesante 25 tonnellate, attualmente è conservato al Museo archeologico nazionale di Città del Messico ed è sia una rappresentazione visiva del mito di creazione mesoamericano, sia un grande orologio delle età dell'uomo.[2] Sembra che il ciclo del tempo rappresentato sia correlato con le età di greci e indiani e concordi con la loro opinione sull'attuale periodo di tempo: noi siamo nell'era finale di un grande ciclo.

La pietra in sé è circolare e raffigura quattro Soli che circondano un quinto Sole, e un ciclo completo copre un arco di tempo di circa 26 mila anni, che è equivalente alla precessione degli equinozi. Ciascuno dei quattro Soli (giaguaro, vento, pioggia e acqua) corrisponde a una diversa età dell'uomo che precedette Tonatiuh, il quinto Sole, ossia il movimento. I nomi di tutti e cinque i Soli sono significativi in quanto dicono come finì (o finirà) ciascuna era. Per esempio, il quarto Sole (acqua) terminò con un diluvio, e si prevede che il quinto Sole (movimento) terminerà con una serie violenta di terremoti planetari e impatti con corpi celesti.

A circondare le incisioni dei Soli sulla pietra vi è un anello che rappresenta i 20 segni dei giorni del calendario sacro di 260 giorni. Un secondo anello formato da 52 segmenti (il numero di anni in un ciclo di calendario) si trova al di fuori del primo. Il bordo esterno della pietra è formato da serpenti di fuoco le cui code si uniscono in cima alla pietra e le cui teste (da cui emergono due teste umane) si incontrano in fondo. Ciascun serpente è costituito da 10 segmenti contrassegnati dal numerale «10» e dall'incisione del Fuoco Nuovo, che insieme rappresentano 100 cicli di calendario, ossia 5200 anni, equivalenti a un Sole. Cinque Soli del genere (costituenti un ciclo completo delle età dell'uomo) pertanto sono pari a 26 mila anni, ossia a una precessione degli equinozi.

Il legame fra le età dell'uomo e la precessione

Come abbiamo visto nel capitolo 19, la precessione in definitiva presiede al ciclo geologico di alternanza fra ere glaciali e periodi interglaciali caratterizzati da un clima planetario relativamente caldo. Data l'esistenza della Pietra del Sole azteca, potremmo domandarci se gli antichi conoscessero la precessione e il suo effetto su questi cicli geologici del clima, e se sì, che cosa potrebbe voler dire tutto questo.

Come osservato più sopra, per i maya i 26 mila anni della precessione comprendevano la serie ciclica dei cinque Soli ossia il tempo uguale a una precessione. Il ciclo indiano degli Yuga coincide con il ciclo zodiacale della precessione, che dura circa 2200 anni. Il sistema occidentale di astrologia pure si basa sulla precessione degli equinozi. Diviene facile vedere che tutti questi numerosi cicli o sistemi di calcolo convergono sul grande ciclo astronomico della precessione.

Il Sole percorre nel cielo una traiettoria chiamata piano dell'eclittica, un grande cerchio suddiviso in 12 parti uguali di 30 gradi ciascuno. A ciascuna di tali parti viene assegnato uno dei 12 segni dello zodiaco. La posizione del Sole all'equinozio di primavera rimane fissa in ciascuna di tali parti per circa 2200 anni. Pertanto ogni periodo di 2200 anni rappresenta uno dei 12 segni zodiacali. Percorrere tutti i 12 segni richiede circa 26 mila anni (12 moltiplicato per 2200 anni). Un anno zodiacale completo è pertanto equivalente alla precessione.

Secondo gli astrologi, noi da più di 2 mila anni siamo nell'età dei Pesci e ci stiamo avvicinando all'età dell'Acquario. Se però tiriamo indietro l'orologio della precessione nell'anno zodiacale fino all'epoca in cui ebbe inizio la civiltà in Medio Oriente, ci troviamo nell'era del Toro. È interessante notare che dai manufatti si vede che durante tale epoca il toro svolse un ruolo enorme nelle arti e nella letteratura per migliaia di anni. Spostandoci più in avanti nel tempo, verso il 1800 a.C., il Sole equinoziale incominciò a sorgere nell'Ariete, e gli israeliti sacrificavano agnelli e montoni. Compiendo ancora un balzo in avanti, Gesù nacque poco dopo l'inizio dell'età dei Pesci, ed è chiamato pescatore di anime ed è rappresentato simbolicamente da un pesce. Tutto ciò sembra indicare che gli antichi fossero ben consapevoli della precessione, a cui si può arrivare osservando che la Terra, i pianeti e le stelle si muovono gli uni rispetto agli altri descrivendo cicli piccoli e grandi.

È significativo che numerosi calendari del mondo concordino sulla data di inizio dell'età attuale, quella che potremmo chiamare era della civiltà. Il quinto Sole dei maya, l'età dell'uomo, ebbe inizio nel 3113 a.C., circa 5100 anni fa. A quell'epoca le prime civiltà erano in corso di creazione non soltanto in Messico ma anche a Sumer e in Egitto e lungo la costa peruviana. Il calendario ebraico viene calcolato a partire dal 3700 a.C. e ha circa 5700 anni. Il calendario cinese ha circa 4500 anni e il calendario giuliano ne ha circa 5000. Secondo il calendario indiano, il *panchanga* o almanacco tradizionale tiene conto degli anni equivalenti nel Kali Yuga e afferma che dal 1990 al 1991 «sono trascorsi 5091 anni Kali». Alla fine del 2001 erano trascorsi nel sistema Yuga 5102 anni del Kali Yuga o età del ferro.

Se ripercorriamo all'indietro il ciclo maya di altri 5200 anni ci troviamo sulla soglia di un'altra era, la fine della più recente glaciazione e l'inizio della domesticazione di piante e animali. Se torniamo indietro di 5200 anni da allora, siamo molto vicini al culmine della più recente era glaciale, che avvenne fra i 17 mila e i 18 mila anni fa.

Chiaramente, o gli antichi furono attenti osservatori dei pianeti e delle stelle per molto più tempo di quanto la storia possa stabilire, oppure furono aiutati da una razza più antica che aveva già osservato per millenni tali fenomeni. I nostri antenati seguirono i cicli lunari, capirono le eclissi e infine misero a punto calendari solari piuttosto precisi. Migliaia e migliaia di tavolette e libri che presentano dati astronomici e astrologici sono stati portati alla luce in Medio Oriente e in Egitto, e in gran parte le informazioni contenute nei quattro codici maya sopravvissuti riguardano importanti questioni astronomiche. Gli scienziati si sono domandati perché le scale temporali maya e indiane si estendano su milioni di anni. Come potevano questi antichi popoli avere concepito cicli di tempo tanto vasti (sottolineando che in tutti questi vivevano esseri umani) se non con l'aiuto di coloro che li avevano effettivamente sperimentati?

I popoli delle antiche civiltà del mondo non potevano essere stati soli nel mettere assieme le loro conoscenze sul cielo. Se una certa osservazione astronomica era per loro senza dubbio possibile, sarebbe stato molto difficile scoprire la precessione mediante la sola osservazione, poiché sarebbe stato necessario osservarla per l'intero suo corso e poi vederla ricominciare per discernere la sua natura ciclica. Ci sarebbero voluti molti millenni di instancabile osservazione del cielo e registrazione di dati per documentare i cicli delle costellazioni e il cammino retrogrado del Sole attraverso lo zodiaco. È molto più plausibile che tali popoli abbiano ricevuto un insegnamento; pertanto ancora una volta le testimonianze indicano il ruolo di un intervento esterno.

Ricercatori indipendenti si sono meravigliati per i precisi allineamenti astronomici di cerchi di pietre, dolmen e importanti siti archeologici di tutto il mondo, che sono orientati in modo da contrassegnare i solstizi, gli equinozi e le configurazioni astronomiche di varie stelle e pianeti. La pletora di testimonianze ha condotto infatti a un'intera nuova branca dell'archeologia chiamata archeoastronomia. Il grande numero di megaliti e di altre strutture delle antiche civiltà lascia supporre che i nostri antenati fossero straordinariamente intenti a seguire l'allineamento astronomico della Terra e di altri corpi celesti, e possiamo domandarci perché.

Naturalmente, in quanto popoli agricoli, gli antichi prendevano nota dei cicli dei giorni, della Luna e delle stagioni, in modo da preparare il terreno, piantare e raccogliere nei momenti migliori. Impararono che tali cicli potevano condurre a un raccolto riuscito. Analogamente dovettero apprendere da coloro che sapevano (dai loro maestri cosmici) che la chiave della vita sulla Terra, perfino della sopravvivenza, risiedeva nelle posizioni, nella periodicità e nei movimenti dei pianeti, del Sole e delle stelle.

Osservazione e registrazione sono due dei componenti principali del metodo scientifico. Le osservazioni effettuate dai nostri antenati su pianeti, stelle, comete e vari eventi naturali che si verificarono nel mondo, assieme all'osservazione e alla registrazione dei movimenti della Terra e della correlazione fra la Terra e altri corpi celesti, potrebbero essere considerate dei passi per la raccolta di dati scientifici, forse per la predizione di certi fenomeni. Le osservazioni celesti degli antichi, i loro tentativi di individuare con precisione gli allineamenti astronomici e in definitiva la loro familiarità col ciclo della precessione possono tutti essere considerati dei modi per attirare l'attenzione delle generazioni future verso il cielo e la natura ciclica dei fenomeni celesti per predire quando in futuro si sarebbero verificati eventi specifici, forse eventi catastrofici.[3] Registrando le loro conoscenze in documenti permanenti (monumenti di pietra orientati verso i cicli celesti), le resero disponibili alle generazioni future. Queste strutture allora furono costruite in parte tenendo presente la sopravvivenza dell'umanità.

21.
Cicli di catastrofi

Come abbiamo visto, i popoli antichi impararono a osservare molto attentamente il cielo, consapevoli che il sistema solare è sempre in uno stato di equilibrio dinamico, ossia è stabile e prevedibile ma possiede anche un lato imprevedibile. Comete e asteroidi passavano rombando e perfino si schiantavano sulla Terra di quando in quando. Le fasi della Luna facevano alzare e abbassare le maree. Certe configurazioni planetarie erano favorevoli, altre sfavorevoli. L'universo nel suo insieme era come la Terra, di solito calma e moderata, ma di quando in quando capace di grande furia scatenata sotto forma di vulcani, uragani, terremoti e inondazioni.

Le mitologie di tutto il mondo parlano di ripetuti cataclismi che sopraffecero gran parte delle civiltà e dell'umanità. Non deve passare molto tempo, però, perché la gente dimentichi completamente che il nostro pianeta è periodicamente soggetto a inondazioni su scala mondiale e a massicci terremoti, a ere glaciali e all'impatto delle comete, «fuochi dal cielo» ed eruzioni vulcaniche provenienti dalle profondità delle viscere surriscaldate del pianeta.

Che ciò sia vero risulta assai chiaro dal seguente paragrafo introduttivo a un articolo intitolato «Comete e catastrofi nell'età del bronzo», pubblicato da *British Archaeology* nel 1997:

In un certo momento attorno al 2300 a.C., secolo più o secolo meno, numerose fra le principali civiltà di questo mondo crollarono, a quanto pare contemporaneamente. L'impero accadico in Mesopotamia, l'Antico Regno in Egitto, la civiltà della prima età del bronzo in Israele, Anatolia e Grecia, nonché la civiltà della valle dell'Indo in India, la civiltà di Hilmand in Afghanistan e la cultura Hongshan in Cina (le prime civiltà urbane del mondo) caddero in rovina tutte più o meno nello stesso periodo. Perché?[1]

Questa catastrofe planetaria piuttosto recente è stata quasi dimenticata, spazzata via dalla memoria dell'umanità come se sulla popolazione mondiale fosse discesa un'amnesia collettiva non appena terminato il cataclisma. Le popolazioni rimanenti si limitarono a rimettere a posto le cose e a proseguire senza quasi voltarsi indietro. Questo grande cataclisma fu seguito da migrazioni etniche in tutte le direzioni.

Solo nel corso dell'ultimo secolo gli archeologi hanno rimesso assieme i pezzi del confuso puzzle del nostro passato. Gli scavi da Troia a Israele, dalla Siria alla valle del Nilo hanno portato alla luce strati di detriti e rovine, che parlano di ripetute catastrofi su grande scala: terremoti, maremoti e grandi incendi. Dalle coste dei fiumi essenziali per la Mesopotamia, Tigri ed Eufrate, e dalle sponde dell'isola di Cipro circondata dal mare Mediterraneo, fino alla valle dell'Indo, troviamo la storia dell'ascesa e della caduta di grandi città negli strati compressi e sepolti che parlano di distruzione. Le città di Herakleion e Menouthis sono state trovate sul fondo del mare nella baia di Abukir in Egitto!

L'archeologo francese Claude Schaeffer portò alla luce per la prima volta questi fatti inquietanti nel suo fecondo volume *Stratigraphie comparée et chronologie de l'Asie occidentale* [Stratigrafia comparata e cronologia dell'Asia occidentale], pubblicato nel 1948. Schaeffer studiò gli strati in quasi 50 siti archeologici nel Vicino e Medio Oriente, individuando testimonianze del fatto che i siti avessero subìto una distruzione totale diverse volte nell'antica, media e tarda età del bronzo, e che la loro rovina si fosse verificata sempre contemporaneamente. Ne dedusse che l'unico modo in cui potesse essere avvenuto tutto questo era in conseguenza di una catastrofe naturale. Prediligeva la teoria secondo cui la causa principale del crollo periodico delle civiltà fossero i terremoti, e molti studiosi seguirono il suo esempio. Gli studi hanno indicato che i «mutamenti del terreno» nell'insieme della regione da lui esaminata furono massicci: parti di quelli che oggi sono il Sahara e la regione attorno al mar Morto erano un tempo aree coltivate; zone precedentemente fertili e ospitali al punto da consentire la coltivazione furono trasformate in deserto.

Schaeffer non stabilì legami fra i risultati dei suoi studi e gli antichi resoconti di simili catastrofi in epoche storiche e preistoriche ancora precedenti. Nel 1950, però, l'analisi della letteratura antica condusse Immanuel Velikovsky a conclusioni molto simili a quelle di Schaeffer, e l'opera di entrambi fu inizialmente respinta. Nella prefazione al suo controverso libro Velikovsky scrisse:

> *Worlds in Collision* [Mondi in collisione] è un libro di guerre nella sfera celeste che ebbero luogo in epoche storiche. A queste guerre partecipò anche il pianeta Terra. Il racconto storico-cosmologico di questo libro si basa sulle testimonianze di testi storici di molti popoli di tutto il mondo, sulla letteratura classica, sulle epiche delle razze settentrionali, sui libri sacri dei popoli dell'Oriente e dell'Occidente, su tradizioni e folclore di popoli primitivi, su antiche carte e iscrizioni astronomiche, su reperti archeologici e anche su materiale geologico e paleontologico.[2]

A perenne imbarazzo e vergogna della comunità scientifica, questo libro fu fortemente condannato e perfino bandito dalle biblioteche. Ma se questa teoria stimolante fu a suo tempo sonoramente criticata (e in effetti presenta vari difetti), le idee di Velikovsky da allora hanno acquistato credito. Nell'ottobre del 2001 l'Università della Pennsylvania annunciò che il dottor Anthony Peratt, un fisico, avrebbe presentato «nuove scoperte che collegano l'antica arte rupestre e Stonehenge a osservazioni insolite effettuate in tutto il mondo». Il titolo della conferenza era: «Catastrofi celesti nella preistoria umana?».[3]

La caccia alle cause naturali delle catastrofi umane ha guadagnato terreno negli ultimi quindici anni. La pubblicazione dell'articolo «Comete e catastrofi nell'età del bronzo» su *British Archaeology* rivela un forte cambiamento di prospettiva: gli studiosi di scienze naturali sono entrati in scena e stanno trovando testimonianze definitive e diffuse «di bruschi cambiamenti climatici, mutamenti improvvisi del livello dei mari, inondazioni catastrofiche, attività sismica diffusa e testimonianze di una massiccia attività vulcanica in vari periodi dall'ultima glaciazione, ma in particolare attorno al 2300 a.C., più o meno 200 anni».[4]

Le conseguenze di questi cataclismi naturali nei tempi antichi furono terribili per le civiltà umane. Le popolazioni furono ridotte drasticamente: secondo *The Cambridge Ancient History* il numero di insediamenti fu «ridotto a un quarto del numero del periodo precedente»,[5] e G. Ernest Wright dichiarò che «uno dei fatti più impressionanti riguardo alla civiltà della prima età del bronzo [fu] la sua distruzione, tanto violenta che a malapena sopravvisse qualche vestigio».[6]

Mille anni dopo che una catastrofe importante ebbe distrutto le prime civiltà attorno al 2300 a.C., un altro crollo diffuso interessò i micenei in Grecia, gli ittiti in Anatolia, il Nuovo Regno in Egitto, l'Israele della tarda età del bronzo e la dinastia Shang in Cina. Gli astronomi hanno incominciato a individuare la causa di questi crolli improvvisi: l'impatto con comete e altri tipi di detriti cosmici. L'idea che l'impatto con un corpo celeste avesse condotto all'estinzione dei dinosauri (presentata dal fisico premio Nobel Luis Alvarez nel 1980) aprì la strada a una più ampia accettazione della teoria secondo cui gran parte della storia della Terra sia stata conformata da cataclismi periodici, compresi alcuni provenienti da fuori del nostro pianeta.

È in parte facile capire perché l'idea di simili sconvolgimenti catastrofici nella nostra storia possa essere stata difficile da accettare per il mondo moderno. Sebbene la Terra abbia subìto molti sconvolgimenti e catastrofi drammatiche nel corso della sua lunga storia geologica, in confronto alle epoche passate noi sembriamo vivere in un'era calda, ospitale, perfino dolce, da duemila anni a questa parte, in un mondo in cui si sono verificati pochi cataclismi importanti, la civiltà si è diffusa e la popolazione umana è cresciuta a ritmo esponenziale.

Di conseguenza nel XIX secolo la gente era ormai compiaciuta e riteneva che noi vivessimo su un pianeta molto stabile e sicuro. Questa convinzione era rafforzata dalla teoria dell'evoluzione, la quale insisteva nell'affermare che i cambiamenti procedessero in maniera graduale e ordinata. Certamente non si trovavano testimonianze del contrario: gli unici ricordi dell'era glaciale erano lontani dagli occhi nelle regioni polari della Terra o nascosti sui pendii settentrionali di alte montagne. Non vi erano grandi inondazioni. Nessuna cometa si era scontrata con la Terra a memoria d'uomo. L'era delle scoperte archeologiche era appena incominciata e nessuno sapeva che sotto la superficie del terreno per tutto il mondo antico giacevano storie di distruzione.

Ma le testimonianze di tali storie non si trovano soltanto nelle rovine di siti antichi. Anche gli studi degli anelli degli alberi e le ricerche sui fenomeni astronomici confermano la verità della storia catastrofica della Terra. Non è un quadro confortante. E sebbene negli ultimi due millenni non sia stata distrutta nessuna civiltà, vi sono stati alcuni cataclismi relativamente recenti che potrebbero preannunciare un futuro cupo e disastroso.

Alcuni dei più forti terremoti che abbiano mai scosso il pianeta si sono verificati negli ultimi 60 anni. Nel 1960 il sisma più forte mai registrato al mondo (9,5 gradi sulla scala Richter) devastò il Cile, generando un'onda di maremoto di 10 metri che spazzò via interi villaggi e poi sfrecciò attraverso il Pacifico andando a uccidere 61 persone nelle Hawaii. Un violento terremoto che misurava 9,0 gradi sulla scala Richter colpì l'Assam nell'India nordorientale nel 1950, e un sisma di 9,2 gradi sconvolse il golfo del Principe Guglielmo in Alaska nel 1964, uccidendo 25 persone e generando un'onda di maremoto che si portò via altre 110 vite. Nel 1976 la Cina, soggetta a terremoti forti e distruttivi, subì il sisma più devastante che abbia colpito quella nazione nel XX secolo, in cui rimasero uccise secondo le stime 600 mila persone nella provincia di Tang Shan. Le scosse rasero al suolo 50 chilometri quadrati della città di Haicheng. Un massiccio terremoto a Città del Messico nel 1985 uccise 10 mila persone; uno in Armenia nel 1988 causò 25 mila morti. Iran, Giappone, Taiwan, El Salvador e, negli Stati Uniti, Oakland in California e Seattle sono tutti stati colpiti da terremoti nel recente passato.

Anche i vulcani sono andati incontro a eruzioni con maggiore frequenza negli ultimi 400 anni (tempi recenti, dal punto di vista geologico). Nel 1783 vi fu l'eruzione del vulcano Laki in Islanda, che causò la perdita del bestiame dell'isola e di gran parte dei raccolti a causa delle piogge acide. Quasi 10 mila persone furono vittime della carestia. Nel 1792 un'antica cupola lavica crollò durante l'eruzione del vulcano Unzen in Giappone, causando una valanga e un'onda di maremoto che uccisero 14.300 persone.

Nel 1815 la più grossa eruzione vulcanica in tempi storici si verificò sull'isola di Sumbawa in Indonesia, uccidendo quasi 100 mila persone. Gli effetti dell'eruzione si manifestarono in un mutamento temporaneo del clima mondiale. Il clima della Terra si modificò e 36 mila persone rimasero uccise anche nel 1883 per l'esplosione dell'isola vulcanica di Krakatoa, pure in Indonesia.

I detriti dell'eruzione del monte Tambora sull'isola di Sumbawa nel 1815 impiegarono un anno per diffondersi in tutto il mondo, e per via dei loro effetti sul clima mondiale l'anno seguente fu definito «l'anno senza estate». I diari personali concordano sul freddo record del 1816; nella Nuova Inghilterra nevicò in giugno e vi furono gelate in luglio e agosto. In tutto il mondo si verificarono gravi carenze alimentari e molti morirono per la carestia o vittime delle conseguenti pandemie di colera e di tifo.

In tempi più recenti vi fu l'eruzione del vulcano El Chichón in Messico nel 1982, che inviò nella stratosfera fumo e ceneri sufficienti a causare un moderato raffreddamento nell'emisfero boreale. L'eruzione di Nevada del Ruiz in Colombia nel 1985 provocò una massiccia colata di fango che seppellì un'intera città, uccidendo 25 mila persone. Nel 1991 il monte Pinatubo nelle Filippine vomitò un pennacchio di cenere vulcanica per molti chilometri di altezza nella stratosfera in quella che fu l'eruzione più violenta del XX secolo. La cenere ricoprì un'area di 800 chilometri quadrati attorno al vulcano, e furono immessi nell'atmosfera 25 milioni di tonnellate di anidride solforosa, provocando un impatto sul clima mondiale per un anno. E, ancora, nel 1997 un'eruzione continua sull'isola di Montserrat rese inabitabile due terzi dell'isola.

Ma le minacce alla stabilità del pianeta non provengono solo dall'interno. Nel 1994 la cometa Shoemaker-Levy 9 inviò 21 frammenti (il più grande dei quali aveva un diametro di 2,5 chilometri) a schiantarsi sul pianeta Giove con uno spettacolo cosmico di cui gli astronomi ancora parlano. Ma se gli impatti furono spettacolari dal nostro punto di osservazione, possiamo soltanto immaginare la devastazione che risulterebbe se una cometa o un asteroide si scontrassero con la Terra.

Un simile evento si verificò davvero quasi 600 milioni di anni fa nell'Australia meridionale in un luogo chiamato lago Acraman, e le testimonianze della collisione sono ancora visibili. Secondo lo scenario ricostruito dagli scienziati, una meteorite rocciosa di circa 3 chilometri di diametro che viaggiava a quasi 80 mila chilometri l'ora si schiantò su una zona di roccia vulcanica rossa 380 chilometri a nord di quella che oggi è Adelaide. Nel giro di pochi secondi la meteorite evaporò in una sfera di fuoco che scavò un cratere profondo circa 3,5 chilometri e con un diametro di 30 chilometri. Ma questo fu soltanto l'inizio. L'impatto scatenò un terremoto tanto potente da sollevare onde di maremoto di 100 metri in un mare poco profondo a 300 chilometri di distanza. I detriti (accompagnati da scintille) piovvero sulla regione per molti chilometri e i resti sono ancora sparsi su un vasto territorio.

Una delle catastrofi più grandi a colpire il pianeta si verificò 65 milioni di anni fa, secondo gli scienziati, quando un asteroide di 10 chilometri di diametro scavò sulla superficie della Terra un cratere grande quanto il Belgio. L'impatto sollevò una nube di detriti che alterò il mondo e oscurò l'atmosfera al punto di annientare il 70 per cento di tutte le forme di vita del pianeta a quell'epoca (compresi i dinosauri).

Il dottor Victor Clube, del dipartimento di astrofisica dell'Università di Oxford, ritiene che sia soltanto questione di tempo perché un'altra cometa o un asteroide si scontrino con la Terra. È convinto che collisioni di questo genere siano stati eventi regolari nella storia umana. In un articolo del 1990 sul *Times* di Londra avvertiva: «La questione richiede un'attenzione urgente. È cruciale che tutti siano consapevoli del pericolo».[7]

Il suo peggior timore è che venga scatenato un inverno nucleare da quello che lui chiama un bombardamento Tunguska multiplo (prendendo il nome dall'esplosione cosmica verificatasi nella regione di Tunguska in Siberia il 30 giugno 1908), rammentando che, quando un corpo celeste relativamente piccolo esplose sopra quella regione nell'avvicinarsi alla Terra, il risultato fu la devastazione di un'area di 40 chilometri. Clube prevede che le particelle derivanti dall'impatto di una cometa oscurerebbero il sole e produrrebbero un'epoca di buio. Secondo le antiche cronache, dal Perù all'Egitto e alla Grecia, vi furono nella storia altri periodi in cui il Sole fu oscurato o si fermò e le stelle caddero sulla Terra. Sembra chiaro che si tratti di resoconti dell'impatto sulla Terra di vari tipi di detriti cosmici.

Questi resoconti dovrebbero guidarci alla comprensione di ciò che i nostri antenati cercavano di trasmetterci: l'avvertimento che la Terra sarà visitata da cataclismi periodici in un arco di tempo prevedibile. Qual è tale arco di tempo? Se vi è una periodicità nei terremoti o nelle eruzioni vulcaniche, deve ancora essere determinata. Vi è poco che possiamo fare, allora, per prepararci a tali catastrofi. Siamo in posizione migliore, però, riguardo al bombardamento cosmico e ai cicli di future ere glaciali. Il collegamento fra la Terra e l'ambiente cosmico manifesta una certa regolarità. Secondo gli scienziati, impatti simili a Tunguska si verificano ogni cento anni circa, mentre un bombardamento Tunguska multiplo come quello immaginato dall'astronomo Clube può avvenire solo una volta ogni 3 mila o 5 mila anni. Le Tauridi, complesso di meteoriti, meteoroidi e asteroidi, e la cometa Enke sono rischi celesti significativi e regolarmente visibili probabilmente dall'ultima glaciazione a oggi.

Gli astronomi ritenevano che la Luna si fosse formata con materia emessa dalla giovane Terra in rotazione rapida nell'epoca in cui si formò il sistema solare. Adesso sono quasi certi che la Terra sia stata colpita da un altro pianeta che ruotava attorno al Sole in un'orbita simile a quella del nostro mondo. La teoria attualmente accettata sulla formazione della Luna è incentrata su una collisione di striscio fra la proto-Terra e un corpo celeste delle dimensioni di Marte. In conseguenza di questo impatto, la nostra attuale Luna venne strappata via dal corpo della proto-Terra e rimase invischiata nel suo campo gravitazionale. Ciò che rimase di questa prima Terra quindi si sistemò in uno spazio vuoto dove non vi era in precedenza nessun pianeta e assunse la sua orbita di terzo pezzo di roccia dal Sole.

Questa nuova teoria assomiglia fortemente a un racconto sumerico di 5 mila anni fa citato nel libro di Zecharia Sitchin *The 12th Planet*. Secondo i sumeri, il sistema solare andò incontro a un importante cataclisma sotto forma di collisione fra due pianeti. Il risultato della collisione fu che uno dei pianeti (Tiamat) si divise in due. Un satellite dell'altro pianeta quindi si schiantò su una metà di Tiamat, creando la Terra, e la Terra appena formata colpì l'altra metà di Tiamat, mandandolo in frantumi e formando così la fascia di asteroidi del nostro sistema solare.[8]

Sebbene nel resoconto sumerico la Terra operi una collisione frontale anziché un colpo di striscio con lo sventurato Tiamat, la storia peraltro è straordinariamente simile alla teoria attuale sulla formazione della Terra e della Luna. Sitchin conclude così:

> Inoltre ci viene presentata (per la prima volta) una coerente spiegazione cosmogonico-scientifica degli eventi celesti che condussero alla scomparsa del «pianeta mancante» e alla conseguente creazione della fascia di asteroidi (più le comete) e della Terra. [...] Abbiamo anche la risposta all'interrogativo sul perché i continenti della Terra siano concentrati su un lato di essa e sul lato opposto vi sia una profonda cavità (l'oceano Pacifico).[9]

Il «pianeta mancante» di cui parla Sitchin, e che lui chiama Niburia, è noto agli astronomi come pianeta X. Secondo lo scenario sumerico, il pianeta che distrusse Tiamat (il pianeta X) assunse un'orbita fortemente ellittica che lo inviò molto oltre Plutone all'afelio e ben all'interno delle orbite di

Giove e di Marte quando la sua orbita si avvicinava al Sole. Gli astronomi hanno operato congetture sulla necessità matematica di un pianeta fra Marte e Giove. Il pianeta X non è stato individuato; qualunque pianeta viaggiasse al di là dell'orbita di Plutone non rifletterebbe abbastanza luce per essere visto, anche con un telescopio potente. Comunque gli astronomi ritengono che ci sia perché qualcosa esercita attrazione su Plutone, rendendone bizzarri i movimenti. Secondo Sitchin, i sumeri valutarono che l'orbita del pianeta X-Niburia fosse equivalente a circa 3600 anni, e pertanto dovrebbe presto incontrarsi di nuovo con i pianeti interni del sistema solare.

Questo ritorno di un pianeta che generò il cataclisma da cui fu creato il nostro pianeta non fa che mettere in risalto la nostra vulnerabilità. L'8 gennaio 2002 un asteroide sfrecciò accanto alla Terra, mancandoci di appena 800 mila chilometri. Fra gli esiti catastrofici dell'impatto di un tale asteroide vi sarebbero stati una distruzione su vasta scala, terremoti e onde di maremoto. Questa fu la seconda collisione mancata imprevista in una decina d'anni e prese alla sprovvista gli astronomi; non la osservarono che il 26 dicembre. Alla domanda su che cosa avremmo potuto fare per prepararci a una collisione con preavviso tanto breve, Steven Pravado, direttore del progetto Neat (ricerca di asteroidi in prossimità della Terra) della Nasa, disse: «La risposta è: non molto».[10]

Negli ultimi 40 anni il numero e l'intensità dei cataclismi sono aumentati. Nell'anno 2000 si è verificato un numero record di catastrofi, e la tendenza verso l'alto è destinata a proseguire, secondo le ricerche condotte dai più grandi enti di riassicurazione mondiali, le compagnie che offrono assicurazioni a entità come l'ex World Trade Center. Secondo il calcolo dei maya, il quinto Sole finirà nell'anno 2012, preceduto per 8 anni da un numero crescente di cataclismi: questa «finestra» catastrofica deve aprirsi nel 2004. Molti sismologi, meteorologi e astronomi concordano sul fatto che la nostra fortuna non reggerà ancora a lungo: il pianeta deve aspettarsi un terremoto importante, un uragano di violenza estrema o un impatto con una cometa o un altro corpo celeste.

Sebbene Solone e Platone avessero riferito di simili catastrofi nei tempi antichi, come fece notare Solone ai suoi contemporanei, le generazioni successive dimenticarono presto che gli uomini le avevano sopportate. Forse alcuni di tali cataclismi furono dimenticati per via della distruzione di antiche testimonianze da parte di conquistatori come Alessandro Magno e Cortés o di calamità come l'incendio della biblioteca di Alessandria.

Data la nostra conoscenza della catastrofe che pose fine all'era dei dinosauri e dello spettacolo infuocato di cui fummo testimoni quando una cometa e Giove si scontrarono nel 1993, può essere nel nostro migliore interesse non solo ricordare ma anche analizzare le profezie dei nostri antichi antenati come i maya riguardo ai grandi cicli o età dell'uomo e ai cicli di distruzione del nostro pianeta. Infatti in queste profezie la razza della genesi ci ha tramandato una certa conoscenza del nostro futuro e delle modalità per prevederlo.

22.
La fine dei tempi

Vi è un'insolita e propizia convergenza fra il grande ciclo zodiacale, il ciclo di precessione di 26 mila anni, la fine del quinto Sole secondo la leggenda maya e i giorni conclusivi della fine dei tempi secondo l'Apocalisse.

Secondo le credenze cristiane, dopo il secondo avvento Gesù Cristo regnerà su un nuovo regno per mille anni. La vita sulla Terra non terminerà; i precedenti 5 mila anni di storia biblica verranno spazzati via quando Cristo ritornerà e il cielo e la terra saranno rinnovati. Se l'inizio di una nuova era e di una nuova Terra sembra entusiasmante e ricco di promesse, se davvero ci stiamo avvicinando alla fine dei tempi, il percorso in tale direzione da questo punto al termine dell'età del ferro o del quinto Sole è destinato a essere denso di terribili conflitti, conflagrazioni e catastrofi.

L'Apocalisse (6, 12-14) afferma:

> E vidi: quando l'Agnello aprì il sesto sigillo, venne un gran terremoto. Il sole diventò nero come un sacco di crine e tutta quanta la luna diventò come sangue; le stelle del cielo caddero sulla terra come un fico lascia cadere i suoi frutti acerbi quando è scosso da vento impetuoso. Il cielo si ritirò come un rotolo che si ravvolge; tutte le montagne e tutte le isole vennero rimosse dal loro posto.

Il terremoto che sembra qui descritto è un disastro planetario di intensità colossale, che rimuove «tutte le montagne e tutte le isole». Dopo un certo periodo di tempo viene aperto il settimo sigillo, i cui esiti sono descritti in Apocalisse 8, 7: «E venne grandine e fuoco misto a sangue, che furono gettati sopra la terra: la terza parte della terra fu arsa, la terza parte degli alberi fu bruciata, e venne incenerita tutta l'erba verdeggiante». La fine del quinto Sole è descritta nei resoconti maya e aztechi come periodo in cui i terremoti saranno tanto violenti che faranno staccare le stelle e pioverà fuoco dal cielo. Le due profezie sono simili in maniera raggelante.

Negli ultimi 30 anni sono stati scritti molti libri con varie predizioni sulla fine dei tempi. Certamente i morti e i bombardamenti di tutte le guerre dell'ultimo secolo e dell'inizio di questo millennio abbinati all'alba dell'era atomica a Hiroshima e Nagasaki stanno tutti a indicare il genere e l'intensità delle devastazioni e dell'ansia che accompagneranno la fine del quinto Sole.

Analogamente il degrado della Terra e dei suoi habitat a causa dell'inquinamento, dello sviluppo e di altri atti distruttivi degli esseri umani; il risorgere di malattie infettive da tempo debellate e la comparsa di nuovi virus e morbi; e la crescente minaccia di una nuova corsa agli armamenti nucleari e del terrorismo hanno reso il nostro pianeta sempre più pericoloso e imprevedibile. E non possiamo nemmeno contare sulla stabilità del nostro clima. Gli scienziati ci avvertono che se non poniamo un freno alle nostre emissioni nell'ambiente e non ci dedichiamo alla salvaguardia delle foreste e degli spazi verdi del mondo andremo incontro a un'epoca senza precedenti di surriscaldamento del pianeta che farà sciogliere le calotte polari e inonderà le nostre città costiere.

Non è difficile argomentare in maniera convincente che il giorno del giudizio sia imminente. Ma questi sono davvero i tempi peggiori? L'umanità non ha mai conosciuto un clima tanto benigno e condizioni tanto favorevoli come negli ultimi 3 mila anni. La popolazione mondiale è cresciuta fino a 6,5 miliardi e si è diffusa in ogni angolo del globo. Sempre più persone godono del più elevato tenore di vita della nostra storia, la medicina moderna ha guarito molte malattie un tempo fatali, e negli ultimi cento anni noi abbiamo prolungato la nostra vita di quasi il 30 per cento.

Eppure per molti astronomi e sismologi non vi è dubbio che la Terra a un certo punto andrà incontro a un ripetersi dei generi di catastrofe che ha subìto nel passato. La nostra storia, le osservazioni e gli studi scientifici e i calcoli statistici corroborano tutti questa deduzione. Anche i maya e i profeti biblici prevedevano una calamità di proporzioni tali da porre fine alla civiltà. La domanda per noi diventa: quando? Se i sacerdoti maya indicarono una data specifica che si traduce nel 24 dicembre 2012, i nostri scienziati oggi non sanno dirlo con certezza. Possiamo soltanto stare a vedere, usando le nostre conoscenze per prevedere tutto quello che possiamo, proprio come facevano gli antichi.

23.
Antenati cosmici

I primi titoli di giornale sui «dischi volanti» stupirono il mondo il 26 giugno 1947; abbiamo di recente superato il cinquantesimo anniversario della comparsa degli Ufo nella nostra consapevolezza. I lettori dell'articolo «L'arrivo dei dischi volanti» nel primo numero della rivista *Fate* appresero che il 24 giugno 1947 Kenneth Arnold, un pilota privato, stava volando sui monti della Catena delle Cascate alla ricerca del relitto di un aeroplano C-46 andato perduto. Voleva intascare la ricompensa di 5 mila dollari che era stata offerta a chiunque avesse localizzato il relitto.

Anche se Arnold non trovò mai l'aereo scomparso, ciò che vide inserì il suo nome negli annali della storia degli Ufo. Uscendo da una virata sopra Mineral, nello Stato di Washington, il pilota vide nove oggetti a forma di disco che volavano a una velocità da lui stimata in 2600 chilometri orari. Il giorno seguente riferì la sua testimonianza oculare ai giornalisti del quotidiano locale. Da lì la notizia passò alle telescriventi dell'agenzia Associated Press e nel giro di pochi giorni, poiché avvistamenti simili furono riferiti in tutto il paese, il titolista di un giornale coniò l'espressione «dischi volanti», riferita alla forma del veicolo spaziale incontrato dal pilota, anche se le descrizioni di Ezechiele sono in realtà molto più evocative, fra cui «una gran nube intorno alla quale splendeva un fuoco da cui guizzavano bagliori, e nel suo centro come un brillare dell'elettro in fusione» (Ezechiele 1, 4). Questa sembra una descrizione piuttosto esplicita di un razzo che entri nell'atmosfera terrestre, che sarebbe surriscaldato e incandescente, come ora sappiamo dalle nostre esperienze di viaggi al di fuori dell'atmosfera.

Sono trascorsi tre millenni dagli eventi descritti nell'Antico Testamento. Nel corso di questo periodo le interpretazioni teologiche delle scritture hanno sottolineato l'indiretto e l'allegorico, al punto che sembra loro sfuggire una verità evidente in numerosi versetti biblici: noi non siamo soli nell'universo e abbiamo ricevuto visite nel passato. Perfino il Nuovo Testamento ne fa cenno. Forse è significativo che la stella di Betlemme che tanto attirò l'attenzione si spostasse nei cieli, diversamente dalle altre stelle: «Ed ecco, la stella, che avevano veduta in Oriente, li precedeva, finché, giunta sopra il luogo ove era il fanciullo, si fermò» (Matteo 2, 9).

Erich von Däniken, l'autore di *I carri degli dei. Dio era un astronauta?*, fu il primo scrittore e ricercatore indipendente moderno ad associare gli antichi manufatti misteriosi del mondo agli dèi, mentre lo scrittore Immanuel Velikovsky sembra essere stato il primo ricercatore a capire che l'Antico Testamento potrebbe riferirsi a visitatori giunti sulla Terra da un altro pianeta. In un articolo intitolato «Nefilim» Velikovsky scrisse:

> La storia narrata in Genesi 6 sui figli di Dio (bnei Elim) che si uniscono alle figlie dell'uomo viene di solito spiegata come riferimento a una classe sacerdotale progredita che si mescolò con tribù arretrate. [...] Ma se oggi siamo alla vigilia del viaggio interplanetario, non dobbiamo dichiarare assolutamente impossibile l'ipotesi che questa Terra sia stata visitata, millenni fa, da individui di un altro pianeta. [...] A mio parere questo brano del libro della Genesi è un vestigio letterario che parla di una visita di esseri intelligenti da un altro pianeta.[1]

Il best-seller di Velikovsky, *Worlds in Collision* [Mondi in collisione], fu pubblicato anni prima che *I carri degli dei. Dio era un astronauta?* uscisse nel 1969. Al pari di Velikovsky, von Däniken fondava la sua teoria di dèi provenienti dallo spazio principalmente su interpretazioni originali di mitologie antiche. La sua parola sicuramente stimolò i lettori a pensare e a porsi domande pertinenti sulla storia incredibile del pianeta Terra e sui manufatti che sono stati trovati in tutto il mondo. Anche se la sua teoria non era inquadrata in termini scientifici, forse ottenne più di quanto avrebbe potuto ottenere all'epoca qualunque teoria scientifica seria, catturando la fantasia delle masse.

Certamente il fatto che uno scienziato con le credenziali di Francis Crick sia entrato nel dibattito segnala la potenza della teoria secondo cui la vita fu portata qui da altre parti dell'universo. A Crick non interessavano la piramide di Cheope o altri monumenti o manufatti che potrebbero essere il risultato dell'influsso degli dèi. Il suo concetto, presentato nel libro *Life Itself* [ed. it. *L'origine della vita*], che una civiltà progredita avesse inviato dei razzi sulla Terra portando i semi della vita era ancora più controversa delle ipotesi sull'origine degli antichi monumenti del mondo. Crick giunse al punto di descrivere la possibile costruzione delle astronavi che avrebbero consegnato il loro carico vivente.

L'astronomo Fred Hoyle e il suo coautore N. Chandra Wickramasinghe intervennero con *Lifecloud: The Origin of Life in the Universe* [ed. it. *La nuvola della vita*]. Convinti quanto Crick che l'evoluzione non potrebbe avere creato la vita come la conosciamo sulla Terra, presentarono l'idea secondo cui la vita sarebbe arrivata dallo spazio esterno sfruttando la pressione delle onde luminose che viaggiano fra le stelle o sulle comete. A loro parere, gli organismi che arrivarono sulla Terra con il loro codice genetico sarebbero stati qualcosa di semplice come i batteri. Sia gli scienziati sia i creazionisti, però, stroncarono la teoria della panspermia proposta da Crick e Hoyle.

Più o meno nello stesso periodo in cui venivano scritti questi libri, gli Stati Uniti lanciarono il programma spaziale, portarono uomini sulla Luna e accelerarono l'esplorazione spaziale. È interessante notare che, pur avendo gli astronauti riferito di avere notato dei «bogey» (il termine della Nasa per indicare gli Ufo), al pubblico venne comunque detto che non esisteva niente del genere. Eppure l'idea di oggetti volanti non identificati in visita da regioni esterne dello spazio catturò la curiosità del pubblico. Naturalmente vi erano scettici incalliti che non credevano ai resoconti di avvistamenti, nemmeno da parte dei più esperti piloti di aviogetti commerciali o degli astronauti, e vi erano entusiasti degli Ufo che sembravano credere a ogni notizia, per quanto incredibile.

Alla fine degli anni Settanta e nei primi anni Ottanta, film come *Incontri ravvicinati del terzo tipo* ed *E.T.* alimentarono il tema di forme di vita provenienti da «là fuori» in visita sulla Terra, il che da allora è diventato argomento di *talk show* radiofonici, di una serie televisiva (*X Files*), di centinaia di articoli e decine di libri.

Negli ultimi vent'anni certe idee riguardanti tali visitatori hanno preso piede nei mezzi di comunicazione e nell'immaginario popolare: di aspetto, gli extraterrestri sono considerati esili, grigi e umanoidi, con testa grande e occhi a mandorla. È forse significativo che nella nostra concezione gli extraterrestri non siano uomini; sono completamente un'altra specie. Sembra che gli dèi del passato siano stati sostituiti da esseri che non sono affatto come noi. In tutti gli antichi resoconti, gli dèi che si dice siano arrivati da fuori per farci da maestri sono descritti come esseri umani. Forse allora quei visitatori descritti da coloro che ritengono di essere stati rapiti dagli extraterrestri non sono gli stessi che ci fecero visita nel nostro antico passato.

Un altro mito popolare è che il governo degli Stati Uniti sappia da tempo dell'esistenza di extraterrestri e delle loro astronavi, come testimoniano, dicono in molti, l'episodio di

Roswell e certi commenti espressi dal generale Douglas MacArthur. Mai tipo da parlare contorto o da mordersi la lingua, nel 1955 MacArthur avvertì: «Le nazioni del mondo dovranno allearsi, perché la prossima guerra sarà una guerra interplanetaria. Le nazioni della Terra dovranno un giorno fare fronte comune contro l'attacco da parte di individui di altri pianeti».[2]

Quale che sia la natura del nostro contatto attuale o futuro con gli extraterrestri, scoperte recenti sempre più di frequente lasciano supporre che sia vera la teoria secondo cui la vita sulla Terra fu l'esito di una serie di interventi da parte di civiltà extraterrestri. La scoperta di siti archeologici subacquei minaccia le teorie ortodosse sull'evoluzione e sulla storia dell'umanità, mentre altre scoperte sembrano corroborare la validità della teoria della panspermia. Il 20 dicembre 2001 la Nasa annunciò che un'équipe di ricerca aveva scoperto su due meteoriti molecole di carboidrati (zuccheri) e diversi composti organici correlati. Anche se composti a base di carbonio come gli amminoacidi e gli acidi carbossilici erano stati trovati in precedenza su meteoriti, questa era la prima testimonianza della presenza di carboidrati. La scoperta fornì la prima testimonianza materiale del fatto che un mattone fondamentale della vita sulla Terra possa essersi originato nello spazio esterno. Inoltre indicò la possibilità che la vita su altri pianeti possa avere avuto inizio dagli stessi semi che diedero origine alla vita sulla Terra.

Abbiamo visto che la storia umana non è necessariamente proceduta come vorrebbero farci credere i modelli ortodossi. È piena di misteri e di sviluppi imprevisti, testimonianze di genio e civiltà raffinate presenti in un'epoca che sembrerebbe impossibile sulla base della nostra preistoria, allontanamenti radicali da milioni di anni di sviluppo verso una rotta che va contro ogni principio fondamentale della teoria dell'evoluzione. Abbiamo visto che milioni di tonnellate di pietra tagliata furono in qualche modo usati per costruire piramidi e piattaforme e altre strutture monumentali da parte dei popoli antichi di Egitto, Messico, Perù, Mesopotamia e Cina per motivi che per noi rimangono enigmatici. Ma dagli studi abbiamo scoperto che queste strutture sembrano essere state collocate strategicamente come punti di riferimento geodetici e che nella loro costruzione erano implicate conoscenze avanzatissime di astronomia, matematica e ingegneria.

In un certo senso, i resti delle antiche civiltà sparsi nel mondo sono libri aperti in cui possiamo leggere le testimonianze che corroborano la teoria secondo cui la civiltà umana ebbe inizio come intervento intelligente di una fonte extraterrestre già progredita. Se questi resti archeologici suggeriscono una spiegazione del mistero di come venne alla luce improvvisamente la civiltà millenni addietro, i nostri antenati cosmici sono citati in antichi resoconti, dalla Mesopotamia all'Egitto fino alla Mesoamerica e al Perù, e nei miti e nei racconti di creazione di tali culture.

Ci basta guardare alla nostra storia più recente per vedere quanto la nostra fedeltà a modelli preconcetti abbia limitato la nostra crescita. Fintanto che gli europei credettero che il Sole ruotasse attorno a una Terra piatta, non fu possibile alcun progresso in direzione di una cartografia precisa o dell'astronomia, e non poté avere luogo alcuna esplorazione del mondo nel suo insieme. Fu solo quando il modello fu messo in discussione che noi compimmo passi avanti nelle conoscenze e nella comprensione.

Se analogamente mettiamo in discussione la concezione storica ortodossa riguardo alle nostre origini, potremmo far nostro un eguale premio costituito da un aumento delle conoscenze e della comprensione. E per far questo non ci serve accettare l'idea di extraterrestri esili dalla testa grossa. Come abbiamo visto qui, gli dèi che crearono gli esseri umani moderni e trasmisero loro l'agricoltura e le arti della civiltà erano descritti dagli antichi come esseri umani, seppure molto progrediti. Il dio della Bibbia, Viracocha, Quetzalcoatl e tutti gli dèi dei sumeri erano descritti come esseri umani, simili a noi.

Oggi, con la nostra base tecnologica in rapido progresso, stiamo portando a termine la missione cosmica che la razza della genesi lasciò a noi molti millenni fa. Siamo, alla fine, gli eredi genetici o un paradigma del Dna che includono l'esplorazione spaziale, una conoscenza sempre più vasta della matematica e della fisica e la capacità di manipolare i geni con la bioingegneria. Nella nostra ricerca e acquisizione di tutto ciò stiamo riecheggiando i progressi che i nostri antenati terrestri attribuivano agli dèi: ai nostri antenati cosmici.

In questi primi anni del XXI secolo sembra tutt'altro che azzardato immaginare che potremmo presto condurre i nostri esperimenti di genesi su lontani pianeti. Che cosa diranno i loro abitanti primitivi del nostro aspetto e del nostro comportamento? Senza dubbio, che siamo dèi in possesso di poteri divini, perfino magici.

Note

Introduzione: la plausibilità dell'intervento extraterrestre

[1] Yahoo Daily News, 21 novembre 2001.

Capitolo 1 – La ricostruzione del nostro antico passato

[1] Andrew Cawthorne, «Explorers View Ruins of "Lost City" Under Caribbean», Reuters, 2002.

[2] Claire Marshall, Bbc News Online, 17 ottobre 2000.

[3] Hoda Abdel-Hamid, «City Found in the Sea», Abc News, 7 giugno 2001.

[4] Ellen O'Brien, «Mystery of the Mummies», *Philadelphia Inquirer*, 15 aprile 1996.

[5] Comunicato stampa, Field Museum, www.sciencedaily.com.

[6] Comunicato stampa del Progetto Koricancha, ambasciata peruviana, 23 marzo 2001.

[7] Gene Savoy, *Vilcabamba: Lost City of the Incas* (London: Robert Hale, 1970).

Capitolo 2 – Origini misteriose: discendiamo dalle scimmie?

[1] Michael Denton, *Evolution: A Theory in Crisis* (Bethesda, Md.: Adler and Adler, 1997).

[2] Charles Darwin, *The Origin of Species* (London: J. Murray, 1897).

[3] Louis B. Leakey, conferenza, University of the Pacific, febbraio 1967.

[4] Richard Milton, *Shattering the Myths of Darwinism* (Rochester, Vt.: Park Street Press, 1997).

[5] «A Scientific Dissent on Darwinism», The Discovery Institute, 24 settembre 2001.

[6] Henry «Fritz» Schaefer, nel comunicato stampa su «A Scientific Dissent on Darwinism», The Discovery Institute, 24 settembre 2001.

[7] Stephen Jay Gould, *Wonderful Life: The Burgess Shale and the Nature of History* (New York: W.W. Norton, 1989).

[8] L'opinione fra i colleghi scienziati di Gould era che la sua nuova teoria fosse già implicita nella teoria di Darwin.

[9] The Evolution Project/WGBH Boston, «The Evolution Controversy: Use It or Lose It», 15 giugno 2001.

[10] «Darwinian Theory and Its Critics», *Tampa Tribune*, 22 ottobre 2001.

Capitolo 3 – Ancora sulle origini: evoluzione o intervento extraterrestre?

[1] Fred Hoyle, *The Intelligent Universe* (New York: Holt, Rhinehart, and Winston, 1983).

[2] Charles Darwin, *The Origin of Species* (Harmondsworth, Middlesex, U.K.: Penguin, 1985).

[3] Michael Behe, *Darwin's Black Box* (New York: Simon and Schuster, 1998).

[4] The Planetary Society, editoriale online, febbraio 2001, www.planetary.org.

[5] Francis Crick, *Life Itself: Its Origin and Nature* (New York: Simon and Schuster, 1981).

[6] Richard Dawkins, *Climbing Mount Improbable* (New York: W.W. Norton, 1996).

[7] Michael Behe, *Darwin's Black Box*.

[8] *Ibid*.

[9] *Ibid*.

[10] *Ibid*.

[11] Richard Milton, *Shattering the Myths of Darwinism* (Rochester, Vt.: Park Street Press, 1997).

[12] Fred Whipple, «Origin of the Solar System», *Nature* 278.

[13] G. Gossen, *South and Mesoamerican Native Spirituality* (New York, Crossroad, 1993).

Capitolo 4 – Il resoconto della Genesi

[1] Tutte le citazioni dalla Bibbia sono tratte da *La Sacra Bibbia*, Edizioni Paoline, Roma 1975.

Capitolo 5 – La Genesi prosegue

[1] L.W. King, a cura di, *Enuma Elish*, voll. 1 e 2: *The Seven Tablets of Creation; The Babylonian and Assyrian Legends Concerning the Creation of the World and Mankind* (New York: AMS Press, 1976).
[2] *Ibid.*
[3] *Ibid.*

Capitolo 6 – I sumeri: la strana tribù dalla testa nera

[1] Jack M. Sasson, a cura di, *Civilizations of the Ancient Near East* (New York: Scribner, 1995).
[2] Zecharia Sitchin, *The 12th Planet* (Rochester, Vt.: Bear and Co., 1991).
[3] Ibid.
[4] Sir Charles Leonard Wooley, *Ur of the Chaldees: A Record of Seven Years of Excavation* (Harmondsworth, Middlesex, U.K.: Penguin, 1940).
[5] Thorkid Jacobsen, trad. e cura di, *The Harps That Once–: Sumerian Poetry in Translation* (New Haven: Yale University Press, 1987).
[6] Citato da «The First Farmer's Almanac» in Samuel Noah Kraemer, *Cradle of Civilization* (Alexandria, Va.: Time-Life, 1978).
[7] Zecharia Sitchin, *The 12th Planet*.

Capitolo 7 – L'Egitto: misteri nel deserto

[1] Institut d'Egypte e Description de l'Egypte, Fondation Napoléon, www.napo-leon.org/en/reading_room/articles/files/institut_egypte_description.asp.

[2] Herold J. Christopher, *Bonaparte in Egypt* (New York: Harper and Row, 1962).

[3] Peter Tompkins, *Secrets of the Great Pyramid* (New York: Harper and Row, 1971).

[4] J.P. Lepre, *The Egyptian Pyramids: A Comprehensive Illustrated Reference* (Jefferson, N.C.: McFarland, 1990).

[5] John Zajac, «Who Built the Great Pyramid?», *After Dark* 1, n. 2 (bollettino di Art Bell), febbraio 1995.

[6] Nova/Pbs Online Adventure, «Mysteries of the Nile: Raising the Obelisk», Public Broadcasting Online, 1995.

Capitolo 8 – La valle dell'Indo: il popolo dell'acqua

[1] J. Marshall, *Mohenjo Daro and the Indus Valley Civilization* (London: n.e., 1931).

[2] S. Arandara, «The Legacy Left Behind by Mohenjo Daro and the Harappan Civilization», *Sunday Observer* (Sri Lanka), 25 luglio 2000.

[3] Citato in Tim Appenzeller, «A Mystifying Script: Why Did the Indus Love Baths and Unicorns?», *U.S. News and World Report*, 24 luglio 2000.

Capitolo 9 – La misteriosa civiltà X:
le piramidi cinesi

[1] Hartwig Hausdorf, *The Chinese Roswell: UFO Encounters in the Far East from Ancient Times to the Present* (Boca Raton, Fla.: New Paradigm, 1998).

[2] Laura Lee, «China's Secret Pyramids», Atlantis Rising Online, primavera 1997, www.atlantisrising.com.

[3] Hartwig Hausdorf, *The Chinese Roswell: UFO Encounters in the Far East from Ancient Times to the Present*.

[4] Sima Qian, *Records of the Grand Historian*, trad. Burton Watson (New York: Columbia University Press, 1993).

[5] Michael Loewe, Edward L. Shaughnessy, a cura di, *The Cambridge History of Ancient China* (Cambridge, U.K.: Cambridge University Press, 1999).

[6] Zecharia Sitchin, *The 12th Planet* (Rochester, Vt.: Bear and Co., 2002).

[7] Jo Lusby, Abby Wan, «The Truth Is Out There», *City Weekend* (Pechino), giugno 2002, www.cityweekend.com.cn/issues/2002/14/Cover_UFO.

Capitolo 10 – Collegamenti fra gli antichi Messico e Perù: il mistero del popolo giaguaro

[1] E. Benson, a cura di, *The Olmecs and Their Neighbors: Essays in Memory of Matthew Stirling* (Washington, D.C.: Dumbarton Oaks, 1981).

[2] Michael Coe, Richard A. Diehl, *In the Land of the Olmec* (Austin: University of Texas Press, 1980).

[3] Michael Lemonick, «Mystery of the Olmec», *Time*, 1 luglio 1996.

[4] *Ibid*.

[5] Carlos G. Elera, «Puepmape Archaeological Project», articolo inedito, Museo Nazionale del Perù.

[6] *Ibid*.

[7] M.E. Mosley, *The Exploration and Explanation of Early Monumental Architecture in the Andes* (Washington, D.C.: Dumbarton Oaks, 1985).

Capitolo 11 – Scontro di civiltà

[1] Diego de Landa, *Yucatán Before and After the Conquest*, trad. William Gates (New York: Dover, 1978).

[2] Lewis Spence, *The Popul Vuh: The Mythic and Heroic Sagas of the Kiches of Central America* (London: David Nutt, 1908).

[3] *Ibid.*

[4] Hernán Cortés, *Letters from Mexico*, trad. e cura di Anthony Pagden (New Haven: Yale University Press, 1986).

[5] Michael E. Smith, *The Aztecs* (Malden, Mass.: Blackwell, 1996).

[6] Lewis Spence, *The Popul Vuh*.

[7] John Hemming, *The Conquest of the Incas* (Harmondsworth, Middlesex, U.K.: Penguin, 1983).

[8] José Antonio del Busto Duthurburu, *Perú Incaico* (Lima: Liberia Studium S.A., 1981), citato in Tarmo Kulmat, «On the Role of Creation and Origin Myths in the Development of Inca State and Religion», http://haldjas.folklore.ee/folklore/vol12/inca.htm.

[9] *Ibid.*

[10] *Ibid.*

[11] *Ibid.*

[12] *Ibid.*

[13] Graham Hancock, *Fingerprints of the Gods* (New York: Crown, 1995).

[14] Hiram Bingham, *Lost City of the Incas* (New York: Duell, Sloan, and Pearce, 1948).

Capitolo 12 – Il lago Titicaca, quartier generale di Viracocha

[1] Arthur Posnansky, *Tihaunacu: The Cradle of American Man* (New York: J.J. Augustin, 1945).

[2] Graham Hancock, *Fingerprints of the Gods* (New York: Crown, 1995).

[3] Mark Schwartz, «Evidence from Lake Titicaca Sheds Light on Sudden Global Climate Changes», *Stanford Report,* 25 gennaio 2001, www.stan-ford.edu/dept/news/report/news/january31/titicaca_131.html.

[4] *Ibid.*

[5] *Ibid.*

[6] John Bierhorst, *Latin American Folktales: Stories from Hispanic and Indian Traditions* (New York: Pantheon, 2002).

[7] Monica Vargas, «Peru Finds Pre-Inca Ruins Beneath Lake Titicaca», Reuters, 30 ottobre 2002.

[8] *CIA Interactive World Fact Book 1996,* www.geographic.org/geo-graphy/cia_world_factbook_1996.html.

[9] Alan Kolata, *Tiwanaku: Portrait of an Andean Civilization* (Cambridge, Mass.: Blackwell, 1993).

[10] Clark Erickson, «Raised Field Agriculture in the Lake Titicaca Basin» (Philadelphia: University Museum, University of Pennsylvania, 1988).

[11] Graham Hancock, *Fingerprints of the Gods.*

Capitolo 13 – Padroni del tempo e del luogo

[1] Joseph-Marie Moiret, *Memoirs of Napoleon's Egyptian Expedition* (London: Greenhill Books, 2001).

[2] Anthony F. Aveni, a cura di, *World Archaeoastronomy: Selected Papers from the 2nd Oxford International Conference on Archaeoastronomy Held at Merida, Yucatán, Mexico, 13-17 January 1986* (Cambridge, U.K.: Cambridge University Press, 1989).

[3] Anthony F. Aveni, *Skywatchers of Ancient Mexico* (Austin: University of Texas Press, 1980).

[4] Justine Shaw, «Maya Sacbeob: Form and Function», *Ancient Mesoamerica,* autunno 2001.

[5] Eleanor Robson, *Mesopotamia Mathematics, 2100-1600 B.C.* (Oxford: Oxford University Press, 1999).

Capitolo 14 – I primi sovrani divini: mito o storia?

[1] American Heritage Dictionary.

[2] Garcilasso de la Vega, *First Part of the Royal Commentaries of the Yncas*, trad. Clements R. Markham (New York: B. Franklin, 1963).

[3] *Ibid.*

[4] Zecharia Sitchin, *The 12th Planet* (Rochester, Vt.: Bear and Co., 2002).

[5] Ibid.

[6] L.W. King, a cura di, *Enuma Elish*, voll. 1 e 2: *The Seven Tablets of Creation; The Babylonian and Assyrian Legends Concerning the Creation of the World and Mankind* (New York: AMS Press, 1976).

[7] *Ibid.*

[8] *Ibid.*

[9] *Ibid.*

[10] William H. Prescott, *History of the Conquest of Mexico and History of the Conquest of Peru* (New York: Cooper Square Press, 2000).

[11] Peter A. Clayton, *Chronicle of the Pharaohs: The Reign-by-Reign Record of the Rulers and Dynasties of Ancient Egypt* (London: Thames and Hudson, 1994).

Capitolo 15 – Lo status quo evoluzionistico?

[1] Robert Fellner, «The Problems and Prospects of Cultural Evolution (part 2)», *Institute of Archaeology* 1 (1990).

[2] *Ibid.*

[3] José Antonio del Busto Duthurburu, *Perú incaico* (Lima: Liberia Studium S.A., 1981), citato in Tarmo Kulmar, «On the Role of Creation and Origin Myths in the Development of Inca State and Religion», http://haldjas.folklore.ee/folklore/vol12/inca.htm.

[4] James C. Cook, *The Journals of Captain James C. Cook* (Harmondsworth, Middlesex, U.K.: Penguin, 2000).

[5] *Ibid.*

[6] *Ibid.*

[7] *Ibid.*

[8] BBC News Online, 27 marzo 2001.

[9] *Ibid.*

Capitolo 16 – Antichi enigmi: la domesticazione di piante e cani

[1] Jack Challem, «Paleolithic Nutrition: Your Future Is in Your Dietary Past», *The Nutrition Reporter* 1997, www.thenutritionreporter.com/stone_age_diet.html.

[2] Encyclopaedia Britannica, 15ª edizione.

[3] Loren Cordain, «Evolutionary Discordance of Grains/Legumes in the Human Diet», www.beyondveg.com/cordain-l/grains-legumes.1a.shtml.

[4] Daniel Zohary, Maria Hopf, *Domestication of Plants in the Old World: The Origin and Spread of Cultivated Plants in West Asia, Europe and the Nile Valley* (Oxford: Oxford University Press, 2001).

[5] «The Origins of Our Daily Bread», *Food Today*, n. 19, European Food Information Council (EUFIC), www.eufic.org/gb/food/pag/food19/food192.htm.

[6] M. Smale, T. McBride, 1996, «Understanding Global Trends in the Use of Wheat Diversity and International Flows of Wheat Genetic Resources», prima parte di *CIMMYT 1995/96 World Wheat Facts and Trends*, Mexico, D.F.: CIMMYT.

[7] Zecharia Sitchin, *The 12th Planet* (Rochester, Vt.: Bear and Co., 2002).

[8] *Ibid.*

[9] Ian L. Mason, *Evolution of Domesticated Animals* (London: Longman, 1984).

[10] Vila Caries e coll., «Multiple and Ancient Origins of the Domestic Dog», *Science*, vol. 276, 13 giugno 1997.
[11] *Ibid.*

Capitolo 17 – La metallurgia: grazie al fuoco

[1] Robert Fellner, «The Problems and Prospects of Cultural Evolution», *Institute of Archaeology* 1 (1990).
[2] R.J. Forbes, *The Birthplace of Old World Metallurgy* (n.e., 1991).
[3] L. Aitchison, *A History of Metals* (New York: Interscience, 1960).
[4] *Ibid.*
[5] Zecharia Sitchin, *When Time Began* (Rochester, Vt.: Bear and Co., 2002).
[6] Jack M. Sasson, a cura di, *Civilization of the Ancient Near East* (New York: Scribner, 1995).

Capitolo 18 – Il gioco della datazione

[1] Janine MacDonald Canberra, «Mungo Man Older Than Thought», *The Age*, 21 maggio 1999.
[2] John Noble Wilford, «Artifacts in Africa Suggest an Earlier Modern Human», *New York Times*, 2 dicembre 2001.
[3] Michael A. Cremo, Richard L. Thompson, *Hidden History of the Human Race* (Alachua, Fla.: Govardhan Hill, 1999).
[4] Michael A. Cremo, Richard L. Thompson, *Forbidden Archaeology* (San Diego: Bhaktivedanta Institute, 1993).
[5] *Ibid.*
[6] Michael A. Cremo, «Colonialism, Identity and Social Responsibility: The History of Archaeology in the Service of Isms», articolo presentato al quinto World Archaeological Congress, Washington, D.C., 2003.

[7] «Dating Study Means "Human History Rethink"», BBC News Online, 29 giugno 2001.

[8] Kate Wong, «The Dating Game», *Scientific American*, 11 giugno 2001.

[9] «Dating Study Means "Human History Rethink"», BBC News Online, 29 giugno 2001.

Capitolo 19 – Le ere di ghiaccio

[1] John Imbrie, Katherine Palmer Imbrie, *Ice Ages: Solving the Mystery* (Cambridge, Mass.: Harvard University Press, 1986).

[2] A. Marshak, «Exploring the Mind of Ice Age Man», *National Geographic*, gennaio 1975.

[3] M. Walter, «News and Views», *Nature*, 4 maggio 2000.

[4] University of Utah, comunicato stampa, 23 dicembre 2002.

[5] Nicolas Wade, «Genes Tell New Story on the Spread of Man», *New York Times*, 7 dicembre 1999.

[6] «A Global Winter's Tale», *Discover*, dicembre 1998.

[7] Richard Muller, Gordon MacDonald, *Ice Ages and Astronomical Causes: Data, Spectral Analysis, and Mechanisms* (New York: Springer, 2002).

Capitolo 20 – Le età dell'uomo: tempo lineare e tempo ciclico

[1] K. Sherman, «Cycles of Time: Evolution of Consciousness», *New Times*, aprile 1988.

[2] Kay Almere Read, *Time and Sacrifice in the Aztec Cosmos* (Bloomington: Indiana University Press, 1998).

[3] Stephen Crockett, *The Prophet Code: Precessional Encryption and the Apocalyptic Tradition* (Mount Gilead, N.C.: Aethyrea Books, 2001).

Capitolo 21 – Cicli di catastrofi

[1] Benny J. Peiser, «Comets and Disasters in the Bronze Age», *British Archaeology*, n. 30, dicembre 1997.

[2] Immanuel Velikovsky, *Worlds in Collision* (Garden City, N.Y.: Doubleday, 1950).

[3] Anthony Peratt, «Celestial Catastrophes in Human Prehistory?», conferenza, University of Pennsylvania, ottobre 2001.

[4] Benny J. Peiser, «Comets and Disasters in the Bronze Age», *British Archaeology*, n. 30, dicembre 1997.

[5] Averil Camson, Bryan Ward-Perkins, Michael Whitby, a cura di, *The Cambridge Ancient History* (Cambridge, U.K.: Cambridge University Press, 2001).

[6] G. Ernest Wright, «The Archaeology of Palestine», in *The Bible and the Ancient Near East: Essays in Honor of William Foxwell Albright* (Garden City, N.Y.: Doubleday, 1961).

[7] Nick Nuttall, «A Cosmic Trail with Destruction in Its Wake», *The Times*, 14 maggio 1990.

[8] Zecharia Sitchin, *The 12th Planet* (Rochester, Vt.: Bear and Co., 2002).

[9] *Ibid.*

[10] Associated Press, «Asteroid Big Enough to Raze France Zips by Earth», *Seattle Times*, 9 gennaio 2002.

Capitolo 23 – Antenati cosmici

[1] Immanuel Velikovsky, «Nefilim», www.varchive.org/itb/nefilim.htm.

[2] Gregory M. Kanon, *The Great UFO Hoax: The Final Solution to the UFO Mystery* (Lakeville, Minn.: Galde Press, 1997).

SITI INTERNET

Internet è un ottimo punto d'incontro per tenersi al corrente sulle notizie dell'ultima ora e sugli sviluppi degli argomenti esaminati in *La razza della genesi*. Quanto segue è un campione di siti informativi, la maggior parte dei quali include collegamenti con altri siti per incoraggiare ulteriori approfondimenti.

www.genesisrace.com
Ho creato questo sito per mettere assieme articoli, notizie di attualità, fotografie e collegamenti con altri siti in relazione con l'argomento di *La razza della genesi*.

www.coasttocoastam.com
Il sostituto di Art Bell, George Noory, sta mantenendo la programmazione e il sito Internet del suo predecessore. Il sito comprende l'elenco degli ospiti previsti nel programma radiofonico notturno «Coast to Coast».

www.jeffrense.com
Jeff Rense conduce un noto *talk show* radiofonico. Questo sito contiene storie che non si troveranno altrove riguardo ai titoli sui mezzi di informazione tradizionali.

www.world-mysteries.com
Questo vasto sito affronta da molte angolazioni i misteri della storia. Contiene un'ampia raccolta di articoli e fotografie.

www.lauralee.com
Laura Lee conduce un *talk show* radiofonico simile a quello di Art Bell e George Noory.

www.grahamhancock.com
Questo è il sito Internet ufficiale dell'autore di *Fingerprints of the Gods* [ed. it. *Impronte degli dei*].

www.dreamland.com
Questo sito è stato creato da Whitley Strieber, ben noto per essere in contatto con gli Ufo e autore di *Communion*.

www.atlantisrising.com
Gestisce questo sito la rivista di storia e scienza alternative *Atlantis Rising*. Si può scaricare la rivista gratuitamente in formato pdf.

www.sacredsites.com
Questo è il sito spettacolare del fotografo Martin Gray, che cortesemente ha consentito l'uso di alcune sue immagini in questo libro. Un sito da visitare assolutamente per chi si interessa di archeologia, storia antica o luoghi sacri di tutto il mondo.

www.alternativescience.com
Richard Milton, autore di *Shattering the Myths of Darwinism* [ed. it. *Il mistero della vita*], include articoli e notizie che esaminano punti di vista alternativi su molti argomenti attuali in relazione con la scienza.

Alcuni studi recenti lasciano supporre che la Sfinge sia stata costruita già nel 7000 a.C. Gli egittologi devono ancora spiegare come venne costruita la massiccia piramide dalla struttura ingegneristica di precisione.
Fotografia per gentile concessione di Martin Gray.

La Scala del Cielo sul monte Tai Shan, in Cina, sede degli dèi. Gli imperatori dell'antica Cina consideravano il Tai Shan un vero e proprio figlio dell'imperatore del Cielo, da cui ricevevano l'autorità per governare sulla terra. In cima alla scalinata vi sono il tempio dell'Imperatore di Giada e il tempio della Principessa delle Nubi Azzurre.
Fotografia per gentile concessione di Martin Gray

Gli atlanti che sormontano la piramide della Stella del Mattino tra le rovine della città tolteca di Tula, nel Messico centrale. Queste sculture tolteche, ciascuna alta circa 4,5 metri, fungevano da colonne che probabilmente sostenevano un tetto in cima alla piramide. Fotografia di Will Hart.

Il tempio delle iscrizioni tra le rovine della città-Stato maya di Palenque nel Chiapas, Messico meridionale. Il displuvio del tetto aveva forse una funzione che la scienza moderna non ha ancora decifrato?
Fotografia di Will Hart (sopra).

Teotihuacán, la città degli dèi, a nord-est di Città del Messico. Costruita da un popolo preazteco, la base della piramide del Sole è grande quasi quanto quella della piramide di Cheope in Egitto.
Fotografia di Will Hart.

La grande La porta di Aramu Muru, presso il lago Titicaca nella region
Hayu Marca del Perù meridionale. La grande «porta» nell'affiorament
superficiale di roccia ha una misteriosa nicchia a forma di buco dell
serratura alta circa 180 centimetr
L'età e l'origine del monolito sono ignot
Fotografia per gentile concessione di Martin Gray (sopra

La Porta del Sole, parte dell'antica città di Tiahuanaco presso il lag
Titicaca, in Bolivia. Costruito da una cultura preincaica, il bassoriliev
sulla sommità della porta ritrae una figura centrale che regge uno scettr
in ciascuna mano. Ha la testa circondat
da raggi solari ed è fiancheggiata da 48 guerrier
Fotografia per gentile concessione di Martin Gray (in alto a destra

Puma Punka, lago Titicaca, Bolivia. Secondo alcuni ricercatori i massic
blocchi di pietra, pesanti da 100 a 400 tonnellate, sono i resti di un mo
o pontile che faceva parte della città portuale di Tiahuanac
risalente a 15 mila anni fa e distrutta da un cataclism
Fotografia per gentile concessione di Martin Gray (a fianco

INDICE